Hilfe zur Selbsthilfe

TIME LIFE

TIME-LIFE BÜCHER
DIE GROSSEN FLÜSSE DER WELT
FASZINATION FERNE LÄNDER
BESSER FOTOGRAFIEREN
MINDPOWER
FASZINATION MENSCHLICHER KÖRPER
UNTERGEGANGENE KULTUREN
DER WILDE WESTEN
GEHEIMNISSE DES UNBEKANNTEN
REISE DURCH DAS UNIVERSUM
SPEKTRUM DER WELTGESCHICHTE
WELTATLAS DER ALTEN KULTUREN
EDITION DIE DEUTSCHEN LÄNDER
DIE NATIONEN EUROPAS
DIE FARBIGEN NATURFÜHRER
TIME-LIFE EDITION KOCHEN & GENIESSEN
KÜCHEN DER WELT
KINDER ENTDECKEN …
KINDER FRAGEN …
SPIEL-SPASS-LERNPROGRAMM
BIBLIOTHEK DER KINDERKLASSIKER
JUNGES WISSEN
ENTDECKUNGSREISEN
DIE TIERWELT ENTDECKEN

TIME-LIFE VIDEO
SPIELE DES LEBENS
TERRA-X
DER WUNDERBARE PLANET
FASZINATION WILDNIS
RAUBTIERE – DER GNADENLOSE KAMPF
UMS ÜBERLEBEN
LEBEN IM EWIGEN EIS
DIE ERDE LEBT
DAS TIER MENSCH
UNTERGEGANGENE KULTUREN
DAS JAHRHUNDERT DER KRIEGE
GEHEIMNISVOLLES, MYSTISCHES, UNERKLÄRLICHES
HELLO AMERICA – A VIDEO ENGLISH COURSE

TIME-LIFE MUSIC
HOT HITS
THE EMOTION COLLECTION
CLASSIC ROCK
THE ROCK 'N' ROLL ERA
THE SPIRIT OF THE SIXTIES
THE 80's COLLECTION
THE 70's COLLECTION
THE TIMELESS MUSIC COLLECTION
EDITION MEISTER DER KLASSIK
GANZ VORN!
DIE DEUTSCHE SCHLAGERGESCHICHTE
DIE KRAFT DER ELEMENTE – MUSIK DER SINNE

MINDPOWER

Hilfe zur Selbsthilfe

TIME-LIFE BÜCHER
Amsterdam

MINDPOWER

Created, edited, and designed by DK Direct Limited,
Brookmount House, 62-65 Chandos Place,
London WC2N4HS

A DORLING KINDERSLEY BOOK
Copyright © 1996 Dorling Kindersley
All rights reserved. Unauthorized reproduction, in any manner, is prohibited.

DK DIRECT LIMITED
Series Editor Luci Collings
Deputy Series Editor Sue Leonard
Senior Editor Christine Murdock
Editor Claire Calman, Lorrie Mack
Managing Art Editor Ruth Shane
Art Editor Sue Caws
Designers Luke Herriott, Anthony Limerick
Publisher Jonathan Reed
Editorial Director Reg Grant
Design Director Tony Foo
Production Manager Ian Paton
Editorial Consultant Keren Smedley
Contributors Vida Adamoli, Victoria Davenport, Sue George,
Jennifer Jones, Ann Kay, Sarah Litvinoff, Christine Murdock, Ruth Shane
Editorial Researcher L. Brooke
Indexer Ella Skene

TIME-LIFE BOOKS EUROPEAN EDITION
Editorial Manager Christine Noble
Editorial Assistant Mark Stephenson
Design Director Mary Staples
Editorial Production Jenny Croxall
Editor Tim Cooke

DEUTSCHE AUSGABE
Redaktionsleitung Marianne Tölle
Textredaktion Gertraud Bellon
Computersatz Barbara Rechmann

Aus dem Englischen übertragen von Joachim Peters

Titel der Originalausgabe: *Find a Helping Hand*

Published by Time-Life Books B.V., Amsterdam
Authorized German language edition
© 1997 Time-Life Books B.V.
All rights reserved.

No part of this book may be reproduced in any form
or by any electronic or mechanical means, including information storage
and retrieval devices or systems, without prior written permission from the publisher,
except that brief passages may be quoted for reviews.

ISBN 90-5390-610-X
TIME-LIFE is a trademark of Time-Warner Inc., U.S.A.

Druck: GEA, Mailand. *Einband:* GEP, Cremona, Italien

INHALT

Einleitung 6

Kapitel 1: Nehmen Sie Hilfe in Anspruch
Wäre eine Einzeltherapie das Richtige für Sie? 18
Wer ist was? 20
Psychoanalyse 24
Psychologische Beratung 28
Humanistische Therapie 38
Körpertherapien 42
Hypnotherapie 44

Kapitel 2: Verbessern Sie Ihre Beziehungen
Wie steht es mit Ihren Beziehungen? 48
Partner- und Ehetherapie 50
Sexualtherapie 54
Familientherapie 58
Therapien für Kinder und Jugendliche 62

Kapitel 3: Gruppenarbeit
Wäre eine Gruppentherapie das Richtige? 68
Gruppentherapie 70
Die Behandlung von Suchtkrankheiten 74
Selbsthilfe- und Unterstützungsgruppen 78

Kapitel 4: Die Entwicklung Ihrer Persönlichkeit
Sind Sie mit Ihrem Leben zufrieden? 88
Kurse und Seminare 90
Kreativtherapie 96
Selbstbehauptungs-Training 102

Kapitel 5: Die ersten Schritte
Sind Sie bereit? 106
Die Hilfe finden, die Sie brauchen 110
Der Therapieprozess 116
Vermeiden Sie Risiken 122
Wie man anderen helfen kann 126
Wirkt die Therapie? 128
Ist es Zeit für den Abschied? 130
Glossar der Fachausdrücke 132
Glossar der Therapien 136

Kommentare und Analysen 138
Register 142
Bibliographie 144

Einleitung

VIELE VON UNS reagieren auf ihre eigenen emotionalen oder psychischen Probleme mit Angst oder Scham und weigern sich deshalb einzugestehen, daß sie fremde Hilfe benötigen; meist ziehen wir eine solche Möglichkeit überhaupt erst in Betracht, wenn sich alle Selbst-Therapien und Rationalisierungsversuche als unwirksam erwiesen haben oder wir völlig verzweifelt sind. Auch wenn es manchmal durchaus möglich und sogar gesund sein kann, einen vorübergehenden Rückschlag dadurch zu überwinden, daß man einfach „nicht nachgibt" oder sich die eigene Traurigkeit und Niedergeschlagenheit wieder ausredet, ist ein solches Verhalten in vielen Fällen nur eine Folge der unbewußten Weigerung, sich das Vorhandensein eines Problems sowie die Tatsache, daß man allein mit diesem Problem nicht fertig wird, einzugestehen.

Wenn wir als Kinder einmal unglücklich waren, reagierten die Erwachsenen darauf meist mit bestimmten Redewendungen, die wir uns in entsprechenden Situationen heute noch ins Gedächtnis rufen, etwa „Laß den Kopf nicht hängen – es hätte noch viel schlimmer kommen können!" oder „Denk doch mal an all die Menschen, denen es wirklich schlecht geht!". Man brachte uns bei, unsere Traurigkeit, Verletztheit und Angst einfach beiseite zu schieben und weiterzumachen, als ob nichts geschehen wäre; wer sich beklagt, wird als egoistisch abgetan, und wer Zuwendung oder Trost sucht, gilt schnell als Schwächling.

Schmerz ohne Scham
Als Erwachsene zögern wir in der Regel nicht lange, zum Arzt zu gehen, wenn uns ein körperliches Leiden plagt (obwohl viele Leute selbst dies nur höchst ungern tun); erheblich schwerer fällt es uns offensichtlich, andere um Hilfe zu bitten, wenn wir emotionalen oder psychischen Schmerz empfinden. Obgleich es heute besser akzeptiert wird, wenn jemand seelische Probleme offen eingesteht, haben manche Menschen große Angst davor, unter einer ernsthaften seelischen Krankheit zu leiden; ihre Furcht, zurückgewiesen zu werden, bringt sie dann oft dazu, auf Hilfe zu verzichten. Wahrscheinlich würde es ihnen schon helfen, wenn sie wüßten, daß beispielsweise Depressionen zu den häufigsten Problemen gehören, mit denen es Hausärzte zu tun haben; sie sind so häufig wie Erkältungen. Oft machen Ärzte auch die Erfahrung, daß jemand über ein körperliches Leiden klagt, bevor er mit seinem eigentlichen Anliegen herausrückt und seine ständige Niedergeschlagenheit, seine Angstzustände oder Sorgen eingesteht. Viele Menschen schieben – wenn auch unbewußt – körperliche Symptome vor, um Aufmerksamkeit zu erregen und Hilfe zu erbitten, weil sie glauben, daß körperliche Schmerzen glaubwürdiger sind, von den anderen leichter akzeptiert werden und eher das Mitgefühl und die Zuneigung wecken, nach denen sie sich sehnen. Hypochondrisches Verhalten beruht nicht immer auf der Furcht vor Krankheiten, sondern drückt die Ängste sehr unsicherer Menschen aus, die sich isoliert, vernachlässigt oder ungeliebt fühlen und deshalb Aufmerksamkeit und Zuwendung suchen.

Es ist nicht immer leicht
Der Weg durchs Leben ist normalerweise voller Hürden, von denen Sie einige möglicherweise nur sehr schwer ohne fremde Hilfe werden überwinden können.

EINLEITUNG

Hürdenlauf

Neben unserer eigenen Scham und Angst müssen wir noch weitere Hürden überwinden, bevor wir die Hilfe erhalten, auf die wir angewiesen sind. Viele von uns wissen gar nicht, wohin sie sich wenden sollen: Wir haben wenig Ahnung davon, was in diesem Bereich überhaupt angeboten wird, was diese Hilfsangebote uns bringen und wie wir an sie herankommen können, oder wir müssen zunächst einmal unsere negative Einstellung zu Therapien überwinden.

Es gibt ein so breites Spektrum an Hilfsangeboten von Fachleuten, die sich mit den unterschiedlichsten Problemen befassen, so daß jemand, der mit der Suche nach Hilfe beginnt, leicht den Überblick verlieren kann – und das Letzte, was man in einer solchen Situation will, sind schließlich zusätzliche Probleme, wenn man ohnehin schon angeschlagen ist. Unsere Ängste werden womöglich nur noch größer bei dem bloßen Gedanken, zu Ärzten, Therapeuten oder Psychiatern gehen zu müssen – außerdem erhebt sich die Frage, wie lange eine Therapie dauert und was sie kostet.

Die richtige Hilfe

Vielleicht ist Ihnen ja die Vorstellung unangenehm, Ihre Gedanken und Gefühle einem wildfremden Menschen anzuvertrauen. Und natürlich fragen Sie sich, ob Sie auch den passenden Helfer finden werden. Stellen Sie sich vor, Sie kaufen ein Auto, ohne es vorher probezufahren, oder ein Haus, ohne es sich von innen anzusehen. Sie können sich jedoch vorbereiten, indem Sie sich Gedanken machen, was Sie wollen und brauchen, sich über die Angebote informieren und nach den Adressen erkundigen, bei denen Sie am ehesten die nötige Hilfe bekommen können.

Dieses Buch soll Ihnen helfen, Ihre Symptome zu erkennen und nach Möglichkeit auch zu verstehen, und Sie auf diejenigen Fachleute und Hilfsangebote aufmerksam machen, die Sie benötigen, um Ihre Schwierigkeiten zu bewältigen. Es erklärt, wie die verschiedenen zur Verfügung stehenden Therapien aussehen, wie man mit den geeigneten Leuten in Kontakt kommt und was man von den Hilfsangeboten zu erwarten hat. Mit diesem Wissen – über sich selbst, Ihr Problem, die Palette der Angebote und das, was Sie erwartet – wird es Ihnen weitaus leichter fallen, den richtigen Weg zu derjenigen Form von Hilfe zu finden, die Sie brauchen.

WAS IST NORMAL?

Im allgemeinen merken wir, wenn unser Körper nicht optimal funktioniert; wenn es jedoch um unser psychisches Wohlbefinden geht, ist es nicht immer so einfach zu erkennen, ob Grund zur Besorgnis besteht. Wie wollen wir wissen, was normal und gesund für uns ist? Für viele Menschen bedeutet „normal sein" einfach, sich im Rahmen dessen zu bewegen, was die große Mehrheit denkt, tut oder fühlt. Wir alle haben eine bestimmte Vorstellung von Normalität, die aus der Beeinflussung durch Eltern, Erziehung und Freunde sowie aus unseren Träumen, Sehnsüchten und Zielen hervorgegangen ist. Ob Sie das Gefühl haben, daß etwas mit Ihnen nicht in Ordnung ist, hängt womöglich von den Erwartungen anderer in bezug auf Ihr Verhalten ab. Im allgemeinen jedoch bedeutet „normal" soviel wie „vorhersehbar" oder „erträglich", was zur Folge hat, daß Gedanken, Gefühle und Verhaltensweisen von den Psychologen als abnorm betrachtet werden, wenn Sie oder andere Personen diese als *störend* empfinden. Störend sind solche Verhaltensweisen, weil sie:

• *Selten oder unvorhersehbar* auftreten, so daß Sie oder andere durch plötzliche, extreme Gedanken, Gefühle oder Verhaltensweisen auffallen.
• *Gesellschaftlich nicht akzeptabel oder unangemessen* sind, so daß andere verwirrt oder aufgebracht reagieren.
• *Beunruhigend* auf Sie oder andere wirken und bei Ihnen Ängste oder Wutausbrüche auslösen oder Sie dazu bringen, Dinge zu sagen oder zu tun, die sich Ihrer Kontrolle entziehen.
• *Selbstschädigend* sind, so daß Sie statt Zufriedenheit Seelenqualen oder Gewissensbisse empfinden.
• *Gefährlich* entweder für Sie selbst oder für andere sind.
• *Auf falschen Überzeugungen beruhen* oder unrichtige oder unangemessene Wahrnehmungen oder Interpretationen der Realität sind, so daß Sie das Gefühl haben, ganz allein in Ihrer eigenen Welt zu sein, oder die Meinung hegen, Ihre Ansichten seien unfehlbar.

Wann sollte man Hilfe suchen?
Möglicherweise fällt Ihnen die Entscheidung, ob Sie fremde Hilfe brauchen oder nicht, erheblich leichter, wenn Sie ein gutes Gespür dafür haben, was normal für

Es geht um Sie
Weil Sie als Individuum einmalig sind, reagieren Sie auf das Leben auch anders als ein anderer.

Sie ist. Wenn Sie beispielsweise schon von jeher dazu tendieren, sich bei jeder Gelegenheit Sorgen zu machen, ist dies vielleicht normal für Sie; wahrscheinlich können Sie dann ungefähr einschätzen, mit welchem Maß an Besorgnis Sie gerade noch fertig zu werden in der Lage sind. Andererseits kann das, was normal ist, auch recht unproduktiv sein. Hilft Ihnen Ihr Verhalten beispielsweise dabei, aus Ihrem Leben das Beste zu machen? Eine Person, die zwanghaft Ladendiebstähle begeht, empfindet dies zwar womöglich als ihr „normales" Verhalten, doch wären sich wahrscheinlich die meisten von uns einig darin, daß eine derartige Verhaltensweise alles andere als wünschenswert ist. Auch wenn Sie schon seit längerer Zeit unglücklich sind, empfinden Sie dies möglicherweise als normal; gesund aber ist es mit Sicherheit nicht. Wenn Sie auf Ihre Gefühle, Ihre innere Stimme und die Reaktionen der Menschen in Ihrem Umfeld achten, werden Sie vielleicht erkennen, daß ein wenig Hilfestellung von außen durchaus angemessen sein könnte.

BEURTEILEN SIE SICH SELBST

In gewissem Maße hängt Ihre geistige und seelische Gesundheit zumindest teilweise davon ab, was Sie selbst als normal und gesund empfinden. Nur Sie selbst wissen, ob Sie glücklich oder unglücklich, zufrieden oder frustriert, innerlich ausgeglichen oder beunruhigt sind. Dennoch gibt es einige Fragen, die Sie sich einmal durch den Kopf gehen lassen sollten – vor allem dann, wenn Sie sich wegen Ihrer Gedanken, Gefühle oder Verhaltensweisen Sorgen machen.

1. Haben Sie das Gefühl, mit anderen über Ihr Problem sprechen zu können, oder behalten Sie es lieber für sich?
Wenn Sie Ihr Problem in sich hineinfressen, werden unweigerlich Ihre Gesundheit und Ihr Glück darunter leiden. In einem solchen Fall ist ein Gespräch mit einem Fachmann für Sie vielleicht einfacher und auch nützlicher, als sich jemandem anzuvertrauen, der im Hinblick auf Ihren Charakter und Ihre momentane Situation möglicherweise gewisse Vorurteile hat.

2. Leiden Sie unter dem betreffenden Problem schon länger (seit Jahren), oder hat es sich erst vor relativ kurzer Zeit (im vergangenen Jahr) ergeben?
Ist es in letzter Zeit schlimmer geworden? Falls Sie Ihr Problem schon seit längerer Zeit haben, ist es womöglich schon so sehr in Ihre Persönlichkeit eingeflossen, daß Sie es bereits als Teil Ihrer selbst betrachten. Ist das Problem eher neu (wenn Sie beispielsweise immer gesellig waren, sich aber innerhalb des letzten Jahres in sich zurückgezogen haben), dann hat wahrscheinlich irgendein Ereignis in Ihrem Leben diese Veränderung ausgelöst. Im allgemeinen tendieren die Menschen eher dazu, Hilfe in Anspruch zu nehmen, wenn ihr Problem jüngeren Datums ist oder dazu führt, daß sie sich völlig anders verhalten, als es ansonsten ihrem Naturell entspräche. Ist ein Problem hingegen schon älter, neigt man häufig dazu, es als normal anzusehen, weil es einem vertraut geworden ist; oft sieht man keine Möglichkeit mehr, etwas daran zu ändern, selbst wenn man es gern möchte.

3. Haben Sie das Gefühl, mit Ihrem Problem nicht allein fertig zu werden?
Wenn Ihr Problem sich nicht auf Ihr tägliches Leben auswirkt, brauchen Sie vielleicht keine Therapie. Falls es Ihnen aber schwer auf dem Herzen liegt oder Sie davon abhält, die schönen Dinge des Lebens zu genießen beziehungsweise das zu bekommen, was Sie brauchen oder sich vom Leben wünschen, sollten Sie ernsthaft in Erwägung ziehen, fremde Hilfe in Anspruch zu nehmen.

WAS BEDEUTET THERAPIE?

Das Wort „Therapie" ruft viele verschiedene Bilder, Bedeutungen und Gefühle hervor. Für die einen steht es für einen langen und fruchtbaren Weg zur Selbsterkenntnis; für andere hingegen beschwört es die Angst herauf, sich einem fremden Menschen zu offenbaren, oder auch die unangenehme Vorstellung, einem selbstzufriedenen „Seelenklempner" für viele Stunden vergeudeter Zeit auch noch ein kleines Vermögen bezahlen zu müssen. Der Hilfesuchende selbst ist gewöhnlich voller Hoffnungen, Erwartungen und Sorgen, während der Helfende seine eigenen Gedanken und Gefühle hat – und mitunter beide Seiten sehr unterschiedliche Ansichten und Erwartungen bezüglich der Therapie mitbringen. Alle von uns aber haben vermutlich eine ganz bestimmte Vorstellung davon, was geschehen sollte, wenn wir bei anderen Hilfe suchen.

Medikament oder Therapie?
Wenn wir uns entschlossen haben, fremde Hilfe in Anspruch zu nehmen, wenden wir uns meist zuerst an unseren Hausarzt: Sie kommen mit einem bestimmten Leiden zum Arzt oder zur Ärztin, er oder sie hört sich die Beschreibung Ihrer Symptome an, untersucht Sie eventuell, stellt eine Diagnose und erklärt Ihnen schließlich, was Sie dagegen unternehmen können. Dieser Vorgang ist geradlinig und beruhigend zugleich: Wir bitten jemanden um Rat, der mehr weiß als wir, und gehen dann mit einer Antwort – und hoffentlich einer erfolgreichen Behandlung – wieder nach Hause.

Wenn wir uns hingegen zu einer Therapie entschließen, geschieht etwas völlig anderes. Zum einen bieten sehr wenige Therapien schnelle Problemlösungen oder eine rasche Heilung. Jede Art von Therapie fordert dem Hilfesuchenden etwas ab, das er oder sie bei der konventionellen Medizin nicht mitbringen muß: Motivation und den festen Wunsch, sich zu verändern. Wenn Sie zum Arzt gehen, warten Sie in der Regel passiv darauf, daß man Ihnen sagt, was Sie zu tun haben. Zwar wird Ihnen auch im Rahmen mancher Therapien geraten, was Sie tun sollten, aber dennoch müssen Sie sich anschließend selbst diesen Ratschlägen entsprechend verhalten. In einer Therapie sind Sie nicht einfach nur der Empfänger einer Hilfeleistung, sondern aktiver Teilnehmer – die Hauptfigur in einem Prozeß, in dem Sie Ihre eigenen Lösungen finden sollen, auch wenn jemand anders Ihnen behilflich ist.

Eine Therapie wird Sie weder zum perfekten Menschen machen – darum geht es auch gar nicht –, noch kann sie Ihnen alle Sorgen nehmen. Vor allen Dingen müssen Sie realistisch bleiben und akzeptieren, daß Sie zusammen mit Ihrem Therapeuten über einen gewissen Zeitraum versuchen werden, verborgene Aspekte Ihrer Persönlichkeit zu entdecken oder alte Wunden freizulegen, und daß dies ein sehr schwieriger und mitunter auch schmerzhafter Prozeß sein kann. Eine Therapie stellt jedoch auch ein sehr wirkungsvolles Mittel dar, neue Möglichkeiten zu entdecken, so zu leben, wie es Ihrem wahren Wesen entspricht. Statt sich auf eine Behandlung in dem Sinne zu konzentrieren, daß alles, was Ihnen Probleme bereitet, ausgelöscht wird, betonen viele Therapeuten lieber den Aspekt der Genesung, bei der die Persönlichkeit in ihrer Ganzheit erhalten bleibt oder wiederhergestellt wird. Aus dieser Perspektive werden Sie auch dann, wenn sich bestimmte Lebenssituationen, Verhaltensmuster oder Gefühle nicht ändern sollten, wenigstens in der Lage sein, diese so zu akzeptieren oder unter Kontrolle zu halten, daß dies Ihr Wohlbefinden steigert statt es zu untergraben. Das Ziel einer jeden Therapie besteht deshalb darin, Ihnen zu einer besseren Kenntnis Ihrer selbst, zu mehr Zufriedenheit und zu der Einsicht zu verhelfen, daß Sie fast immer eine gewisse Freiheit der Entscheidung besitzen. Die entsprechenden Techniken mögen zwar sehr unterschiedlich sein, doch der Weg nach vorn führt für Sie in jedem Fall über das Erkennen und Verstehen Ihres Problems zu der Suche nach Möglichkeiten, seine Auswirkungen einzudämmen, um auf diese Weise Ihr künftiges Leben befriedigender zu gestalten.

Reden und Handeln
Psychoanalyse, Psychotherapie und psychologische Beratung setzen das Gespräch über Gedanken und Gefühle als wichtigstes Mittel ein, um dem Patienten zu mehr Selbsterkenntnis zu verhelfen. Diese sogenannte Gesprächstherapie, die zunächst etwas merkwürdig anmuten mag, wurde geboren, als eine

EINLEITUNG

Patientin Sigmund Freuds (des Begründers der Psychoanalyse) berichtete, daß die körperlichen Symptome, die mit ihren emotionalen Problemen einhergingen, spürbar nachließen, während sie über ihr Gefühlsleben sprach. Andere Therapien, wie etwa die Verhaltens-, die kognitive oder die Kunsttherapie, erfordern aktives Handeln oder die Entscheidung, an Seminaren oder Kursen zur Selbstfindung teilzunehmen.

Während einer Therapie werden Sie sich möglicherweise öfter mal fragen, ob Sie das alles wirklich brauchen; halten Sie sich jedoch immer vor Augen, daß der ernsthafte Versuch, sich selbst zu heilen, jede Mühe wert ist. Sobald Sie den mutigen Entschluß gefaßt haben, sich helfen zu lassen, sind Sie bereits auf dem besten Weg zu einem erfüllten Leben.

Veränderung erfordert Engagement
Selbst wenn Sie eine Therapie als sehr schmerzhaft empfinden sollten, wird die Erleichterung, die Sie befällt, wenn Sie Traurigkeit und Frustration überwunden haben, Ihnen Kraft geben, durchzuhalten.

FRAGEN SIE SICH SELBST

1. Möchten Sie die Ursache Ihres Problems verstehen, statt nur von seinen Auswirkungen befreit zu sein?
2. Sind Sie bereit, aktiv an Ihrer Therapie mitzuarbeiten und Zeit, Mühen und – falls nicht Ihre Krankenkasse die Kosten übernimmt – auch Geld zu investieren, damit sie erfolgreich verläuft?
3. Finden Sie es interessant, die Bedeutung von Symbolen und die verborgenen Motive für das Handeln der Menschen zu erforschen?
4. Sind Sie bereit, sich einzugestehen, daß einige Ihrer vermeintlich kleineren Probleme komplizierter sein könnten, als Sie glauben?
5. Wissen Sie, wem Sie mit Ihrer Therapie zu helfen versuchen? Viele Menschen gehen nicht in Therapie, um sich selbst zu helfen, sondern weil andere – zumeist der/die Partner(in) – sie dazu drängen oder um besser mit einer schwierigen oder emotional gestörten Person in ihrem Leben zurechtzukommen.
6. Wollen Sie die Therapie wirklich aus eigener Überzeugung – oder nur, weil alle Ihre Freunde sich auch therapieren lassen? Ein verbreiteter Fehler besteht darin, Therapien als „in" zu betrachten oder Freunde oder auch Familienangehörige um etwas zu beneiden, das Sie selbst nicht haben oder von dem Sie glauben, es ebenfalls haben zu müssen.
7. Sind Sie sich der Tatsache bewußt, daß keine Therapie der Welt sie auf „magische Weise" heilen kann, sondern daß Sie selbst Ihren Teil dazu beisteuern müssen?
8. Haben Sie, falls Sie Menschen kennen, die bereits eine Therapie gemacht haben oder sich noch therapieren lassen, diese nach ihren Erfahrungen und Ansichten gefragt? Obgleich jede Therapie immer eine für das betreffende Individuum einmalige Erfahrung ist, könnte ein Gespräch mit jemandem, dessen Urteil Sie vertrauen, vielleicht Ihre Zögerlichkeit oder gar Skepsis einer Therapie gegenüber abbauen helfen.

Falls Sie die meisten dieser Fragen mit „ja" beantwortet haben, würden Sie wahrscheinlich von einer Therapie eine ganze Menge profitieren.

FUNKTIONIERT IHR LEBEN?

Wenn Sie Hilfe benötigen, aber nicht sicher sind, wo Ihr Problem genau liegt und wie Sie vorgehen sollen, kann Ihnen dieser Fragebogen zur Selbsteinschätzung nutzen. Er hat vier Abschnitte, in denen es um körperliche Gesundheit und Symptome, um Stimmungen und Gefühle, Bewußtsein und Gedanken sowie um das Verhalten geht. Die Fragen helfen herauszufinden, was Ihre seelischen oder körperlichen Symptome bedeuten könnten; außerdem erhalten Sie Hinweise auf bestimmte Abschnitte dieses Bandes, die für Ihr Problem möglicherweise relevant sind.

SICHER IST SICHER

Sie sollten grundsätzlich zunächst sicherstellen, daß kein körperliches Leiden vorliegt, bevor Sie nach anderen Hilfsangeboten greifen; eine falsche Selbstdiagnose kann angesichts ernsthafter körperlicher oder psychischer Probleme gefährlich werden. Widerstehen Sie auch der Versuchung, die körperlichen Symptome anderer zu diagnostizieren; raten Sie ihnen statt dessen immer, zum Arzt zu gehen.

Körperliche Gesundheit und Symptome
Im Fall körperlicher Symptome, die Ihnen Sorgen bereiten, sollten Sie grundsätzlich Ihren Hausarzt aufsuchen. Manchmal kann ein körperliches Leiden emotionale oder psychische Probleme auslösen oder verstärken, und umgekehrt können sich intensive Gefühle auch auf das körperliche Wohlbefinden auswirken.

Waren Sie in den vergangenen sechs Monaten ernsthaft krank?

JA: Schwere Krankheiten rufen häufig Depressionen und andere seelische Probleme hervor. Möglicherweise sind Sie noch in der Phase der Regeneration. Seien Sie nicht allzu streng zu sich, und konsultieren Sie Ihren Arzt, falls Sie meinen, daß Sie zu lange brauchen, um Ihr seelisches Gleichgewicht wiederzufinden. Vielleicht können Ihnen alternative Therapien dabei helfen.

NEIN: Selbst wenn Sie nicht ernsthaft krank gewesen sind, stehen Sie vielleicht unter Stress oder fühlen sich irgendwie abgespannt. Gönnen Sie sich einmal eine Pause, um in Ruhe über alles nachzudenken.

Leiden Sie unter Herzklopfen, schwitzenden Händen, Durchfall, Erschöpfungszuständen und/oder Schwindelgefühl?

JA: Falls keine körperliche Ursache auszumachen ist, sind es wohl klassische Symptome von Angstzuständen. Sie können sich medikamentös behandeln lassen, doch gibt es auch andere Möglichkeiten, wie eine psychologische Beratung (S. 28–29) oder eine Verhaltenstherapie (S. 30–31).

Nein: Selbst wenn Sie ganz gut mit dem Leben zurechtkommen, könnten Sie vielleicht von Entspannungstechniken oder Meditation (S. 94–95) oder von irgendeiner Art von Kreativtherapie (S. 96–99) profitieren.

Sind Sie lethargisch, wachen Sie früh auf und haben Sie abgenommen oder fehlt Ihnen der Appetit?

JA: All das sind häufig Symptome von Depressionen. Suchen Sie zunächst Ihren Arzt auf; anschließend möchten Sie vielleicht Hilfe für ihren seelischen Zustand in Anspruch nehmen (siehe die Seiten 18–23, 68–69 und 78–79).

NEIN: Sind Sie voller Energie, immer auf Trab, und essen Sie viel? Ständige Geschäftigkeit kann aus der unbewußten Absicht heraus entstehen, tiefsitzende Gefühle zu unterdrücken; vielleicht wäre es ratsam, einmal in aller Ruhe über Ihr Leben nachzudenken (S. 92–93).

Leiden Sie unter Kopfschmerzen, Verdauungsschwierigkeiten, Hautkrankheiten oder Allergien?

JA: Diese Leiden sind häufig Anzeichen von Stress und seelischen Konflikten. Suchen Sie Ihren Arzt auf, und ziehen Sie in Erwägung zu ergründen, was diese Symptome möglicherweise über Sie aussagen könnten (siehe die Seiten 48–49 und 68–69).

NEIN: Sind Sie sich anderer Symptome bewußt, die durch seelische Probleme ausgelöst oder verschärft werden könnten? Vielleicht würden Sie Meditation (S. 94–95) oder eine Kreativtherapie (S. 96–99) als hilfreich empfinden.

EINLEITUNG

Stimmungen und Gefühle
Manchmal kann es schwer sein, exakt auszudrücken, was man gerade fühlt; vielleicht empfinden Sie beispielsweise nur ein vages Gefühl der Entfremdung oder der Unzufriedenheit, ohne dieses Gefühl näher bestimmen zu können. Jeder macht seine Höhen und Tiefen durch, aber wenn eine bestimmte Stimmung Ihr ganzes Gefühlsleben und Ihren Alltag dominiert, kann dies auf ein tiefersitzendes Problem hindeuten.

Neigen Sie zu Stimmungsschwankungen?

JA: Jeder von uns unterliegt Stimmungsschwankungen, doch wenn sich Ihre Stimmung sehr plötzlich oder auf extreme Weise ändern sollte, wäre es womöglich angebracht, fachmännischen Rat einzuholen (S. 24–29).

NEIN: Vielleicht sind Ihre Stimmungen ja einigermaßen stabil, aber wenn Sie das Gefühl haben, Ihre emotionale Seite zu sehr zu unterdrücken, sollten Sie versuchen, etwas entspannter zu werden (S. 92–99).

Weinen Sie schnell?

JA: Haben Sie in letzter Zeit einen schweren Verlust erlitten oder eine größere Veränderung in Ihrem Leben hinter sich? Wenn Sie ständig mit Tränen kämpfen, sind Sie vielleicht deprimiert oder in einer Phase der Trauer. Falls Sie am frühen Morgen besonders niedergeschlagen sind, kann dies ein Zeichen für Depressionen sein. Suchen Sie Ihren Hausarzt auf (S. 18–23 und 68–73).

NEIN: Vielleicht sind Sie ja stolz darauf, niemals „schwach" oder „gefühlsduselig" zu sein; wenn Sie aber nie weinen, vor allem im Beisein anderer, müssen Sie vielleicht lernen, Ihren Gefühlen freien Lauf zu lassen (S. 20–23, 48–49, 68–69, 70–73, 88–89, 96–101).

Machen Sie sich häufig Sorgen?

JA: Selbst wenn das Leben einigermaßen problemlos seinen Gang geht, können manche Menschen ihre Ängstlichkeit einfach nicht ablegen. Unter Umständen wären Experten in der Lage, die Ursachen Ihrer Ängste zu finden (S. 18–41).

NEIN: Auch wenn Sie im allgemeinen gut mit dem Leben zurechtkommen, möchten Sie vielleicht Ihre Persönlichkeit weiterentwickeln (S. 88–103). Wenn Sie sich jedoch nie um etwas Sorgen machen, ist dies womöglich ein Anzeichen dafür, daß Sie tiefsitzende Ängste verdrängen (S. 18–19).

Mögen Sie Ihr Erscheinungsbild?

JA: Es ist gesund, ein positives Selbstbild und ein ausgeprägtes Selbstwertgefühl zu besitzen. Falls Sie jedoch das Gefühl haben, daß Sie zuviel Wert auf Ihr Aussehen legen, mit Ihrem Innenleben aber weniger gut klarkommen, möchten Sie sich vielleicht in anderer Hinsicht weiterentwickeln (S. 20–23, 48–49, 88–89, 96–101).

NEIN: Viele Menschen betrachten ihren Körper als die Hauptquelle ihrer Unzufriedenheit. Dies kann ein Mangel an Selbstachtung sein oder auch gezielt eingesetzt werden, um wichtigeren Problemen aus dem Weg zu gehen; vielleicht sollten Sie versuchen, sich der Ursachen des Problems stärker bewußt zu werden (S. 24–29 und 32–41).

Fühlen Sie sich leer, abgestumpft oder hoffnungslos?

JA: Dies sind verbreitete Symptome von Depressionen, insbesondere im Fall von Trauer. Falls Sie in jüngster Zeit einen schweren Verlust erlitten haben, könnte Ihnen eine Selbsthilfegruppe (S. 78–79) oder psychologische Beratung (S. 28–29) helfen. Wenn Sie sich schon sehr lange so fühlen, brauchen Sie möglicherweise eine intensivere Therapie (S. 24–27).

NEIN: Es ist sehr wichtig, nicht die Verbindung zu seinen Gefühlen zu verlieren; wenn Sie sich jedoch von zu vielen Emotionen überwältigen lassen oder Ihre Gefühle bei unpassenden Gelegenheiten oder auf übertriebene Weise zum Ausdruck bringen, sollten Sie versuchen herauszufinden, warum dies der Fall ist (S. 18–19).

Haben Sie im vergangenen Jahr einen schweren Verlust erlitten oder eine tiefgreifende Veränderung durchgemacht?

JA: Oft können größere Veränderungen im Leben, insbesondere schwerwiegende Verluste (der Tod eines geliebten Menschen, der Verlust des Arbeitsplatzes oder ein Kind, das aus dem Haus geht) tiefgreifende Auswirkungen auf unsere Stimmungslage haben. Wenn Sie sich leer und übermäßig traurig fühlen, nervös oder ängstlich sind, sollten Sie sich fragen, ob ein Ereignis aus jüngster Zeit die Ursache sein könnte. Eventuell kann eine psychologische Beratung helfen (S. 28–29).

Nein: Wenn es keinen äußeren Grund für Ihre Stimmungsschwankungen gibt, könnten sie von inneren Konflikten oder Frustrationen herrühren. Möglicherweise haben Sie das Gefühl, auf Ihrem Lebensweg festgefahren zu sein, und wissen nicht, wie Sie dies ändern können. Vielleicht brauchen Sie Hilfe, um erwünschte Veränderungen herbeizuführen (S. 18–43, 68–69, 78–79, 88–89, 106–107).

Bewußtsein und Gedanken

Die Art und Weise, wie Sie denken – über sich selbst, Ihr Leben, Ihre Mitmenschen und sogar über das Wetter –, sagt viel über Ihre Persönlichkeit und Ihre Weltanschauung aus. Unsere Gedanken beeinflussen sehr stark unsere Gefühle, was auch der Grund dafür ist, warum manche Therapeuten Gedanken und Worte einsetzen, um selbstschädigende Verhaltensmuster und Einstellungen zu ändern.

Haben Sie mitunter das Gefühl, daß andere hinter Ihrem Rücken über Sie tuscheln, Sie kritisieren oder beobachten?

JA: Wenn wir sehr niedergeschlagen sind, haben wir leicht das Gefühl, daß andere uns überkritisch beurteilen. Falls Sie meinen, daß Sie tatsächlich von Fremden beobachtet werden oder diese ständig über Sie reden, könnte dies auf ein schwerwiegenderes Problem hindeuten. Holen Sie fachmännischen Rat ein; bitten Sie Ihren Hausarzt um eine Überweisung zum Facharzt oder Therapeuten (S. 110–111).

NEIN: Wenn Sie sich nie Gedanken darüber machen, was andere über Sie denken, ist Ihnen vielleicht auch nicht bewußt, wie Ihre Mitmenschen auf Sie reagieren. Sich von der übrigen Welt abzuschotten, kann auch eine Möglichkeit sein, eigenen Gefühlen der Minderwertigkeit aus dem Weg zu gehen (S. 48–49, 88–89).

Würden Sie Ihr Denken als klar strukturiert und logisch bezeichnen?

JA: Rationales Denken ist durchaus angemessen in Situationen, in denen ein klarer Kopf gefragt ist; viele Menschen fliehen jedoch in die Logik, um Gefühlen aus dem Weg zu gehen. Vielleicht sollten Sie sich einfach öfter mal gehen lassen, Ihren Gefühlen mehr Raum geben und weniger intensiv nachdenken (S. 38–41, 70–73 und 92–103).

NEIN: Vielleicht finden Sie, daß Sie sich rationaler und logischer verhalten sollten. Falls Sie häufig zu unpassender Gelegenheit allzu impulsiv handeln, sollten Sie sich fragen, warum dies so ist (S. 18–19 und 88–89).

Gehen Ihnen ab und zu Gedanken durch den Kopf, welche Sie zwingen, etwas Bestimmtes zu tun, und die Sie fürchten, nicht unter Kontrolle zu haben?

JA: Sie leiden womöglich unter Zwangsvorstellungen. Diese Persönlichkeitsstörung, die häufiger auftritt als man gemeinhin annimmt, ist behandelbar. Nehmen Sie so bald wie möglich Hilfe in Anspruch (S. 20–23, 30–31, 44–45 und 110–111).

NEIN: Obgleich jeder von uns mitunter Zwangsvorstellungen entwickelt – beispielsweise indem wir uns an bestimmte Abläufe halten, weil wir uns dabei sicher und geborgen fühlen –, sind Sie wahrscheinlich in Ihrer Art, auf Situationen zu reagieren, ausreichend flexibel. Vielleicht interessieren Sie sich aber dennoch für weitere Möglichkeiten, Ihr kreatives Denken zu fördern (S. 34–35 und 96–101).

Fällt es Ihnen schwer, sich zu konzentrieren?

JA: Falls dies normalerweise nicht der Fall ist, machen Sie vielleicht gerade eine Zeit voller Stress und emotionaler Unruhe durch. Angstgefühle, Depressionen und Traurigkeit können Ihre Denkfähigkeit beeinträchtigen. Falls Sie sich allgemein sehr schlecht konzentrieren können, deutet dies womöglich auf ein tieferliegendes Problem hin; wenden Sie sich zunächst an Ihren Hausarzt, um eine körperliche Ursache auszuschließen.

NEIN: Die Fähigkeit, sich selbst im größten Durcheinander noch konzentrieren zu können, ist ein sehr großes Plus. Vielleicht haben Sie ja Freude an der Meditation (S. 94–95) oder anderen kontemplativen Therapien (S. 100–101).

Neigen Sie zu Tagträumereien?

JA: Tagträumereien sind ein normales Mittel, der Wirklichkeit zu entfliehen und sich zu entspannen, aber wenn Sie immer traumverloren durch die Gegend wandeln, könnte es sein, daß Sie vor Problemen in Ihrem realen Leben davonlaufen (S. 18–19, 48–49, 68–69, 88–89 und 106–107).

NEIN: Tagträume können, ebenso wie Phantasien und Träume, sehr entspannend, kreativ und befriedigend sein – eine wunderbare Möglichkeit also, Ihren Akku wieder aufzuladen. Wissenschaftler und Künstler nehmen oft zu Tagträumereien Zuflucht, um auf neue Ideen zu kommen und phantasievolle Lösungen für Ihre Probleme zu finden. Vielleicht würde es auch Ihnen helfen, sich ein wenig mehr gehenzulassen und mehr zu träumen (S. 96–101).

EINLEITUNG

Verhalten

Ihr Verhalten steht in direktem Zusammenhang mit dem, was in Ihrem Innern vorgeht. Da vieles von dem, was Sie motiviert, unbewußt abläuft, kann sowohl Ihr eigenes Verhalten als auch das anderer Menschen oft rätselhaft und verwirrend sein, weil es so schwer ist, die wahre Bedeutung hinter den einzelnen Handlungen zu verstehen. Sich seines eigenen Verhaltens bewußt zu werden ist ein wichtiger Schritt auf dem Weg zu einem besseren Verständnis der eigenen Persönlichkeit.

Fällt es Ihnen schwer, Ihr Temperament im Zaum zu halten?

JA: Wenn Sie sich sogar über Kleinigkeiten ärgern, könnte dies darauf hindeuten, daß Sie unter großem Druck stehen. Vielleicht sind Sie müde und deprimiert, oder Sie sehen keinen Lichtblick. Falls Sie ein explosives Temperament haben und alles in sich aufstauen, um es dann plötzlich herauszulassen, sollten Sie Ihren Zorn besser verstehen lernen (S. 18–23, 68–73).

NEIN: Vielen Menschen fällt es sehr schwer, ihre Wut auszudrücken oder auch nur einzugestehen. Wenn Sie sich zu sehr unter Kontrolle haben, sind Sie möglicherweise verärgert und frustriert. Die Fähigkeit, intensive Gefühle zu erkennen und auf verantwortungsvolle, angemessene Weise auszudrücken, ist für das seelische Wohlbefinden von großer Bedeutung (S. 24–41, 70–73).

Sagen Sie oft ja, wenn Sie eigentlich nein sagen möchten?

JA: Sie haben Schwierigkeiten im Bereich der Selbstbehauptung, die wahrscheinlich von einem Mangel an Selbstachtung und fehlendem Selbstwertgefühl herrühren. Vielleicht sind Sie auch zu sehr von der Anerkennung durch andere abhängig, oder Sie sabotieren Ihre eigenen Bedürfnisse (S. 78–79, 88–91).

NEIN: Ihr Selbstvertrauen und Ihre Selbstachtung sind vermutlich intakt; achten Sie aber darauf, Bedürfnisse und Schwächen anderer zu erkennen, wenn Sie sich zu Menschen hingezogen fühlen, die passiver sind als Sie selbst (S. 106–107 und 124–125).

Ist Ihre Fähigkeit, das Leben zu genießen, stark beeinträchtigt durch Ihre Furcht vor größeren Tieren, Insekten oder anderen Dingen?

JA: Vielleicht leiden Sie unter einer Phobie, gegen die eine Verhaltenstherapie (S. 30–31), eine Hypnotherapie (S. 44–45) oder eine traditionellere Art der Therapie (S. 24–29) helfen könnte.

NEIN: Vielleicht sind Ihre Ängste weniger offensichtlich; gibt es womöglich Dinge, denen Sie aus dem Weg gehen, weil Sie fürchten, daß etwas Unangenehmes geschehen könnte? Vielleicht sollten Sie sich mit Ihren Ängsten auseinandersetzen (S. 88–89).

Zeigen Sie Suchtverhalten wie Alkohol-, Spiel- oder Arzneimittelsucht, oder suchen Sie Trost in übermäßigem Essen und Trinken, wenn Sie von Ängsten heimgesucht werden oder traurig sind?

JA: Wenn wir uns unwohl fühlen oder seelische Schmerzen empfinden, suchen wir oft schnellen Trost oder Ablenkung, sei es durch Schokolade, Alkohol oder Sex; damit stellen wir uns jedoch nicht dem wirklichen Problem und lösen es nicht. Vielleicht hilft Ihnen eine Therapie (S. 20–23) oder eine Selbsthilfegruppe (S. 78–79). Wenn Sie den Verdacht hegen, Suchtstrukturen zu haben, sollten Sie eine Verhaltenstherapie (S. 30–31) oder spezielle Suchttherapie (S. 74–77) ins Auge fassen.

NEIN: Auch wenn Sie sich vermutlich über Ihre wahren Bedürfnisse besser im klaren sind, können Sie doch noch Ihre Persönlichkeit weiterentwickeln (S. 86–103).

Fürchten Sie sich manchmal davor, Ihr Verhalten nicht mehr unter Kontrolle zu haben?

JA: Wenn Sie noch nie wirklich die Kontrolle über Ihr Verhalten verloren haben, ist Ihre Furcht davor wahrscheinlich ein Anzeichen für ein tiefersitzendes Problem. Wenn Sie jedoch tatsächlich öfter die Kontrolle verlieren, könnte dies auf ein ernsthafteres Problem hindeuten, und Sie sollten unbedingt fachmännische Hilfe suchen (S. 110–111).

NEIN: Sie sind wahrscheinlich einigermaßen mit sich selbst im reinen und können diese Eigenschaft nutzen, um Ihre persönliche Weiterentwicklung voranzutreiben (siehe die Seiten 88–89).

KAPITEL EINS

NEHMEN SIE HILFE IN ANSPRUCH

WENN SIE AKZEPTIEREN, daß Sie Hilfe brauchen, ist dies nicht ein Eingeständnis von Schwäche, sondern ein Zeichen, daß Sie bereit sind, alles zu tun, um der Mensch zu werden, der Sie wirklich sein möchten. Falls Sie eine Therapie ins Auge fassen, müssen Sie zunächst gründlich über Ihre Bedürfnisse und Erwartungen nachdenken. Keine Therapie bietet eine „Wunderheilung" für alle Ihre Probleme oder gar eine Garantie für niemals endendes Glück an. Aufgabe des Therapeuten ist es nicht, Sie oder Ihr Leben wieder „hinzubiegen", sondern vielmehr, Sie in Ihren eigenen Bemühungen zu unterstützen und Ihnen „Hilfe zur Selbsthilfe" zu geben.

Wir alle sind Individuen mit unterschiedlichen Persönlichkeiten und Problemen, mit einzigartigen Bedürfnissen und Vorlieben; was bei dem einen funktioniert, muß für den anderen noch lange nicht richtig sein. Um herauszufinden, was für Sie am geeignetsten ist, sollten Sie sich zunächst mit den verschiedenen Formen der Einzeltherapie auseinandersetzen, bei der Sie allein und nicht in einer Gruppe mit einem Therapeuten zusammenarbeiten (S. 18–19).

Es gibt viele unterschiedlich ausgebildete professionelle Helfer bei seelischen Problemen. Auf den Seiten 20–23 finden Sie einen Überblick über diese Personen und ihre jeweilige Vorgehensweise, während der Rest des Kapitels detaillierter auf die wichtigsten Arten der Einzeltherapie eingeht.

Die meisten therapeutischen Richtungen, die sich auf das Gespräch über die Gedanken und Gefühle des Klienten stützen, gehen auf die Psychoanalyse zurück oder sind zumindest von ihr beeinflußt (S. 24–25). Dieser Ansatz basiert auf der Vorstellung, daß eine Bewußtmachung von Gedanken und Gefühlen, die in den unbewußten Bereichen unserer Seele „verschüttet" sind, zur Selbsterkenntnis beitragen, seelische Wunden heilen und unsere Entscheidungsfreiheit vergrößern kann. Die Psychotherapie (S. 26–27) funktioniert ganz ähnlich, ist jedoch meist weniger intensiv und erstreckt sich in der Regel über einen kürzeren Zeitraum. Auch die psychologische Beratung (S. 28–29) ist eine „Gesprächstherapie", doch konzentriert sie sich stärker auf die Gegenwart und auf die Aufarbeitung eines ganz bestimmten Problems – etwa eines Trauerfalls – statt auf Schwierigkeiten, die sich über einen längeren Zeitraum hinziehen.

Die Verhaltenstherapie (S. 30–31) befaßt sich eher mit den Symptomen und Auswirkungen eines Problems als mit dessen möglichen Ursachen. Diese häufig zur Behandlung von Phobien und angstverwandten Problemen wie Panikanfällen eingesetzte Therapie stützt sich auf strukturierte Übungen, mit deren Hilfe Verhaltensweisen verändert werden sollen.

Daneben gibt es noch zahlreiche andere Therapieformen, die sich in ihren Schwerpunkten, Vorgehensweisen und Techniken unterscheiden. Die Kognitive Therapie (S. 34–35) beispielsweise betont das rationale Denken, während die Psychosynthese (S. 36–37) neben der Lösung konkreter Probleme auch darauf abzielt, das individuelle Potential des Klienten zu entwickeln. Die Gestalttherapie (S. 40–41) wendet mentale wie körperliche Techniken an, um Ihnen zu helfen, Ihr ganzheitliches, wahres Ich zu finden; die Hypnotherapie (S. 44–45) wiederum versetzt den Klienten zeitweise in einen tranceartigen Zustand, um seine Verhaltensweisen und Einstellungen zu ändern.

MANCHMAL KANN DIE WIRKSAMSTE ART DER SELBSTHILFE
DARIN BESTEHEN, DASS MAN BEI EINEM ANDEREN MENSCHEN
ORIENTIERUNG UND UNTERSTÜTZUNG SUCHT.

WÄRE EINE EINZELTHERAPIE DAS RICHTIGE FÜR SIE?

Es ist eine weitverbreitete Überzeugung, daß eine intensive Einzeltherapie grundsätzlich besser ist als andere Therapieformen. Dennoch ist die Einzeltherapie nicht immer für jeden der richtige Weg; bevor Sie sich auf eine solche einlassen, sollten Sie sich deshalb zunächst einmal überlegen, ob nicht vielleicht andere Hilfsangebote für Sie geeigneter sein könnten (siehe die Fragebogen auf den Seiten 48–49, 68–69 und 88–89). Dabei spielen zahlreiche Faktoren eine Rolle, wie etwa Ihre Motivation, Ihre Erwartungen und die Frage, als wie ernst Sie Ihr Problem einschätzen. Zudem müssen Sie sich darüber klar sein, wieviel Zeit und Geld (falls Ihre Krankenkasse nicht die Kosten übernimmt) Sie in Ihre Therapie zu investieren bereit sind. Um Enttäuschungen zu vermeiden, sollten Sie deshalb zunächst die unten aufgeführten Fragen beantworten; diese werden es Ihnen leichter machen zu entscheiden, ob eine Einzeltherapie für Sie das Richtige ist. Wählen Sie zu jeder Frage diejenige Aussage aus, die sich am ehesten mit Ihren eigenen Gedanken und Gefühlen deckt. Zählen Sie am Ende Ihre **a**-, **b**- und **c**-Antworten zusammen, und schlagen Sie die Seite 138 auf, wo Sie eine Analyse Ihrer Antworten finden.

1. Sie tendieren zu einer Einzeltherapie, weil:
a) Ihre Bekannten auch eine machen.
b) Sie keine anderen Formen der Therapie kennen.
c) Sie Ihre Probleme besser verstehen wollen.

2. Haben Sie jemals eigene Erfahrungen mit einer Einzeltherapie oder einer psychologischen Beratung gemacht?
a) Nein.
b) Ich weiß nur, was Freunde mir erzählt haben und was ich gelesen habe.
c) Ja.

3. Warum sind Sie davon überzeugt, daß eine Einzeltherapie für Sie das Beste wäre?
a) Mein Arzt/Partner/Kollege hat mir das vorgeschlagen.
b) Ich weiß nicht recht, aber alle anderen wollen anscheinend auch eine Individualtherapie.
c) Ich benötige sehr viel persönliche Zuwendung.

4. Wie reagieren Sie auf persönliche Kritik?
a) Ich bin danach meist sehr wütend und gekränkt.
b) Ich neige dazu, die anderen kritischer zu beurteilen als sie mich.
c) Auch wenn ich Kritik an meiner Person nicht besonders mag, kann ich gegebenenfalls akzeptieren, daß sie zutrifft.

5. Sind oder waren Sie von Alkohol oder Drogen abhängig?
a) Ja; deshalb brauche ich ja Hilfe.
b) Ich hatte früher dieses Problem, aber nicht jetzt.
c) Ich war noch nie von irgend etwas abhängig.

6. Haben Sie ein Eßproblem oder eine ausgesprochen negative Einstellung zu Ihrem Körper?
a) Ja, ich leide unter einer Eßstörung.
b) Ich mag mein Aussehen nicht.
c) Als Teenager machte ich mir zu viele Sorgen wegen meines Gewichts.

7. Wie sehen Sie Ihr Verhältnis zu anderen?
a) Ich fühle mich sehr einsam und allein.
b) Ich bin oft einsam und habe nur wenige Freunde.
c) Ich treffe mich regelmäßig mit Freunden und Angehörigen.

8. Glauben Sie, daß die Menschen von dem beeinflußt werden, was ihnen in der Vergangenheit zugestoßen ist?
a) Nein.
b) Manchmal denke ich, daß dies vielleicht zutreffen könnte.
c) Ja; ich erkenne deutlich, wie meine Einstellungen und mein Verhalten ebenso wie bei anderen Personen mit der Vergangenheit zusammenhängen.

9. Sind Sie mitunter so traurig und deprimiert, daß Sie über Selbstmord nachdenken?
a) Ja; ich habe schon versucht, mir das Leben zu nehmen, oder zumindest ernsthaft den Gedanken gehabt.
b) Manchmal, aber ich würde es nie wirklich tun.
c) Ich bin manchmal sehr traurig, aber so deprimiert doch wieder nicht.

10. Haben Sie jemals seltsame Gefühle oder Gedanken gehabt oder irgendwelche Erscheinungen gesehen oder Stimmen gehört?
a) Ja; deshalb suche ich ja Hilfe.
b) Manchmal fühle ich mich ein wenig unwirklich oder von der übrigen Welt isoliert.
c) Nein.

11. Haben Sie schon einmal einen ernsthaften seelischen Zusammenbruch erlitten?
a) Ja, erst vor kurzem.
b) Nein, aber ich fürchte, es könnte passieren.
c) Nein.

12. Was ist Ihrer Ansicht nach der Hauptgrund dafür, daß Sie eine Therapie machen möchten?
a) Jemand übt entsprechenden Druck auf mich aus.
b) Ich möchte von meinen Problemen geheilt werden.
c) Ich möchte verstehen, warum ich so bin, wie ich bin.

13. Sind Sie ein geduldiger Mensch?
a) Nein; ich will immer möglichst schnell Ergebnisse haben.
b) Manchmal, aber es fällt mir schwer zu warten.
c) Ja, ich kann warten, wie sich die Dinge entwickeln.

14. Wie reagieren Sie auf ein Problem, das gelöst werden muß?
a) Ich ignoriere es einfach, bis es sich in Luft aufgelöst hat.
b) Ich erkenne es, kann aber nicht gut mit ihm umgehen.
c) Ich versuche, mit ihm fertig zu werden.

15. Wie reagieren Sie, wenn Sie eine schwere Enttäuschung erlebt haben?
a) Ich bin längere Zeit völlig am Boden zerstört.
b) Ich bin fix und fertig, zwinge mich aber, gute Miene zum bösen Spiel zu machen.
c) Ich bin eine Zeitlang ziemlich niedergeschlagen, aber dann nehme ich mich zusammen und konzentriere mich darauf, eine Lösung zu finden.

16. Wie ist Ihre Einstellung zu einer festen Beziehung?
a) Ich meide sie.
b) Ich bin da sehr gespalten.
c) Die Vorstellung von einer langfristigen Beziehung gefällt mir.

17. Was geschieht, wenn Sie etwas Neues beginnen?
a) Ich gebe schnell auf, wenn ich den Mut verliere.
b) Ich fange alles Mögliche an, ohne aber jemals etwas zu Ende zu bringen.
c) Ich bringe die meisten Dinge zu Ende.

18. Wie sehr wünschen Sie, sich zu verändern?
a) Ich habe das Gefühl, daß leider kein Weg daran vorbeiführt.
b) Ich will mich unbedingt verändern; mir geht es gar nicht gut.
c) Ich finde, es ist höchste Zeit, daß ich meine Probleme in den Griff bekomme.

Ein hilfreiches Gegenüber
Die enge Zusammenarbeit mit einer anderen Person im Rahmen einer Therapie kann zur besseren Kenntnis Ihrer selbst führen und dadurch eine positive Veränderung in Ihrem Leben bewirken.

WER IST WAS?

Auch wenn Sie sich darüber klar geworden sind, daß Sie ein Problem haben, welches Sie nicht allein lösen können, fühlen Sie sich vielleicht noch immer verunsichert in bezug auf die Frage, an wen Sie sich wenden können. Möglicherweise lassen Sie sich bei einem Arzt oder Therapeuten einen Termin geben, doch dann fällt es Ihnen schwer, die richtigen Fragen zu stellen oder die Antworten zu verstehen; danach stellen Sie dann frustriert fest, daß Sie von dem, was man Ihnen erklärt hat, so gut wie nichts behalten haben.

Die folgenden Seiten sollen eine Art Leitfaden zu den verschiedenen Fachberufen für die Behandlung seelischer Probleme bieten und Ihnen eine Ahnung davon vermitteln, was Sie von den einzelnen Experten zu erwarten haben. Grundsätzlich ist es immer ratsam, sich zu erkundigen, welche Ausbildung und Qualifikation ein Therapeut hat, bevor man sich in eine Behandlung begibt, und sich schon *vor* der ersten Sitzung eventuelle Fragen zu notieren.

Der Hausarzt
Die erste Person, an die Sie sich mit einem psychischen Problem wenden, ist normalerweise Ihr Hausarzt; dies ist schon deshalb ratsam, um eine potentielle körperliche Krankheit als Ursache Ihres seelischen Leidens auszuschließen. Es kann auch sein, daß Ihr Arzt einfühlsam und scharfsichtig Ihr Problem erkennt und einen beruhigenden Einfluß auf Sie ausübt; vielleicht merken Sie sogar, daß die Möglichkeit, offen über Ihr Problem zu reden, alles ist, was Sie an Hilfe brauchen. Je nach der Schwere Ihres Problems wird Ihr Hausarzt Sie an einen Fachmann verweisen, etwa an einen Psychologen oder einen Neurologen, der dann Ihren Hausarzt über Ihren Gesundheitszustand auf dem laufenden hält. Eventuell verschreibt Ihnen Ihr Hausarzt auch für einen kürzeren Zeitraum die Einnahme von Medikamenten, um Ihre Ängste oder Depressionen zu lindern.

Der klinische Psychologe
Ihr Arzt überweist Sie möglicherweise zur genaueren Untersuchung an einen Psychologen, der Sie danach entweder selbst behandelt oder an einen Psychotherapeuten oder psychologischen Berater verweist. Psychologen verfügen über einen Universitätsabschluß (Diplom) und haben eine gründliche Ausbildung genossen, um mit Hilfe von Gesprächen, psychologischen Tests und Beobachtungen des Verhaltens ihrer Klienten eine Diagnose zu stellen. Die Tests zielen darauf ab, Ihre Einstellungen und Ihre Persönlichkeitsstruktur, Ihre Gefühle im Hinblick auf Ihre gegenwärtige Lebenssituation, Ihre allgemeine Intelligenz und Ihr Gedächtnis zu erfassen. Auch wenn viele Psychologen eine ganz bestimmte Behandlungsmethode bevorzugen, kann man aufgrund ihrer Ausbildung im Normalfall davon ausgehen, daß sie über die unterschiedlichsten psychologischen Theorien und Behandlungsformen Bescheid wissen.

NEHMEN SIE HILFE IN ANSPRUCH / .WER IST WAS?

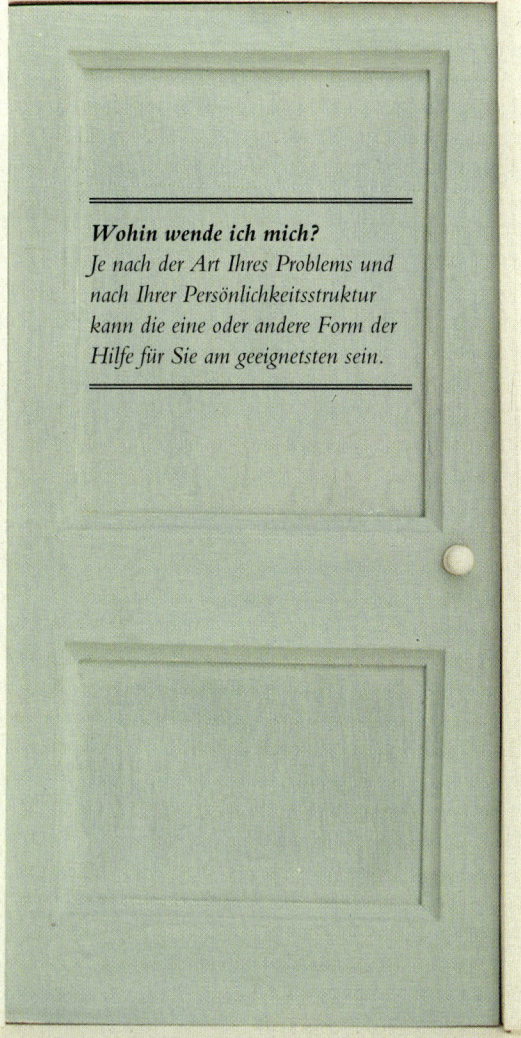

Wohin wende ich mich?
Je nach der Art Ihres Problems und nach Ihrer Persönlichkeitsstruktur kann die eine oder andere Form der Hilfe für Sie am geeignetsten sein.

Der Psychiater
Einen Patienten mit einem schweren oder chronischen psychischen Problem wird der Hausarzt in der Regel zur Diagnose an einen Neurologen und/oder Facharzt für Psychiatrie überweisen. Obgleich ein Diplompsychologe dafür ebenfalls qualifiziert wäre, darf nur ein Psychiater – ein approbierter Arzt, der eine zusätzliche mehrjährige Ausbildung zur Erkennung und Behandlung seelischer Störungen absolviert hat – Arzneimittel verschreiben, die Stimmungen oder Verhaltensweisen beeinflussen. Der Psychiater wird Ihnen Fragen über Ihre körperliche Gesundheit, Ihre geistige und seelische Verfassung und Ihre Familiengeschichte stellen. Sie werden wohl mehrere Termine bei ihm haben und über Ihre Lebenssituation sprechen sowie Medikamente verschrieben bekommen; oder Sie werden an eine andere Fachkraft zur Weiterbehandlung verwiesen.

Der Psychotherapeut
Eine große Bandbreite an Therapien, die sich zum Teil auch mit den unbewußten Bereichen der Seele befassen, werden von Psychotherapeuten angeboten, die sich oft speziell auf die Arbeit mit Einzelpatienten, Gruppen, Paaren, Jugendlichen oder Kindern spezialisiert haben. Wer eine Psychotherapie beginnt, hat in der Regel zuvor einen Arzt konsultiert; bei festgestellter medizinischer Notwendigkeit übernimmt die Krankenkasse die Kosten. Bei der ersten Sitzung können Sie mit dem Therapeuten über sich und Ihre Probleme sprechen, um dann, falls Sie weiter zu diesem Therapeuten gehen möchten, die Möglichkeiten einer Behandlung zu erörtern. Psychotherapeuten setzen sich mit ihren Klienten in der Regel ein- bis viermal pro Woche zusammen, und die Behandlungsdauer kann zwischen sechs Monaten und bis zu mehreren Jahren intensiver Arbeit betragen. Psychotherapeuten durchlaufen eine spezielle Ausbildung, während der sie sich auch selbst therapieren lassen.

Der Psychoanalytiker

Der Psychoanalytiker interpretiert psychische Probleme und daraus entstandene Situationen gemäß einer bestimmten Theorie, die zumeist auf das Werk von Sigmund Freud oder Carl Jung zurückgreift. Er arbeitet mit seinen Klienten ausführlich an den unterschiedlichsten Problemen, und zwar oft fünf Jahre lang oder noch länger. Falls Sie eine Psychoanalyse in Betracht ziehen, sollten Sie sich von vornherein darüber im klaren sein, daß diese einen enormen Aufwand an Zeit, Mühe und eventuell Kosten erfordert (bei festgestellter medizinischer Notwendigkeit zahlt die Krankenkasse). Für eine psychoanalytische Ausbildung sind approbierte Ärzte und Diplompsychologen zugelassen. Sie wird an anerkannten Instituten durchgeführt, ist langwierig und aufwendig und umfaßt auch eine durchgehende persönliche Analyse des Auszubildenden.

Der psychologische Berater

Wie der Psychoanalytiker und Psychotherapeut befaßt sich ein psychologischer Berater (Counselor) gewöhnlich mit Problemen, die auf den unbewußten Elementen der Psyche basieren; er kann aber auch kurzzeitig bei einem ganz bestimmten Problem, wie etwa bei einem Trauerfall, bei sexuellem Mißbrauch, einem Trauma oder Eheproblemen, helfen. Sie können von Ihrem Hausarzt an einen solchen Berater verwiesen werden, mit dem Sie dann einmal wöchentlich für etwa vier bis sechs Sitzungen zusammentreffen. Auch wenn Sie sich mit dem Gedanken tragen, eine intensivere Therapie zu machen, können Sie einen psychologischen Berater aufsuchen. Die Ausbildung psychologischer Berater hängt davon ab, worauf sie sich im einzelnen spezialisiert haben. Sie sind Fachkräfte wie Ärzte, Diplompsychologen, Pädagogen oder Sozialarbeiter, die eher Orientierungs- und Entscheidungshilfe geben und nicht direkt auf eine Verhaltensmodifikation abzielen. Institutionalisierte psychologische Beratung umfaßt zum Beispiel Erziehungsberatung, schulpsychologische Beratung, Berufsberatung, Ehe-, Gesundheits- und Rehabilitationsberatung (siehe auch Sozialdienste).

NEHMEN SIE HILFE IN ANSPRUCH / WER IST WAS?

> ### IHRE ERSTE SITZUNG
>
> Da ein Besuch bei einem psychologischen Berater oder einem Psychotherapeuten mit keiner anderen Situation zu vergleichen ist, wäre eine gewisse Nervosität Ihrerseits in einer solchen Situation nur natürlich. Worauf aber sollten Sie achten?
> • Hat der Therapeut eine entsprechende Ausbildung, um Ihr spezielles Problem angemessen behandeln zu können?
> • Fühlen Sie sich in seiner oder ihrer Gegenwart wohl? Haben Sie das Gefühl, daß der Therapeut Sie versteht, und sind Sie mit ihm einig, worin Ihr Problem besteht und wie Sie es gemeinsam lösen könnten?
> • Scheint der Therapeut gewillt, Ihre Fragen zu beantworten? Klärt er Sie hinreichend über die praktischen Aspekte der Therapie auf, wie etwa deren Dauer und Kosten (falls diese nicht Ihre Krankenkasse oder ein anderer Träger übernimmt)?
> Auch weitere Seiten in diesem Band, vor allem in Kapitel Fünf, dürften für Sie zu diesem Thema hilfreich sein.

Sozialdienste

Sozialdienste, Sozialstationen und soziale Beratungsdienste sind von den Kommunen, Kirchen oder freien Wohlfahrtsverbänden getragene soziale Einrichtungen zur ambulanten Alten-, Kranken- und Familienpflege, zur Sucht- und Drogenberatung und zur Erziehungs-, Familien-, Ehe- und Lebensberatung. Menschen mit psychischen Problemen wie auch deren Angehörige können sich kostenlos an die Sozialpsychiatrischen Dienste wenden, die zum Beispiel auch Besuche im Haus und am Arbeitsplatz machen. Die Sozialpsychiatrischen Dienste bieten Beratungsgespräche, Krisenintervention und Nachsorge für aus der Klinik entlassene Patienten an. Bei den verschiedenen genannten Diensten beraten und betreuen Sie je nach Aufgabengebiet Sozialpädagogen (meist Sozialpädagoginnen), Sozialarbeiter, Psychologen, Ärzte, Arzthelferinnen oder Schwestern.

Andere Quellen der Hilfe

Sofern Sie in Ihrem Leben von anderen Menschen – etwa von einem liebevollen Partner oder von einem Angehörigen oder guten Freund – unterstützt werden, sind Sie wahrscheinlich ohne weiteres in der Lage, eine schwierige Phase durchzustehen. Womöglich werden Sie von Ängsten geplagt und sind übernervös, oder Sie leiden unter Kopfschmerzen oder Schlaflosigkeit. Doch selbst wenn Sie gegenwärtig schwere Belastungen durchzustehen haben, müssen Sie deshalb nicht unbedingt gleich einen Fachmann für die Behandlung psychischer Probleme aufsuchen. Sie können auch auf andere bewährte Möglichkeiten der Stressbewältigung zurückgreifen, etwa auf so einfache Dinge wie einen Spaziergang an der frischen Luft, der den Kopf freimacht und beruhigend wirkt, das Führen eines Tagebuchs oder vielleicht eine Massage, die Muskelverspannungen abbauen hilft und einen gesunden Schlaf fördert.

PSYCHOANALYSE

SELBST WENN SIE NOCH NIE etwas von Sigmund Freud gelesen haben, ist Ihnen der Name wahrscheinlich ein Begriff. Freuds wichtigste These besteht darin, daß wir alle sowohl über ein bewußtes, alltägliches Ich verfügen als auch über einen unbewußten Teil unserer Persönlichkeit, in dem Gedanken und Erinnerungen gespeichert sind. Diese Inhalte, auf die wir nur unter großen Mühen zurückgreifen können, beeinflussen uns auch dann, wenn wir uns ihrer überhaupt nicht bewußt sind. Obwohl Freuds Vorstellungen bis heute nicht unumstritten sind, ist die Überzeugung, daß eine Erforschung des Unbewußten zur Heilung seelischer Wunden beitragen kann, nach wie vor die Grundlage der Psychoanalyse.

Die Quelle menschlichen Unglücks

Freud zufolge setzt sich die menschliche Psyche aus dem Es, dem Über-Ich und dem bewußten Ich zusammen. Das Es steuert die instinktiven Triebe und das Verlangen des Individuums nach Lust, während das Über-Ich die moralischen und sozialen Normen umfaßt, die wir von unseren Eltern und anderen Autoritätspersonen übernehmen. Das bewußte Ich, das weitgehend über den Verstand arbeitet, will zwischen Es und Über-Ich, zwischen innerem Wünschen und den Erfordernissen der Außenwelt vermitteln.

Der Konflikt zwischen den verschiedenen Teilen unserer Psyche dauert rund um die Uhr an und wird normalerweise auf verschiedene Arten gelöst. Eine davon ist die Verdrängung, bei der wir bestimmte Dinge aus unserem Bewußtsein verbannen; die andere ist die Sublimierung, bei der Triebe und Gefühle, die auszudrücken wir nicht in der Lage sind, auf eine gesellschaftlich akzeptablere Weise kanalisiert werden (wie etwa das Aufbrauchen sexueller Energie bei sportlicher Betätigung). Wenn der Konflikt jedoch nicht harmonisch zu lösen ist, kann er unser ganzes tägliches Leben durcheinanderbringen und uns extrem unglücklich machen.

Zu den Symptomen, die aus diesem unbewußten Konflikt erwachsen, gehören geistige und seelische Störungen, die man als Neurosen bezeichnet, psychosomatische Krankheiten (abgeleitet von *psyche* und *soma*, den altgriechischen Wörtern für Seele beziehungsweise Körper), Beziehungsprobleme, Stimmungsschwankungen, Angstzustände und Phobien. Anstatt nur das jeweilige Symptom zu behandeln, versucht die Psychoanalyse, die Ursache der Krankheit zu ergründen, die häufig in einem unbewußten Konflikt zu suchen ist. Die Aufgabe des Psychoanalytikers besteht darin, diejenigen Signale zu interpretieren, die das Unbewußte eines Klienten aussendet.

Wie die Vergangenheit ans Licht kommt

Die Psychoanalyse befaßt sich intensiv mit der Entwicklung unserer Gedanken und Gefühle im Säuglings-, Kindes- und Erwachsenenalter sowie damit, wie sie unser gegenwärtiges Verhalten beeinflussen. Viele unserer Er-

Vergrabenene Schätze suchen
Die Psychoanalyse erfordert eine sehr sorgfältige und gründliche Suche nach eventuell verschütteten Gedanken und Gefühlen. Was auch immer Sie bei dieser Suche finden, ist ein deutlicher Hinweis darauf, wie vielfältig und komplex Ihr Innenleben doch ist.

fahrungen, insbesondere die potentiell beängstigenden und schmerzhaften, sind tief in unserem Innern begraben, wo sie entweder vollständig vergessen sind oder absichtlich unterdrückt werden. Die Psychoanalyse setzt sich zum Ziel, uns dieses Unbewußte bewußt zu machen. Eine der Methoden, deren sie sich dabei bedient, ist die freie Assoziation; der Klient äußert dabei völlig spontan, was ihm zu einem gegebenen Thema gerade an Positivem oder Negativem einfällt. Ein wichtiger Gedanke Freuds besagt, daß das Unbewußte über Symbole indirekt mit uns kommuniziert. Im Jahr 1900 schrieb Freud sein bedeutendes Buch *Die Traumdeutung*, und die Psychoanalyse stützt sich noch heute stark auf diesen Aspekt der Therapie. Nicht nur dem, was ein Klient sagt, wird großes Gewicht beigemessen, sondern auch

NEHMEN SIE HILFE IN ANSPRUCH / PSYCHOANALYSE

dem, was er *nicht* sagt, und Träume sagen in vielen Fällen mehr über die Psyche eines Klienten aus als es seine bewußten Gedanken tun.

Die Gesprächstherapie
Der Ablauf der psychoanalytischen Sitzung selbst – Sie können bis zu fünf solche Sitzungen pro Woche haben – hängt großenteils von der Persönlichkeit und dem theoretischen Hintergrund des Analytikers ab. Manche Analytiker reden sehr wenig, während andere einen Dialog mit Ihnen führen. Grundsätzlich liegen Sie auf einer Couch, hinter deren Kopfende der Analytiker sitzt, so daß Sie ihn nicht sehen können. In diesem Zustand der Entspannung mit einem Minimum an Ablenkungen sprechen Sie über alles Mögliche, das Ihnen gerade in den Sinn kommt. Dies ist weitaus komplizierter als es klingt, da man keineswegs über Nacht in der Lage ist, sich etwas ins Bewußtsein zu rufen, was viele Jahre lang im Unbewußten begraben war; hierin liegt auch der Grund dafür, daß die Psychoanalyse die intensivste aller Therapien ist und sich über einen so langen Zeitraum erstreckt.

Die Psychoanalyse liefert keine schnellen Resultate und darf nicht als Allheilmittel für unglückliche Patienten mißverstanden werden. Dafür bietet sie aber eine einmalige Chance, sich selbst besser kennenzulernen sowie die Hoffnung, daß aus dieser besseren Selbsteinschätzung eine größere Handlungsfreiheit erwächst.

DAS PASSENDE FÜR SIE?

Ja, wenn:
• Sie sich selbst, auch die unbewußten Aspekte Ihrer Persönlichkeit, besser verstehen wollen.
• Sie glauben, daß die Vergangenheit Ihr gegenwärtiges Verhalten stark beeinflußt.
• Sie die Zeit und das Geld haben (bzw. Ihre Krankenkasse die Kosten übernimmt), um über einen längeren Zeitraum vier oder fünf Sitzungen pro Woche besuchen zu können.
• Sie mit der Interpretation von Symbolen als Mittel zur Erklärung Ihrer inneren Konflikte etwas anfangen können.

Nein, wenn:
• Sie nur an einer möglichst schnellen Heilung Ihrer Symptome interessiert sind.
• Sie nicht daran glauben, daß die Erforschung der Vergangenheit für Ihr heutiges Leben relevant ist.
• Sie zu wenig Zeit haben und Ihnen die Kosten zu hoch sind (bzw. Ihre Krankenkasse diese nicht übernimmt).
• Sie schnell ungeduldig werden, wenn etwas längere Zeit in Anspruch nimmt.

Psychotherapie

Das Wort Therapie, das aus dem Altgriechischen stammt und soviel wie Dienstleistung oder Behandlung bedeutet, umfaßt alles, was getan wird, um eine körperliche oder psychische Störung zu beseitigen. Psychotherapie ist somit ein Sammelbegriff, unter den die verschiedensten Arten von Hilfsangeboten fallen: Von einer vorübergehenden Hilfe während einer Krise bis zur Erforschung einer möglicherweise schmerzhaften Vergangenheit sowie bewußter Erinnerungen oder unbewußter Gedankeninhalte. Die Psychotherapie, meist nicht so aufwendig (und nicht so kostspielig) wie die traditionelle Psychoanalyse, setzt ebenfalls das Gespräch über Gedanken und Gefühle als Mittel ein, um innere Konflikte besser zu verstehen und zu lösen. Anders als die klassische Psychoanalyse, bei welcher der Klient in der Regel über Jahre fünf 50minütige Sitzungen pro Woche besucht, beschränkt sich die Psychotherapie oft auf eine sogenannte Kurz- oder Fokaltherapie – eine Sitzung pro Woche über einen Zeitraum von rund 30 Wochen –, um ein begrenztes Konfliktfeld oder ein spezifisches psychisches Problem zu behandeln.

Wie läuft eine Psychotherapie ab?
Die Psychotherapie, vor zwei Jahrzehnten noch kaum bekannt, ist mittlerweile praktisch jedem ein Begriff. Dies ist weitgehend darauf zurückzuführen, daß sich der Zugang zu solchen Therapieformen wesentlich verbessert hat und sich die Psychotherapie inzwischen mit einem sehr breiten Spektrum an Lebenssituationen befaßt, wie etwa mit Problemen in Ehe und Familie. Dennoch stehen viele Menschen der Psychotherapie nach wie vor skeptisch gegenüber, weil sie nicht wissen, was während einer therapeutischen Sitzung geschieht. Die Mythen, die sich um Therapien ranken, sagen vielleicht mehr über unsere eigene tiefsitzende Angst aus, in Abhängigkeit zu geraten oder Schwäche zu zeigen, als daß sie das Verständnis des Therapievorgangs und seiner Möglichkeiten fördern würden, Menschen zu helfen, die in seelische Not geraten sind.

Wenn Sie an einen Psychotherapeuten verwiesen werden, kommt es wahrscheinlich zunächst zu einer einführenden Konsultation. Der Therapeut wird Sie auffordern, ihm etwas über sich zu erzählen – über Ihre zwischenmenschlichen Beziehungen in Vergangenheit und Gegenwart, Ihre Einstellung zu sich selbst und ähnliches. Er oder sie verzichtet dabei womöglich darauf, konkrete Fragen zu stellen; statt dessen erhalten Sie einfach Gelegenheit zu sagen, was immer Sie sagen möchten. Bei diesem ersten Zusammentreffen werden Sie vermutlich auch über die praktischen Aspekte sprechen, wie etwa die Zahl und Dauer der einzelnen Sitzungen und die Kosten, sowie die Möglichkeit erhalten, Fragen zu stellen oder zu erklären, was Sie sich von der Therapie versprechen. Ihr Therapeut hält sich dabei entweder sehr zurück und überläßt das Sprechen weitestgehend Ihnen, oder er geht sehr intensiv auf Sie ein. Viele Menschen empfinden Schweigen als ausgesprochen verwirrend und unangenehm und haben anfangs größte Probleme, sich ihrem Gegenüber zu offenbaren. Den meisten jedoch gelingt es relativ schnell, ihre Schüchternheit zu überwinden. Im Gegensatz zur Psychoanalyse, bei welcher der Klient auf einer Couch liegt, sitzen sich bei der Psychotherapie Klient und Therapeut meist auf Stühlen frontal gegenüber, während der Klient von sich erzählt. Die Beziehung zum Therapeuten ist dabei von ganz entscheidender Bedeutung, da sie als Spiegel-

NEHMEN SIE HILFE IN ANSPRUCH / PSYCHOANALYSE

bild der Beziehung des Klienten zur Welt außerhalb der psychotherapeutischen Praxis gilt. Oft kommt es vor, daß ein Klient in einem Prozeß, den man als Übertragung oder Transferenz bezeichnet, Gefühle und Haltungen auf den Therapeuten überträgt. Als Gegenübertragung bezeichnet man diejenigen Gefühle, deren sich der Therapeut infolge seiner Beschäftigung mit dem Klienten bewußt wird. Beide Prozesse werden häufig im Rahmen der Therapie ausführlich erörtert.

Obgleich ein Psychotherapeut kein Mediziner sein muß, benötigt er doch, um seinen Beruf mit Erfolg ausüben zu können, ganz bestimmte Qualitäten. Die vielleicht wichtigste ist die Fähigkeit, sich in die Gefühle des Klienten hineinversetzen zu können; als Klient sollten Sie merken, daß Ihr Therapeut ernsthaft um Ihr psychisches Wohlergehen besorgt ist. Anfangs wird es Ihnen womöglich schwerfallen, sich einem wildfremden Menschen zu offenbaren, doch im Lauf der Zeit werden Sie wahrscheinlich Ihren Therapeuten als vertrauenswürdigen Führer auf Ihrer Reise zur Selbsterkenntnis akzeptieren.

DAS PASSENDE FÜR SIE?

Ja, wenn:
- Sie an der Erforschung der unbewußten Aspekte Ihrer Persönlichkeit interessiert sind.
- Sie in der Lage sind, über einen längeren Zeitraum mindestens einmal wöchentlich zu einer Sitzung zu kommen.
- Sie Hilfe suchen, weil Sie selbst es wollen – und nicht, weil irgend jemand Sie dazu drängt.
- Sie davon überzeugt sind, daß Ihre Vergangenheit für Ihre heutige Persönlichkeit und Ihre gegenwärtigen Probleme durchaus relevant ist.

Nein, wenn:
- Sie nicht soviel Zeit aufbringen können oder Ihnen die Kosten (falls diese nicht Ihre Krankenkasse übernimmt) zu hoch sind.
- Sie eine weniger aufwendige Möglichkeit, etwas über sich selbst in Erfahrung zu bringen, vorziehen würden.

Was erblicken Sie?
Ihr Therapeut wird Ihnen helfen, Problemen ins Auge zu sehen, die Sie sich nur höchst ungern eingestehen, und Sie ermutigen, Ihre eigenen Lösungen für diese Probleme zu finden.

PSYCHOLOGISCHE BERATUNG

BEI DER PSYCHOLOGISCHEN BERATUNG gibt ein Berater im Gespräch, bei dem er aufmerksam zuhört und Fragen stellt, der betroffenen Person Orientierungs- und Entscheidungshilfe zur Lösung eines ganz bestimmten Problems. Diese psychologische Beratertätigkeit (auch Counseling genannt) wird von den verschiedensten Personen ausgeübt, die beispielsweise im Gesundheitswesen oder als Lehrer, Sozialarbeiter oder Betriebspsychologen tätig sind – also von Personen, die beruflich in irgendeiner Weise mit der Fürsorge für Menschen zu tun haben. Psychologische Beratung wird auch als Oberbegriff für jede Art von Therapie – etwa Verhaltenstherapie, Kognitive Therapie oder Transaktionsanalyse – verwendet, die alle ihre eigenen Theorien, Zielsetzungen und Techniken haben.

Spezifische Hilfe

Während sich die Psychotherapie häufig über einen längeren Zeitraum auf die Vergangenheit und die emotionale Entwicklung eines Menschen konzentriert, bevorzugt die psychologische Beratung ein praxisnahes und stärker gegenwartsorientiertes Vorgehen. Psychologische Berater geben oft Menschen moralische Unterstützung, die wegen eines ganz bestimmten aktuellen Problems – etwa wegen Arbeitslosigkeit, Beziehungsproblemen oder eines Trauerfalls –, das zwar sehr schmerzhaft, aber vorübergehender Natur ist, auf Hilfe angewiesen sind. Ein psychologischer Berater hilft dem Betroffenen beim Umgang mit den konkreten Folgen seines Problems, bei seinem Versuch, sein Leben zu ändern sowie bei der Suche nach unbewußten Motiven und Verhaltensmustern. Der Hilfesuchende kann selbst entscheiden, inwieweit – oder ob überhaupt – ihm daran gelegen ist, frühkindliche Erfahrungen aufzuarbeiten, die für sein gegenwärtiges Problem relevant sein könnten.

Die psychologische Beratung ist meist eine relativ kurze Form der Therapie; sie kann von wenigen Wochen bis zu einem halben oder einem ganzen Jahr dauern. Die Klienten treffen in der Regel nur einmal wöchentlich mit ihrem jeweiligen psychologischen Berater zusammen.

Ein Ort der Zuflucht
Psychologische Beratung ist wie ein vorübergehender „Unterschlupf": Sie fühlen sich sicher, weil Sie Unterstützung bei der Bewältigung Ihrer Probleme erhalten. Unter der Anleitung des Beraters können Sie negative Verhaltensmuster ablegen und größeres Selbstvertrauen entwickeln.

Wie läuft die psychologische Beratung ab?

Psychologische Berater können sich bei ihrer Arbeit auf eine ganze Reihe von Theorien stützen, denen sie die für ihren Zweck brauchbaren Elemente entnehmen. Sie versuchen, ein positives, von gegenseitigem Respekt geprägtes Verhältnis zu ihren Klienten aufzubauen, in das sie Mitgefühl, menschliche Wärme und Ehrlichkeit einbringen. Nachdem ein Berater auf diese Weise eine Atmosphäre geschaffen hat, in welcher sich sein Klient gut aufgehoben fühlt, fordert er ihn auf, selbst seine Probleme aufzuarbeiten; die Rolle des psychologischen Beraters besteht lediglich darin, diesen Prozeß in Gang zu bringen und zu erleichtern.

Der psychologische Berater verbindet oft zwei verschiedene Rollen miteinander. Zum einen bietet er ein sicheres Umfeld, in dem der Klient seine eigenen Gefühle erforschen kann, die er zum Teil womöglich schon seit längerer Zeit verdrängt hat. Diese Rolle hat häufig eine befreiende, reinigende Wirkung – etwa so, wie man über lange Jahre angesammelten Plunder durchwühlt, um auszusortieren, was einem noch etwas bedeutet, und den Rest auf den Müll wirft. Zum anderen sieht der psychologische Berater seine Aufgabe auch darin, dem Ratsuchenden bei der Lösung konkreter Probleme behilflich zu sein. Psychologische Berater erklären ihren Klienten nicht, was sie zu tun haben, sondern helfen ihnen bei der Aufarbeitung ihrer Probleme, der Suche nach Alternativen und der Formulierung von Zielen für die Zukunft, und sie unterstützen ihre Klienten bei der Aufstellung und Durchführung eines Planes für deren zukünftiges Handeln.

Ziele und Erfolge

Hauptziel der psychologischen Beratung ist es, den Klienten zu helfen, sich selbst besser zu akzeptieren und sich ihre Gefühle einzugestehen, damit sie ein authentischeres, befriedigenderes Leben führen können. Psychologische Berater fordern die Hilfesuchenden auf, ihre Wertvorstellungen und Überzeugungen einer genauen Überprüfung zu unterziehen, was häufig zu einer neuen Lebenseinstellung und veränderten Verhaltensweisen führt. Selbst wenn sich die äußeren Umstände nicht ändern lassen, ändert sich dabei doch häufig die Einstellung der Klienten zu diesen Gegebenheiten. Dadurch trägt die psychologische Beratung dazu bei, daß die Betroffenen ein realistischeres Selbstverständnis und größere Selbstachtung gewinnen.

Der Erfolg der psychologischen Beratung hängt von den Fähigkeiten und der Erfahrung des Beraters sowie von der Bereitschaft des Klienten ab, in problematische Bereiche seiner Persönlichkeit vorzustoßen. Da die Trennungslinie zwischen psychologischer Beratung und Psychotherapie oft nicht so klar zu ziehen ist, kann die psychologische Beratung einen guten Einstieg in eine Therapie darstellen; es bleibt nämlich immer die Möglichkeit, sich anschließend intensiver der Erforschung des eigenen Gefühlslebens zu widmen.

DAS PASSENDE FÜR SIE?

Ja, wenn:
- Sie ein bestimmtes Problem haben, das Sie verstehen und aufarbeiten wollen.
- Sie sich lieber auf das konzentrieren, was in Ihrem gegenwärtigen Leben geschieht, anstatt auf die Vergangenheit.
- Sie eine kurze Therapie suchen, bei der Sie das Ziel klar vor Augen haben.

Nein, wenn:
- Sie schon seit längerer Zeit unter seelischen Problemen leiden.
- Sie in bezug auf Ihre Vergangenheit unter einer tief sitzenden Wut oder seelischen Schmerzen leiden, die sich noch heute auf Ihr Leben auswirken.
- Sie daran interessiert sind, Ihr Unbewußtes besser kennenzulernen.

Co-counseling

Das immer bekannter werdende Co-counseling (die gegenseitige psychologische Beratung unter Laien) ist vor allem für diejenigen interessant, die eine therapeutische Beziehung zwischen zwei Gleichen suchen. Co-counseling ist eine nichthierarchische Form der Therapie, bei der Laien – also keine Diplompsychologen oder Psychotherapeuten – sich paarweise zusammentun und abwechselnd die Rolle des „psychologischen Beraters" und des „Klienten" einnehmen. Die hierfür erforderlichen Fertigkeiten erwerben sie meist in Gruppenkursen unter Anleitung von Lehrkräften, die in Co-counseling ausgebildet sind. Je zwei Teilnehmer werden zu einem Team zusammengestellt und in den grundlegenden Techniken unterwiesen, die sie dann außerhalb des Kurses weiter praktizieren.

Der Amerikaner Harvey Jackins, der in den fünfziger Jahren das Co-counseling erfand, ging davon aus, daß die Menschen im Grunde durchaus in der Lage sind, ein vernünftiges Leben zu führen und liebevoll miteinander umzugehen. Wunden aus der Kindheit könnten jedoch dazu führen, daß diese Eigenschaften im Erwachsenenalter blockiert werden. Aus diesem Grund unterstrich Jackins die Bedeutung der Katharsis, also des freien Ausdrucks und der „Reinigung" der Gefühle. Sobald jemand schmerzhafte Gefühle aus der Vergangenheit noch einmal durchlebt hat, ist er frei von Ängsten und somit in der Lage, sein Leben auf effektivere und positivere Weise zu leben.

Obwohl aus dem Co-counseling großer persönlicher Nutzen gezogen werden kann, sollten bestimmte, seit langer Zeit existierende und komplexe seelische Probleme doch besser in einer längerfristigen Therapie bei einem ausgebildeten Psychotherapeuten behandelt werden.

VERHALTENSTHERAPIE

Wenn man die Psychoanalyse als „Gesprächstherapie" bezeichnet, könnte man die Verhaltenstherapie als „Therapie der Tat" umschreiben. Wie der Name schon sagt, geht es bei der Verhaltenstherapie darum, Handlungsweisen zu verändern, die den Alltag des Klienten erschweren. Sie wird sehr häufig bei Problemen wie Phobien, Panikanfällen, Zwangsvorstellungen und Eßstörungen eingesetzt. Die Verhaltenstherapie ist bei den Patienten recht beliebt, weil sie oft schon nach recht kurzer Zeit Ergebnisse zeitigt. Außerdem fühlen sich die Therapierten dabei häufig besser eingebunden und selbst für ihre Behandlung mitverantwortlich.

Die Behandlung von Symptomen

Anders als die Psychoanalyse und die Psychotherapie, die nach den tieferen Konflikten und Ursachen hinter den Problemen suchen, konzentriert sich die Verhaltenstherapie speziell auf die Behandlung der Symptome. Der therapeutische Ansatz beruht hier auf dem Prinzip, daß jedes Verhalten, sei es nun gesellschaftskonform oder milieugestört, erlernt ist und somit auch wieder „verlernt" oder gelöscht werden kann. Durch das Erlernen einer neuen Art des Denkens und Handelns können nachteilige, selbstschädigende Verhaltensweisen geändert werden.

Wie läuft die Therapie ab?

Die Verhaltenstherapie erfordert die aktive Mitarbeit der Klienten, die erfahren, was ihre Probleme ausgelöst hat, unter welchen Umständen diese Probleme auftreten und wie sie durch repetitive Verhaltens- und Gedankenmuster oft noch verstärkt werden. Danach lernen sie, mit Hilfe verschiedener Methoden ihr Verhalten zu modifizieren und zu kontrollieren. Die wichtigsten Methoden sind:

• *Reizüberflutung*: Bei dieser auch als Flooding oder als Implosionstherapie bekannten Methode wird ein Klient gezielt der angstauslösenden oder anderweitig problematischen Situation ausgesetzt, bis er dadurch gewissermaßen „abgestumpft" wird und nicht mehr auf den entsprechenden Reiz reagiert. Um beispielsweise das Rauchen aufzugeben, würde man Sie auffordern, so lange ununterbrochen Zigaretten zu rauchen, bis Sie genug davon hätten oder Ihnen schon beim bloßen Anblick einer Zigarette übel würde. Die Reizüberflutungstherapie funktioniert schnell, ist aber recht anstrengend; als besonders effektiv hat sie sich bei der Behandlung von Phobien erwiesen.

• *Systematische Desensibilisierung*: In einer sicheren, überwachten und als angenehm empfundenen Umgebung vergegenwärtigt sich der Klient angsteinflößende Gegenstände oder Situationen. Während er Entspannungstechniken wie Bauchatmung anwendet, um seine Angst unter Kontrolle zu halten, stellt sich der Klient dann vor, wie die betreffende Situation einen positiven Ausgang findet. Nach und nach wird der Klient dann ermutigt, solche Techniken zur Kontrolle der eigenen Ängste auch im realen Leben anzuwenden.

Diese Methode wird auch zur Behandlung von Phobien eingesetzt; falls Sie beispielsweise eine grenzenlose Angst davor hätten, einen Aufzug zu betreten, würde Ihr Therapeut mit Ihnen einen Termin vereinbaren, an dem Sie – vielleicht zusammen mit dem Therapeuten – versuchen, einen Aufzug zu benutzen; vorher würden Sie sich vergegenwärtigen, wie Sie in den Aufzug treten, Spaß daran haben und unversehrt an Ihrem Ziel ankommen.

• *Aversionstherapie*: Dem unerwünschten Verhalten wird mit unangenehmen körperlichen Folgen wie Elektroschocks oder übelkeitserregenden Substanzen begegnet. Obwohl diese Technik umstritten ist, wird sie manchmal zur Behandlung von Suchtverhalten wie etwa Alkoholismus eingesetzt.

NEHMEN SIE HILFE IN ANSPRUCH / PSYCHOLOGISCHE BERATUNG

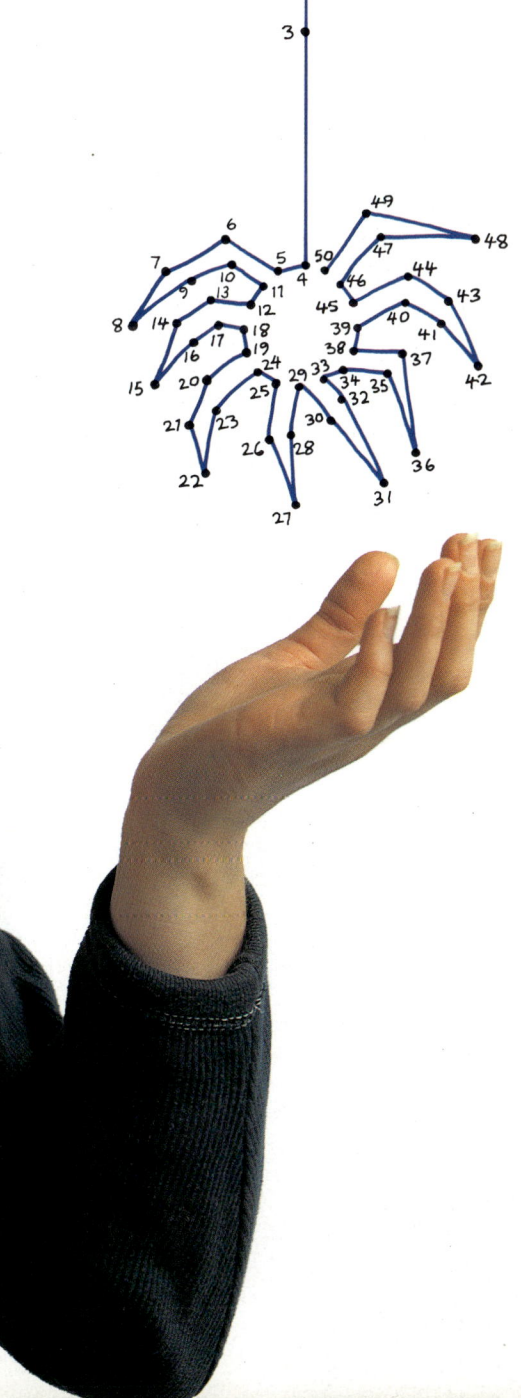

Therapeut und Klient

Da sich die Verhaltenstherapie auf Symptome konzentriert, sollten Sie, falls Sie sich für diese Art von Therapie entscheiden, auf zahlreiche Fragen und Aufforderungen zur Selbsteinschätzung gefaßt sein. Bei Ihrem ersten Gespräch wird der Therapeut Sie nach folgendem fragen:
- Ihrem gegenwärtigen Problem (Häufigkeit, Intensität und Dauer des Auftretens) und Ihren emotionalen Reaktionen wie Angst oder Wut.
- Ihrem häuslichen und beruflichen Umfeld.
- Ihren persönlichen Eigenschaften und Lebensbereichen, aus denen Sie Kraft und Hilfe schöpfen.

Der Therapeut wird auch Ihre Motivation und Selbstdisziplin zu beurteilen versuchen. Vielleicht fordert er Sie auf, Tagebuch zu führen, was Ihnen zusätzliche Daten zur Beurteilung Ihres Problems sowie für die Wahl der am besten auf Ihre Bedürfnisse zugeschnittenen Vorgehensweise liefert. Anschließend wird man Ihnen eventuell bestimmte Aufgaben stellen und Sie auffordern, laufend über Ihre Fortschritte zu berichten. Sofern Sie sich ausreichend darum bemühen, kann die Verhaltenstherapie Ihnen helfen, zahlreiche selbstschädigende Verhaltensweisen zu überwinden.

DAS PASSENDE FÜR SIE?

Ja, wenn:
- Sie ein ganz spezifisches Problem haben, wie etwa Angst vor Spinnen, großen Höhen oder dem Fliegen oder auch unter zwanghaften Verhaltensweisen (wie Rauchen) leiden, die Sie überwinden möchten.
- Sie sich auf dieses spezifische problematische Verhalten statt auf allgemeinere Probleme konzentrieren möchten.
- Sie über genügend Selbstdisziplin und Verantwortungsbewußtsein verfügen und gewillt sind, Anweisungen auszuführen.

Nein, wenn:
- Sie ernsthaftere allgemeine Probleme haben und beispielsweise fast ständig Angst empfinden oder unter Depressionen leiden.
- Sie dazu neigen, neue Projekte anzufangen und diese dann auf halbem Wege wieder aufzugeben.
- Sie die Ursache Ihrer Symptome verstehen möchten, von denen Sie vermuten, daß sie tiefere seelische Ursachen haben.
- Sie gegenwärtig sehr viel emotionale Unterstützung brauchen.

TRANSAKTIONSANALYSE

Eine klare, ausdrucksstarke Kommunikation und bessere zwischenmenschliche Beziehungen sind die Ziele der Transaktionsanalyse, die der Kanadier Dr. Eric Berne in den fünfziger Jahren entwickelte. Berne – ein Psychiater, der auch eine Ausbildung als freudianischer Psychoanalytiker genossen hatte – bemerkte bei Sitzungen mit seinen Klienten anhand von Veränderungen ihres Gesichtsausdrucks, ihrer Stimme und ihres ganzen Gehabes, wie sie sich zwischen drei verschiedenen „Ich-Zuständen" hin und her zu bewegen schienen. Er nannte diese drei Ich-Zustände das Erwachsenen-Ich, das Eltern-Ich und das Kind-Ich. Berne war der Auffassung, daß wir unsere Beziehungen zu anderen Menschen – unsere „Transaktionen" – analysieren und, wenn wir sie erst einmal verstanden haben, in positiver Weise verändern können.

Eltern, Kind, Erwachsener

Laut Berne verfügen wir neben unserem Erwachsenen-Ich auch über einen inneren Vater oder eine innere Mutter sowie über ein inneres Kind. Der Vater oder die Mutter ist derjenige Teil in uns, der sich an alles erinnert, was uns unsere Eltern und andere Erwachsene, die großen Einfluß auf uns hatten, an Gutem oder Schlechtem in unserer Kindheit gesagt oder angetan haben. Der positive Aspekt dieses Ich-Zustands ist die Fähigkeit, sich um andere zu kümmern (fürsorglich und nährend zu sein), doch enthält unser Eltern-Ich auch einen kritischen Anteil, der uns anderen gegenüber überkritisch machen kann. Der Zustand des Kind-Ich erinnert an das spontane, kreative, verspielte Wesen, das wir einst waren; in seiner positiven Ausprägung ist es eine Energiequelle, neugierig und sinnenfreudig; es ist aber auch der Teil von uns, der quengelt, klagt, ängstlich oder aggressiv ist. Alle Kinder müssen lernen, sich der Umgebung und den Botschaften ihrer Eltern entsprechend zu verhalten; wird dieser Übergang in das Erwachsenendasein jedoch durch

Traumata beeinträchtigt, verletzt dies das Kind in uns, so daß wir die Rolle des Opfers oder des Rebellen spielen oder uns in uns selbst zurückziehen. Und schließlich gibt es den Zustand des Erwachsenen-Ich, von dem aus wir mit Erfolg die Realität ausprobieren, Informationen nüchtern abwägen und zutreffende Projektionen in die Zukunft vornehmen können.

Während einer Sitzung versuchen Therapeut und Klient herauszufinden, ob ein aktuelles Problem im Leben des Klienten womöglich darauf zurückzuführen ist, daß dieser in einem unangemessenen Ich-Zustand steckengeblieben ist, oder ob seine Einstellung zum Leben – laut Berne die „Positionen", die sich schon in der Kindheit herausgebildet haben – mit den Einstellungen der Mitmenschen in Konflikt gerät. Berne definierte diese Positionen oder Lebenseinstellungen wie folgt:

1. Ich bin nicht o. k. – Du bist o. k.
Dies ist die Einstellung von Menschen, die unter mangelnder Selbstachtung leiden, aber andere idealisieren. Sie trachten häufig danach, von anderen anerkannt zu werden, fühlen sich jedoch oft als Opfer und Verlierer.

2. Ich bin nicht o. k. – Du bist nicht o. k.
Mangelnde Selbstachtung und eine von Verzweiflung geprägte Lebenseinstellung verleiten manche Menschen zu der Überzeugung, daß sich niemand um sie kümmert.

3. Ich bin o. k. – Du bist nicht o. k.
Ein Mensch mit dieser Einstellung will seine Selbstachtung auf Kosten anderer aufpolieren: An allen Problemen ist immer jemand anders schuld, und niemand ist wichtiger als er selbst.

4. Ich bin o. k. – Du bist o. k.
Dies ist die ideale Lebenseinstellung; sie ist charakteristisch für diejenigen Menschen, welche die meiste Zeit im Zustand des Erwachsenen-Ich leben. Solche Menschen sind in der Lage, das Leben positiv und realistisch zugleich zu sehen.

Transaktionen oder Spiele?

Die Menschen neigen dazu, vorgegebenen gesellschaftlichen Verhaltensmustern oder „Transaktionen" zu folgen, die das Leben entweder bereichern oder aber frustrierend und selbstschädigend sind. Mitunter werden diese Transaktionen derart stark verinnerlicht, daß sie, wie Berne es nennt, zu einem „Skript" – einem Drehbuch oder Lebensplan – werden. Es gibt drei Grundmuster von Transaktionen:

1. Komplementäre Transaktionen: Diese treten auf, wenn zwei Menschen „dieselbe Sprache sprechen" und eine harmonische Kommunikation stattfindet – beispielsweise zwischen Erwachsenem und Erwachsenem, Elternteil und Elternteil oder Elternteil und Kind.

2. Gekreuzte Transaktionen: Hier sind die Kommunikationsleitungen – manchmal absichtlich – blockiert. Eine Frau bittet beispielsweise ihren Mann „Könntest Du Toni morgen früh zum Zahnarzt bringen?" (Erwachsener zu Erwachsenem), erhält aber zur Antwort „Warum soll ich immer die morgendlichen Erledigungen machen?" (Sein Kind-Ich zu ihrem Eltern-Ich).

3. Verdeckte Transaktionen: Dies sind die komplexesten Transaktionen, weil sie immer eine verdeckte Botschaft enthalten, die manchmal aus einer entsprechenden Intonation oder Körperhaltung oder einem bestimmten Gesichtsausdruck hergeleitet werden kann. Nehmen wir an, ein Vorgesetzter sagt zu seinem Untergebenen: „Spielen Sie noch immer an diesem Bericht herum?" Auf den ersten Blick scheint dies wie eine Kommunikation zwischen Erwachsenen, doch das Wort „herumspielen" deutet bereits an, daß das kritisch eingestellte Eltern-Ich des Chefs das Kind-Ich seines Angestellten tadelt.

Gekreuzte wie auch verdeckte Transaktionen verhindern eine klare, ehrliche Kommunikation und können zu „Spielen" werden, die eine negative Lebenseinstellung verfestigen. Gehen hingegen Transaktionen vom Zustand des Erwachsenen-Ich aus, sind Sie autonom und in der Lage, die Verantwortung für Ihre eigenen Gefühle und Handlungen zu übernehmen und so, wie Berne es formulierte, „Bewußtheit, Spontaneität und Vertrautheit" zu erfahren. Die Therapie läßt Sie erkennen, ob Ihre Transaktionen Ihre Lebensqualität steigern; ist dies nicht der Fall, will sie Ihnen helfen, neue, positivere Entscheidungen in bezug auf Ihr Leben und Ihre Beziehungen zu treffen.

In welchem Ich-Zustand sind Sie gerade?
Ohne es zu merken, können die Menschen von einem Ich-Zustand in einen anderen wechseln – was ausgesprochen verwirrend auf die Mitmenschen wirken kann, mit denen sie zu kommunizieren versuchen.

DAS PASSENDE FÜR SIE?

Ja, wenn:
- Es Ihnen schwerfällt, mit anderen zu kommunizieren, und Sie gern offener und kommunikativer werden möchten.
- Sie nach einer pragmatischen und gut zugänglichen Methode suchen, möglichst schnell Ihr Verhalten zu ändern.
- Sie gern klare Richtlinien und Erklärungen für Ihr Verhalten hätten.

Nein, wenn:
- Sie mit schematischen Erklärungen der Gründe für Ihr Verhalten nichts anfangen können.
- Sie das Gefühl haben, eigentlich ganz gut mit Ihren Mitmenschen zu kommunizieren, aber mehr über Ihr Innenleben oder Ihre Kreativität erfahren möchten.
- Sie gegenwärtig von Ihren Gefühlen fast erdrückt werden und auf starke seelische Unterstützung angewiesen sind.

KOGNITIVE THERAPIE

Alle unsere Überzeugungen, Wertvorstellungen und Wahrnehmungen, die man kollektiv als „Kognitionen" bezeichnet, beeinflussen unser Verhalten und können, wenn sie verzerrt sind, bestimmte seelische Störungen wie Angstzustände und Depressionen auslösen. Kognitive Therapeuten glauben, daß die Menschen die Freiheit der Wahl haben und deshalb in der Lage sind, ihr Leben zu verändern und ihm eine neue Richtung zu geben. Sie fragen folglich ihre Klienten, ob deren gewohnheitsmäßige Verhaltensmuster Probleme hervorrufen. Kognitive Therapien wie die unten vorgestellten betonen das Hier und Jetzt, das logische Denken und das Lösen von Problemen und haben sich als sehr geeignet zur Behandlung von Ängsten, Depressionen und Phobien erwiesen.

Die Rational-emotive Therapie

Die von dem amerikanischen Psychologen Albert Ellis in den fünfziger Jahren entwickelte Rational-emotive Therapie geht von der Annahme aus, daß Ängste und Depressionen auf selbstschädigende, irrationale Glaubenshaltungen und Lebenseinstellungen zurückzuführen sind. Beispiele solcher irrationalen Überzeugungen sind die Vorstellungen, daß sich das Leben immer so entwickeln sollte, wie man es gern hätte, daß das Unglücklichsein immer die Folge äußerer Umstände ist und nichts mit den eigenen Erwartungshaltungen zu tun hat oder daß man bei denjenigen Menschen, die einem im Leben wichtig sind, immer hoch angesehen sein muß. Ellis beschrieb die Schlußfolgerungen der Menschen, die sich einem solchen Denken verschreiben, als „Das ist ja furchtbar"-, „Ich halte das nicht aus"- und „immer und nie"-Haltungen.

Die Rational-emotive Therapie zielt darauf ab, irrationale Einstellungen – die sich unter den Begriffen Mußvorstellungen, Katastrophendenken, Selbstabwertung und niedrige Frustrationstoleranz zusammenfassen lassen – durch rationale und vernünftige zu ersetzen. Der Therapeut fordert den Klienten auf, seine Lebenseinstellungen im Rahmen der ABC-Theorie zu überprüfen, wobei A (von englisch *activating events*) für die auslösenden Ereignisse, B (von englisch *belief systems*) für die damit verbundenen Überzeugungen oder Kognitionen und C (von englisch *emotional consequences*) für die daraus resultierenden emotionalen Konsequenzen steht. Wenn beispielsweise ein Klient deprimiert ist, weil sein Partner eine längere Beziehung beendet hat (A), und glaubt, daß Menschen, die etwas wert sind, nie von ihrem Partner im Stich gelassen werden (B), könnte der Klient leicht zu der Schlußfolgerung gelangen, selbst wertlos zu sein (C) und deshalb bald unter einem gefährlichen Verlust des Selbstwertgefühls zu leiden haben. Mit Hilfe des Therapeuten wird der Klient in einem solchen Fall dazu ermutigt, die kritische Situation positiver und realistischer zu sehen und sich beispielsweise zu sagen: „Obwohl es mir lieber wäre, wenn mein Partner mich nicht verlassen hätte, heißt das noch lange nicht, daß ich ein schlechter Mensch bin und daß nun gleich die Welt für mich zusammenbricht."

Becks Kognitive Therapie

Ellis' Rational-emotive Therapie überschneidet sich zu einem gewissen Grad mit der Kognitiven Therapie des Psychiaters Aaron Beck, und beide werden gelegentlich unter dem Oberbegriff Kognitive Verhaltenstherapie zusammengefaßt.

Wie Ellis ist auch Beck der Ansicht, daß verzerrte Wahrnehmungen und negative Denkmuster zu seelischen Störungen führen können. Da Kognitionsprozesse oft flüchtiger und unwillkürlicher Natur sind (Beck prägte den Begriff „automatische Gedanken"), fällt es den Menschen schwer, sie als solche zu erkennen. Beck beschrieb das, was er als „die kognitive Triade der Depression" bezeichnete, als negative Gedanken über das eigene Ich, über die Welt und die Zukunft. Wenn es gelingt, Betroffenen zu helfen, sich dieser unseligen Dreiheit bewußt zu werden, ist laut Beck bereits der erste Schritt zu einer Veränderung getan. Die Klienten werden aufgefordert, Hinweise zu sammeln, welche ihre negativen Gedanken widerlegen. Als in einem Fallbeispiel eine Journalistin ihren neuen Arbeitgeber als extrem bedrohlich empfand und gegenüber der leisesten Kritik übersensibel reagierte, gleichzeitig jedoch jedes Lob von seiner Seite überhörte, verhalf ihr ein Therapeut zu einer objektiveren, realistischeren Einschätzung ihrer selbst und unterbreitete ihr Vorschläge, wie sie ihre allzu subjektive Sicht der Welt etwas ausgewogener gestalten könnte.

Veränderte Perspektive
Jede Therapie zielt darauf ab, negative Gedanken in positivere, das eigene Ich bejahende Aussagen umzuwandeln.

DAS PASSENDE FÜR SIE?

Ja, wenn:
• Sie einen ganz bestimmten Aspekt Ihrer Persönlichkeit verändern möchten und schnelle Ergebnisse erwarten.
• Logisches Denken Ihnen sympathisch ist.
• Sie nicht daran interessiert sind zu erfahren, welchen Einfluß die Vergangenheit auf Ihr gegenwärtiges Leben haben könnte.
• Sie eher eine Therapie mit klaren Direktiven bevorzugen.

Nein, wenn:
• Sie Ihre frühen prägenden Erfahrungen auf eine weniger durchstrukturierte Weise erforschen möchten.
• Sie es vorziehen würden, unter der Anleitung eines Therapeuten Ihr eigenes Verständnis Ihres Gefühlslebens zu entwickeln.

Neurolinguistisches Programmieren

Diese in den siebziger Jahren entwickelte Methode zur Veränderung negativer Haltungen ist das gemeinsame Kind zweier Amerikaner: des Linguisten John Grinder sowie des Gestalttherapeuten und Computerexperten Richard Bandler. Aus ihren Studien in den Bereichen Familientherapie, Gestalttherapie, Hypnotherapie sowie Kommunikations- und Systemtheorie entwickelten Grinder und Bandler Modelle einer ihrer Überzeugung nach sehr effektiven Therapie. Diese Therapiemodelle wurden unter der Bezeichnung Neurolinguistisches Programmieren (NLP) bekannt. *Neuro* steht für unsere neurologischen Prozesse, also unsere fünf Sinne, sowie die Art und Weise, in der wir mental und physisch die Welt erfahren; *linguistisch* unterstreicht die Tatsache, daß die Sprache unser Nervensystem beeinflußt, unsere Gedanken ordnet und unsere Aufmerksamkeit auf bestimmte Ereignisse oder Überzeugungen lenkt, was wiederum unser Verhalten bestimmt; und *Programmieren* betont die Bedeutung der Selbstbestimmung – wir selbst können entscheiden, in welcher Weise wir unsere Gedanken und Handlungen „programmieren".

Im wesentlichen geht es beim neurolinguistischen Programmieren um ein besseres Verständnis des Kommunikationsvorgangs, um das Nachahmen erfolgreicher Vorbilder und um das gezielte Herbeiführen von Veränderungen. Neurolinguistisches Programmieren befaßt sich mit der Art und Weise, in der wir – verbal wie nichtverbal – mit uns selbst und mit anderen kommunizieren. Es bietet auch Modelle an, um unsere Gedanken und Handlungen in jede gewünschte Richtung zu lenken, und zeichnet sich durch einen breiten Anwendungsbereich aus. Diese Therapie kann für jeden von Nutzen sein, der einen oder mehrere Aspekte seines Lebens verändern und insgesamt effektiver werden möchte.

PSYCHOSYNTHESE

Während zahlreiche Therapien in erster Linie auf die Heilung des Klienten von seinen psychischen Problemen abzielen, will die Psychosynthese ihm helfen, seine Persönlichkeit weiterzuentwickeln und sich so gut es geht selbst zu verwirklichen. Diese Kombination aus Psychotherapie, Meditation und Übungen wurde im Jahr 1911 von dem italienischen Psychiater und Freud-Schüler Dr. Roberto Assagioli entwickelt, der sein Ideengebäude in den folgenden 50 Jahren weiter ausbaute. Assagioli war davon überzeugt, daß der Hauptzweck einer jeden Therapie darin bestehen müsse, durch eine Vereinigung oder Synthese sämtlicher Aspekte der Persönlichkeit „die Ich-Energien freizusetzen".

Wie zahlreiche andere Therapien fordert auch die Psychosynthese zur Suche nach Selbsterkenntnis auf, die sie als unumgänglichen ersten Schritt betrachtet. Doch auch der Gebrauch des Willens spielt in der Psychosynthese eine wichtige Rolle. Ein geistig wie seelisch gesunder Mensch sollte fähig sein, zwischen verschiedenen Möglichkeiten zu wählen,

Die Summe vieler Teile
Ihr höheres, ganzheitliches Ich ist eine Quelle größerer Weisheit als jede Ihrer einzelnen Subpersönlichkeiten.

DIE TRANSPERSONALE SICHT

Im Gegensatz zu vielen anderen Therapeuten glauben die Vertreter der Psychosynthese, daß das Bemühen um Selbsterkenntnis unweigerlich zu einer tiefgründigen philosophischen Suche führt.

Einige Psychologen, insbesondere Abraham Maslow, sind davon überzeugt, daß wir, sobald unsere menschlichen Grundbedürfnisse nach Nahrung, Sicherheit und Liebe gestillt sind, uns „selbst zu verwirklichen" suchen. Dies bedeutet, aus unseren Möglichkeiten das Beste zu machen, ein erfülltes Leben zu führen und unsere Grenzen immer weiter auszudehnen; für viele bedeutet es darüber hinaus, eine gewisse Spiritualität zu entwickeln, was nicht gleichbedeutend sein muß mit der Hinwendung zu einem bestimmten Dogma oder Glauben.

Assagioli war der Auffassung, daß der Kampf des Individuums um eine ganzheitlichere Existenz nicht losgelöst von der sich verändernden Welt gesehen werden könne, und er und Maslow interessierten sich besonders für die spirituellen Dimensionen der menschlichen Psyche. Maslows Überzeugung zufolge müssen wir nach den elementaren Werten suchen sowie nach dem, was er als mystische oder Schlüsselerlebnisse bezeichnete: unsere Wahrnehmung von Schönheit, Zweckbestimmtheit und der Tatsache, daß alles Leben irgendwie miteinander verknüpft ist. Er akzeptierte jedoch, daß Selbstverwirklichung eher ein Idealziel als ein tatsächlich erreichbarer Zustand ist, da kein Mensch in der Lage ist, in allen Lebensbereichen zu jeder Zeit das Optimum aus sich herauszuholen.

Entscheidungen zu treffen, sich zu konzentrieren und konsequent zu bleiben. In der Psychosynthese gilt der Wille des Menschen als der Katalysator für Veränderungen der Persönlichkeit.

Subpersönlichkeiten

Viele Menschen haben schon die Erfahrung gemacht, daß sie in irgendwelchen Fragen zwischen zwei möglichen Entscheidungen hin- und hergerissen waren; während ein Teil von ihnen verstandes- oder gefühlsmäßig klar in die eine Richtung tendierte, verspürte ein anderer Teil ihrer Persönlichkeit einen fast unwiderstehlichen Drang in die entgegengesetzte Richtung. Hinzu kommt, daß jeder von uns sich je nach den Umständen recht unterschiedlich verhält. Assagioli sah es als einen der wichtigsten Aspekte der Therapie an, den Klienten dabei zu helfen, ein höheres, ganzheitliches Ich zu erreichen, das weit über die zahlreichen „Subpersönlichkeiten" unseres fragmentierten täglichen Lebens hinausgeht. Seiner Ansicht nach wird die Entwicklung unserer Persönlichkeit gebremst, wenn wir uns allzusehr mit einem einzigen Aspekt unseres Ich identifizieren. In der Therapie selbst wird der Klient aufgefordert, sich von jeder übermäßig dominanten Subpersönlichkeit zu distanzieren, um durch diese „Disidentifikation" zu einer integrierten, ausgewogenen Gesamtpersönlichkeit zu gelangen. Wie dies in der Praxis aussieht, läßt sich sehr schön am Beispiel der Lehrerin Maggie illustrieren, die während ihrer Therapie folgende Subpersönlichkeiten in sich entdeckte:

- *Die Hexe:* Eine wilde, starke Frau, die versucht, alles unter ihre Kontrolle zu bringen und das Gefühl hat, tun zu können, was immer sie will.
- *Die Lebenslustige:* Eine verspielte und glückliche Person, die allzeit bereit ist, das Leben zu genießen, und auch andere dazu auffordert.
- *Die Herrschsüchtige:* Eine Frau, die weiß, was sie will und anderen erklärt, daß ihre Anweisungen „nur zu deren Besten" seien. Dieser Aspekt ihrer Persönlichkeit kommt vor allem im Unterricht zur Geltung.
- *Die Weinerliche:* Eine kleine, armselige Kreatur, die entweder möchte, daß jeder sie tröstend in die Arme nimmt, oder aber allein sein will, damit sie ungestört sich selbst bemitleiden kann.
- *Die Klagende:* Jemand, der immer nur an anderen herumnörgelt und diese für alles verantwortlich macht. Nie ist sie selbst schuld, alle ihre Probleme haben andere verursacht.

Maggie wollte sich vor allen Dingen von der „Klagenden" lösen, also von demjenigen Teil ihrer Persönlichkeit, der immer nur jammerte, statt zu handeln, und der sie nach ihrer Ansicht und der ihres Therapeuten davon abhielt, selbst die Verantwortung für ihr Leben zu übernehmen.

Spezielle Techniken

Obwohl auch bei dieser Art der Therapie der Klient über seine Gefühle spricht, ist die Psychosynthese keine reine Gesprächstherapie. Sie umfaßt darüber hinaus die verschiedensten Techniken, um die intensiven Emotionen freizusetzen, die durch eine Erforschung des Unbewußten hervorgerufen werden können. Diese Katharsis kann auf sehr unterschiedliche Weise stattfinden:

- *Nachempfinden:* Mit Hilfe seiner Phantasie durchlebt ein Klient noch einmal eine traumatische Erfahrung, während der Therapeut diese Reise in die Vergangenheit kommentiert und überwacht.
- *Abreagieren*: Der Klient zerreißt oder zerschmettert irgendwelche dafür geeigneten Gegenstände – alte Telefonbücher, Teller mit einem Sprung oder ähnliches –, um seine Wut abzureagieren, ohne dabei Schaden anzurichten. Er muß sich jedoch darüber im klaren sein, daß er dies nur tut, um aufgestaute Emotionen abzulassen, und nicht etwa, um sich auch im „realen" Leben destruktiv zu verhalten.
- *Schreiben:* Der Klient wird aufgefordert, für den Therapeuten ein Tagebuch zu führen, in das er sowohl seine Erlebnisse als auch seine innere Reaktion auf diese Geschehnisse aufnimmt. Der Therapeut diskutiert anschließend das Tagebuch mit seinem Klienten.

DAS PASSENDE FÜR SIE?

Ja, wenn:
- Sie einen tieferen Einblick in verschiedene Aspekte Ihrer Persönlichkeit gewinnen möchten.
- Sie bereit und willens sind, die verschiedensten therapeutischen Übungen auszuprobieren.
- Sie davon überzeugt sind, daß das Leben ohne irgendeine Form der Spiritualität oder eine umfassende Philosophie bedeutend ärmer wäre.
- Sie die Möglichkeiten einer persönlichen Weiterentwicklung ausloten möchten und nicht nur an einer Lösung konkreter Probleme interessiert sind.

Nein, wenn:
- Sie ein spezifisches Problem haben, das im Augenblick Ihre volle Aufmerksamkeit erfordert.
- Sie Ihre Probleme auf eine streng methodische, strukturierte Weise angehen möchten.
- Sie sich nicht mit einer neuen Philosophie auseinandersetzen wollen.

HUMANISTISCHE THERAPIE

DIE WICHTIGSTE PRÄMISSE der humanistischen Therapie besteht in der Annahme, daß alle Menschen eine natürliche Tendenz zu Gesundheit, persönlicher Weiterentwicklung und Selbstverwirklichung haben. Ein Teil dieses persönlichen Wachstums spiegelt sich im kreativen Ausdruck sowie in der Suche nach höheren, geistigen Werten wider. Im Verlauf der Entwicklung der Psychologie im 20. Jahrhundert schwankte die Auffassung von Therapie meist zwischen zwei Extremen. Das eine Extrem ist die Psychoanalyse, die sich weitgehend auf Freuds Ansichten der unbewußten Kräfte und der in der Kindheit geschlagenen Wunden stützt – ein Ansatz, der darauf abzielt, unbewußte Motive und Gefühle zu entdecken. Das andere Extrem ist der Behaviorismus, der das Ziel verfolgt, schädliche Verhaltensweisen zu modifizieren, ohne dabei unbedingt nach unbewußten Ursachen zu forschen. In der Überzeugung, daß die Psychoanalyse ein allzu negatives Bild von der Natur des Menschen entwirft, während der Behaviorismus zu kurz greift, entwickelten Abraham Maslow und seine Anhänger einen therapeutischen Ansatz, den sie als „dritte Kraft" zwischen diesen beiden Polen zu etablieren hofften.

Was bedeutet humanistische Psychologie?
Im allgemeinen beruht die humanistische Psychologie auf der Überzeugung, daß jedes Individuum einzigartig ist und deshalb jeder von uns seine eigene, ganz spezifische Sicht der Welt und seiner selbst entwickelt hat. Sie geht auch davon aus, daß wir alle nach mehr Selbsterkenntnis streben sowie danach, unser Potential möglichst weitgehend auszuschöpfen. Anders als die Psychoanalytiker, die annehmen, daß wir uns zu vorhersehbaren Zeiten in bestimmten Stufen entwickeln, geht die humanistische Psychologie davon aus, daß wir alle über die Fähigkeit verfügen, uns in jeder beliebigen Phase unseres Lebens zu verändern und weiterzuentwickeln, daß wir die Freiheit haben, Entscheidungen zu treffen und zu handeln und daß wir deshalb auch die Möglichkeit besitzen, unsere eigene Identität mitzugestalten.

Grenzenlose Horizonte
Die humanistischen Psychologen glauben, daß wir keine beschränkte, „abgeschlossene" Persönlichkeit haben, sondern zu einer unbegrenzten Erneuerung fähig sind.

Techniken

Diese positive Sicht der menschlichen Natur und das Ziel der Selbstverwirklichung spiegeln sich in der Therapie selbst wider. Der Amerikaner Carl Rogers, ein bekannter humanistischer Psychologe, meinte, daß der Klient auf der Grundlage „von Mensch zu Mensch" statt „von Arzt zu Patient" behandelt werden sollte. Die Aufgabe des Therapeuten, der eine „vorbehaltlose Wertschätzung" für die subjektiven Erfahrungen und die Sehnsüchte seines Klienten mitzubringen hat, besteht nicht darin, den Klienten zu kritisieren oder über ihn zu urteilen. Statt dessen sollen die Therapeuten bei diesen Zusammentreffen Teilnehmer und Beobachter zugleich sein und unter Umständen durch die Arbeit mit einem anderen Menschen sich auch selbst verändern. Manche meinen zudem, daß die „Etikettierung" eines Klienten durch eine bestimmte Diagnose, die ebensogut falsch wie richtig sein kann, nicht sinnvoll sei, weil sie letztlich nur den Therapeuten davon abhalte, den Menschen in seiner Gesamtheit zu sehen. Bei der humanistischen Therapie ist es somit wichtiger, daß Sie als Klient Ihre Gefühle beschreiben, statt sich vom Therapeuten „diagnostizieren" zu lassen, der anschließend das, was Sie gesagt haben, mit seinen eigenen Worten wiedergibt, um Ihnen den Zugang zu Ihren tieferen Gefühlen zu erleichtern. Ziel dieser nichtdirektiven Therapie ist es, daß Sie Ihre eigene Perspektive und Ihren Platz in der Welt finden und Ihr Leben in der Gegenwart besser genießen können.

Gruppentherapie

Eine Grundüberzeugung der humanistischen Psychologen ist der Glaube, daß das spontane Bewußtsein eine plötzliche, drastische Veränderung in einem Menschen auslösen kann. Diese Ansicht wurde auf die Gruppentherapie übertragen, die in den siebziger Jahren sehr populär wurde und das Ziel verfolgte, den Teilnehmern zu größerer emotionaler Offenheit und Ehrlichkeit zu verhelfen. Statt ihre emotionale Vergangenheit als Grund für ihre gegenwärtigen Schwierigkeiten zu sehen, sollten die Teilnehmer einer solchen Therapiegruppe sich voll auf das „Hier und Jetzt" konzentrieren. Großen Wert legte man auf den freien Ausdruck intensiver Gefühle, um Spannungen herauszulassen, weil man dies als weit effektivere Möglichkeit erachtete, innere Ängste abzubauen, als den langwierigen und mühseligen Prozeß der Psychoanalyse.

Die humanistische Psychologie ist jedoch keineswegs nur eine reine „Gesprächstherapie"; sie will dem Klienten zum Ausdruck seiner Gefühle über das Medium des Körpers verhelfen. Deshalb wird die humanistische Therapie häufig auch als „holistisch", also „ganzheitlich", bezeichnet. Insbesondere bei Gruppentherapien finden oft Übungen statt, bei denen die Teilnehmer aufgefordert werden, sich zu umarmen, sich in freiem Tanz auszudrücken, ihre Wut auszulassen, indem sie auf Kissen einschlagen, oder auch Psychodramen aufzuführen, in denen der einzelne seine Gefühle zum Ausdruck bringen kann. Mitunter werden zudem Massagen eingesetzt, um aufgestaute Gefühle freizusetzen und Vertrauen zu fördern.

Diese Vorgehensweise hat jedoch auch Kritik auf sich gezogen, weil sich die Euphorie, die manchmal in solchen Gruppensitzungen zu beobachten ist, oft als sehr kurzlebig erweist. Gruppenleitern wurde mitunter vorgeworfen, nicht genügend ausgebildet zu sein, um mit ernsthaften seelischen Störungen richtig umzugehen; zudem wurde die Befürchtung laut, daß die Aufforderung an die Klienten, „alles rauszulassen", oder eine allzu direkte Konfrontation mit ihren Problemen die Schwierigkeiten der Betroffenen noch verschärfen könnte.

Im schulischen Bereich oder auch in der Wirtschaft kann eine modifizierte Gruppentherapie – das „Sensitivity Training" – zu durchaus positiven Ergebnissen führen, die Zusammenarbeit verbessern und das gegenseitige Vertrauen der Schüler oder der Arbeitskollegen fördern.

DAS PASSENDE FÜR SIE?

Ja, wenn:
- Sie glauben, daß Ihr Leben in Ihren eigenen Händen liegt, und Sie entsprechend handeln wollen.
- Sie der Überzeugung sind, daß Sie sich selbst heilen können.
- Sie auf Ihre Intuition vertrauen.

Nein, wenn:
- Sie jemanden suchen, der Ihnen ganz konkret erklärt, wie Sie Ihr Gefühlsleben oder Ihr Verhalten ändern können.
- Sie ein ganz spezielles Problem haben, auf das Sie sich konzentrieren möchten.
- Sie es vorziehen würden, im Rahmen einer intensiveren Analyse über Ihre Gefühle zu sprechen.

GESTALTTHERAPIE

Die meisten von uns kennen die als Rubinscher Becher bezeichnete optische Täuschungsfigur, bei der die einen die Silhouetten zweier einander gegenüberstehender Gesichter erkennen, die anderen hingegen eine Vase beziehungsweise einen Becher oder Pokal. Die Tatsache, daß dieses Bild im einen Augenblick eine ganz bestimmte, wiedererkennbare Gestalt annimmt, im nächsten Augenblick jedoch eine ganz andere Gestalt erkennen läßt, illustriert das Prinzip der *Ganzheit*: die uns allen innewohnende Tendenz, trotz unvollständiger Informationen ein komplettes, ganzes Bild wahrzunehmen.

Die von Fritz Perls in den fünfziger Jahren entwickelte Philosophie hinter der Gestalttherapie beruht auf der Erkenntnis, daß einzelne Teile für sich genommen nicht die gleiche Bedeutung haben wie die Konfiguration, die sie zusammen bilden, und daß jeder von uns ständig auf der Suche nach einem ganzheitlichen Leben und nach Selbstverwirklichung ist; letztere hängt laut Perls von der Integration der verschiedenen Teile der Persönlichkeit ab, da es einem Menschen, der zu bestimmten Aspekten seines Ich oder Selbst jeden Bezug verloren hat, auch kaum gelingen wird, ein erfülltes und befriedigendes Leben zu führen.

Auf dem Weg zur Ganzheit

Eine ganzheitliche Persönlichkeit ermöglicht es Ihnen, Ihre Bedürfnisse besser zu verstehen, die verschiedenen Teile Ihres Ich zu erkennen und selbst die Verantwortung für Ihr Leben zu übernehmen – statt einzelne Aspekte Ihrer Persönlichkeit, die Sie sich nur höchst ungern eingestehen, abzutrennen oder zu unterdrücken. Im Gegensatz zu Psychoanalyse und Psychotherapie, bei denen die Vergangenheit erforscht wird, um die Wurzeln gegenwärtiger Probleme offenzulegen, konzentrieren Sie und Ihr Therapeut sich bei der Gestalttherapie auf das Hier und Jetzt, auf Ihre gegenwärtigen Gefühle und Verhaltensweisen.

Um den Klienten zur Übernahme der Verantwortung für sein eigenes Handeln zu ermutigen, wird er aufgefordert, jede Frage oder Aussage so umzuformulieren, daß darin das Wörtchen „Ich" enthalten ist. Wenn also jemand seinen Therapeuten fragt „Sind Sie wegen meines Verhaltens nicht oft frustriert?", wird der oder die Betreffende aufgefordert, diese Frage umzuformulieren in die Aussage „Ich bin wegen meines Verhaltens oft selbst frustriert", um sich auf diese Weise die eigenen Gefühle einzugestehen und selbst die Verantwortung

---

DAS PASSENDE FÜR SIE?

Ja, wenn:
- Sie sich überwiegend Gedanken über die Gegenwart machen und darüber, wie Ihre augenblickliche Situation zu verbessern wäre.
- Sie nicht allzusehr an der Vergangenheit interessiert sind oder daran, wie sich diese heute auf Sie auswirkt.
- Ihnen die Vorstellung gefällt, mit Hilfe Ihrer Phantasie an sich zu arbeiten.
- Sie mit den intensiven Gefühlen umgehen können, die möglicherweise in der Therapie hochkommen.
- Sie kein Problem damit haben, von Ihrem Therapeuten Anweisungen entgegenzunehmen und mit ihm Übungen durchzuführen.

Nein, wenn:
- Sie Ihre Vergangenheit erforschen und verstehen möchten, wie diese Ihre heutige Situation beeinflußt.
- Sie sich ungern Anweisungen erteilen lassen und eine weniger streng gelenkte Therapie vorziehen.
- Sie ein ganz bestimmtes Symptom oder Verhaltensproblem aufweisen, das Sie gern loswerden möchten.
- Sie sich in Situationen, in denen Ihre Phantasie gefragt ist, nicht sonderlich wohl fühlen.

NEHMEN SIE HILFE IN ANSPRUCH / HUMANISTISCHE THERAPIE

für sie zu übernehmen, statt sie auf eine andere Person (in diesem Fall auf den Therapeuten) zu projizieren.

Die Gestalttherapie lenkt den Klienten insofern, als der Therapeut ihn durch genau geplante Übungen begleitet. Zu den Techniken, die der Erforschung der Gefühle des Klienten dienen, gehören Dialoge oder auch die Übung mit den leeren Stühlen (Kasten rechts), mit der sich verschiedene Aspekte seiner Persönlichkeit ausdrücken lassen. Auch die Körpersprache hat große Aussagekraft; wenn zum Beispiel ein Klient behauptet, über etwas glücklich zu sein, aber wahrnehmbare Spannungen in seinem Körper oder Gesicht auf einen inneren Konflikt hindeuten, kann der Therapeut ihn auf diesen Widerspruch aufmerksam machen.

Rollenspiele
Um Sie dem Ideal einer ganzheitlichen Persönlichkeit näherzubringen, kann der Therapeut Sie auffordern, in Rollenspielen verschiedene Teilaspekte Ihrer Persönlichkeit darzustellen.

UNTERSCHIEDLICHE ROLLEN

Die Arbeit mit den leeren Stühlen ist eine Übung, bei welcher der Klient sich zwischen zwei einander gegenüberstehenden leeren Stühlen hin und her bewegt. Diese Technik kann angewandt werden, um jemandem wie Alan zu helfen, der in verschiedenen Lebensbereichen Probleme hatte. Mit Hilfe dieser Methode konnte Alan an einem Konflikt mit jemand anderem – in einem Stuhl sitzt er selbst, im zweiten der andere – oder auch an einem inneren Konflikt arbeiten, imdem er abwechselnd die verschiedenen Aspekte seiner Persönlichkeit spielte. Er entschied sich, seine eigene Unentschlossenheit bezüglich der Frage aufzuarbeiten, ob er mit seiner Freundin zusammenziehen sollte oder nicht.
Alan 1 (spricht vom ersten Stuhl): Ich weiß, daß ich mit Susan zusammenleben sollte. Sie ist liebevoll und hilfsbereit und gibt mir alles, was ich brauche. Ich werde nie mehr eine andere finden, die so wunderbar ist.
Alan 2 (setzt sich auf den zweiten Stuhl): Hör doch auf mit dem Gewäsch, Alan! Wir wissen doch beide ganz genau, was los ist – du findest sie einfach nicht aufregend genug. Gut, sie ist nett, aber mehr auch nicht.
Alan 1: Das stimmt zwar in gewisser Weise, aber es klingt so zynisch. Und was wäre, wenn ich irgendwann als Junggeselle ende und nie mehr eine Frau finde, die so ist wie sie? Was dann?
Alan 2: Du hast einfach nur Angst, dich wie ein Mann zu benehmen und ihr zu sagen, daß es keinen Sinn hat. Wenn du zu ihr ziehen würdest, wärst du schnell deine Unabhängigkeit los...

Mit Hilfe dieser Technik waren Alan und sein Therapeut in der Lage, deutlich die unterschiedlichen Teile von Alans Persönlichkeit zu erkennen. Alan konnte über diejenige Seite seiner Persönlichkeit sprechen, die Susan Achtung entgegenbrachte und eine engere Beziehung wollte, aber auch über den zynischen, abwehrenden Teil, der ganz einfach Angst vor einer zu engen Beziehung hatte. Daß es ihm gelang, diese unterschiedlichen Aspekte seiner Persönlichkeit anzuerkennen, führte zu einer bewußteren Einschätzung seiner Lage und half ihm bei der Lösung seines Konflikts.

Die Bedeutung von Träumen
Die Gestalttherapeuten gehen davon aus, daß Träume verleugnete oder verdrängte Teilaspekte der Persönlichkeit zum Ausdruck bringen. Oft wird deshalb ein Klient aufgefordert, einen Traum dadurch zu ergründen, daß er sich in jede Person und jeden Gegenstand in seinem Traum hineinversetzt und so diese verschiedenen Teile seines Ich anerkennt und die Verantwortung für sie übernimmt. Wenn Sie beispielsweise geträumt haben, daß Sie mit einem anderen Menschen auf rauher See in einem Boot fuhren, werden Sie in der Therapie aus der Sicht des Meeres, des Bootes und schließlich der anderen Person im Boot sprechen. Dies hilft Ihnen, Einblicke in bestimmte Aspekte Ihrer Persönlichkeit und in Ihre inneren Konflikte zu gewinnen (siehe auch „Tagebuch- und Traum-Workshops" auf den Seiten 100–101).

KÖRPERTHERAPIEN

DIE AUSBREITUNG der Selbstverwirklichungsbewegung seit den sechziger Jahren hat zur Entstehung neuer und zur verbesserten Verfügbarkeit bereits bekannter Therapien geführt. Einige davon, wie etwa die Transaktionsanalyse, die Gestalttherapie und die Psychosynthese, gelten mittlerweile als weitgehend etabliert und sind an anderen Stellen in diesem Buch erwähnt; andere, wie die auf diesen beiden Seiten vorgestellten, führen nach wie vor eher ein Schattendasein, obgleich auch sie ihre begeisterten Anhänger haben.

Reichsche Körpertherapie

Wilhelm Reichs Körpertherapie wurde als Orgon- oder Vegetotherapie bekannt. Reich arbeitete ursprünglich mit Freud zusammen und übernahm dessen frühe Theorie, daß alle Neurosen auf sexuelle Traumata zurückgehen. Reich sah die Freudsche Vorstellung von der Libido – Freuds Begriff für unsere sexuelle Triebkraft, die aus dem Unbewußten, dem Es (S. 24 und S. 132), entspringt – als Ausdruck der Lebensenergie selbst, die er als Orgon bezeichnete. Er war davon überzeugt, daß sexuelle Probleme Blockierungen im natürlichen Fluß der Libido hervorrufen, die zu Ängsten und Neurosen führen. Eine Behandlung dieser Probleme sollte den natürlichen Fluß der Libido wiederherstellen und dafür sorgen, daß die Lebenskraft und die seelische Gesundheit zurückkehren.

Reich glaubte auch, daß sich unsere psychischen Traumata in unserer „Körperpanzerung" äußern – in muskulären Spannungen und mitunter auch Störungen unseres natürlichen Atemrhythmus, die auf unterdrückte Gefühle wie Angst oder Wut hindeuten. Er betonte darüber hinaus auch die heilende Kraft des Orgasmus.

Therapeuten, die Reichs Ideen nahestehen, behandeln den Körper, um aufgestaute Gefühle und Hemmungen abzubauen. Eine Form der Behandlung ist tiefes Atmen, das den Klienten hilft, wieder Verbindung zu ihren Gefühlen aufzunehmen und Spannungen abzubauen, die infolge seelischer Belastungen entstanden sind. Auch Spezialmassagen werden eingesetzt, um die Körper- oder Muskelpanzerung aufzubrechen.

Bioenergetik

Die von Dr. Alexander Lowen, einem Klienten und Schüler Reichs, entwickelte Bioenergetik beruht auf dem Prinzip, daß wir in Form unserer Körperpanzerung (siehe oben) in unserem Körper an unglücklichen Kindheitserlebnissen festhalten. Unsere gegenwärtigen Umstände können diese Erinnerungen wachrufen und zu seelischem Schmerz, Niedergeschlagenheit und einem Mangel an Energie führen. Bioenergetik-Therapeuten wollen die Harmonie zwischen Körper und Geist wiederherstellen, indem sie zunächst die Charakterstruktur des Klienten zu ergründen versuchen, um anschließend seinen oder ihren Körper zu behandeln. Der Prozeß, in dessen Verlauf der Klient wieder lernt, bildlich gesprochen auf eigenen Füßen zu stehen, ist als „Erden" oder auch unter dem englischen Begriff „Grounding" bekannt geworden; er soll das Gefühl erzeugen, fest im wirklichen Leben verwurzelt zu sein. Auch Atemübungen sollen den Zugang zu verschütteten Erinnerungen erleichtern und dazu beitragen, Spannungen abzubauen und dem Körper seine Energie wiederzugeben.

Primär-Integrations-Therapie

Die Primär-Integrations-Therapie (PIT) stützt sich weitgehend auf die Arbeit dreier Wissenschaftler: Arthur Janov, den Pionier des als Primär- oder Urschreitherapie bezeichneten therapeutischen Ansatzes; Stanislav Grof, der sich auf das Geburtstrauma konzentrierte, und Wilhelm Reich (siehe oben). PI-Therapeuten glauben, daß ein kleines Kind, dessen Primärbedürfnisse nicht befriedigt werden und dem es beispielsweise an Liebe, Sicherheit, Nahrung oder zwischenmenschlichen Kontakten mangelt, eine Art Urschmerz verspürt. Um diesen aus unerfüllten Bedürfnissen entstandenen Schmerz zu unterdrücken, „spalten" die Betroffenen häufig ihre Identität in zwei Teile auf: Das falsche Ich und das wahre Ich. Ziel der PIT ist es, den Kontakt zum wahren, zum authentischen Ich wiederherzustellen und dessen Integration ins reale Leben zu fördern. Eine der dazu verwendeten Techniken ist die der Regression, in deren Verlauf dem Klienten dazu verholfen wird, sich in sein erstes Trauma zurückzuversetzen und diese Urerfahrung noch einmal zu durchleben. Ein in der Gegenwart empfundenes Gefühl kann eine verschüttete Erinnerung an ein traumatisches Ereignis wiederaufleben lassen, woraufhin der Klient aufgefordert wird, tief durchzuatmen, sich zu bewegen, Körperhaltungen einzunehmen, welche das Urerlebnis ausdrücken und hochkommende Gefühle in Worte zu fassen. Das erneute Durchleben schmerzhafter frühkindlicher Erfahrungen kann für den Klienten zu einem reinigenden Erlebnis werden: Gefühle bleiben nicht länger verschüttet, sondern werden freigesetzt und damit erfühlbar. Dies versetzt den Klienten in die Lage, aktuelle Probleme in seinem Leben anzugehen und Emotionen zum Ausdruck zu bringen, die seinem wahren Ich statt seinem idealisierten, falschen Ich entstammen.

Spannungsabbau
Mit Hilfe einer Vielzahl von Techniken wie etwa tiefem, vollem Atmen, Massagen, Übungen und Korrektur der Körperhaltung versuchen die Körpertherapeuten, Muskelspannungen abzubauen und damit auch aufgestaute Gefühle freizusetzen.

DAS PASSENDE FÜR SIE?

Ja, wenn:
• Sie die Vorstellung akzeptieren, daß Sie sich auf verschiedene, nicht rein verbale Weisen authentisch ausdrücken können.
• Sie sich bei der Vorstellung, sich massieren zu lassen, wohl fühlen und davon überzeugt sind, daß solche Massagen eine geeignete Möglichkeit darstellen, lange verschüttete Traumata freizusetzen.

Nein, wenn:
• Sie sich eher zutrauen, Ihre Gefühle und Erkenntnisse in Worte zu fassen.
• Sie Vorbehalte gegen die Vorstellung hegen, daß ein Therapeut Sie berühren könnte, noch dazu in der Absicht, in Ihnen sehr intensive Gefühle auszulösen.
• Sie es vorziehen würden, Ihre Vergangenheit eher mit Hilfe des Verstandes zu ergründen.

HYPNOTHERAPIE

HYPNOTHERAPIE ist eine Abkürzung für Hypnosetherapie. Obgleich das Wort „Hypnose" vom altgriechischen Wort *hypnos* (Schlaf) hergeleitet ist, hat der Zustand der Hypnose eigentlich mit Schlaf nichts zu tun; vielmehr handelt es sich dabei um einen Zustand veränderten – manche würden sagen, gesteigerten – Bewußtseins, in dem eine Art Korridor zwischen dem Bewußtsein und dem Unbewußten geöffnet wird. In diesem Zustand der Hypnose können verschüttete Erinnerungen unter Umständen weitaus einfacher freigelegt werden, und die Klienten reagieren dabei offensichtlich leichter und bereitwilliger auf Beeinflussungen von außen.

Die wissenschaftliche Untersuchung des Zustands der Hypnose begann bereits in der zweiten Hälfte des 19. Jahrhunderts. Doch noch immer empfinden viele Menschen die Vorstellung, in eine Trance – also in einen durch Hypnose hervorgerufenen Zustand erhöhter Beeinflußbarkeit – zu fallen, als reichlich beängstigend, weil sie dabei entweder an Hypnotiseure auf der Bühne denken müssen oder an die Art und Weise, wie Hypnose in Filmen dargestellt wird. Sie gehen fälschlicherweise davon aus, daß der Hypnotiseur die Menschen, die er hypnotisiert, vollständig unter Kontrolle hat und sie deshalb veranlassen kann, gegen ihren Willen bestimmte Dinge zu sagen oder zu tun. Dies entspricht jedoch nicht den Tatsachen. Jemand, der hypnotisiert worden ist, verfügt nach wie vor über ein Bewußtsein seiner selbst und würde nichts sagen oder tun, was seinen Moralvorstellungen widerspricht.

Zurück in die Vergangenheit
In einem entspannten Zustand unter Hypnose scheint es einfacher zu sein, lange verschüttete Erinnerungen wieder heraufzubeschwören.

Der Vorgang der Hypnose

Wenn Sie jemals mit dem Auto ein Ihnen gut bekanntes Stück Straße abgefahren sind und danach plötzlich merkten, daß Sie mehrere Kilometer zurückgelegt hatten, ohne sich dessen bewußt geworden zu sein, besitzen Sie bereits eine gewisse Vorstellung vom Zustand der Hypnose: Ihre bewußte Wahrnehmung tritt zeitweilig zurück, und Ihr Unbewußtes schiebt sich in den Vordergrund. Das gleiche geschieht häufig, wenn wir uns in Tagträumereien verlieren.

Der Unterschied bei der Hypnose besteht darin, daß dabei eine andere Person bestimmte Techniken anwendet, um Sie in einen entspannten und passiven Zustand zu versetzen; durch Suggestion (Einreden) will der Therapeut Ihnen helfen, Ihre Einstellung oder Ihr Verhalten zu ändern. Im Normalfall wird er ein Gespräch mit Ihnen darüber führen, was Sie erreichen oder verändern möchten, und er wird Ihnen erklären, daß Sie die ganze Zeit über bei vollem Bewußtsein bleiben, daß Sie sich an alles erinnern werden, woran Sie sich erinnern möchten und dabei in der Lage sein werden, zu sprechen und sich frei zu bewegen. Danach wird er Sie auffordern, sich einen Ort vorzustellen, wo Sie sich glücklich und entspannt fühlen, beispielsweise eine friedliche Blumenwiese.

Anschließend wird der Therapeut Sie bitten, irgendeine Stelle an der Wand oder der Decke anzustarren. Während Sie dies tun, fordert er Sie auf, sich zu entspannen und sich treiben zu lassen. Er wird Sie fragen, ob Sie bereits Veränderungen in Ihrem Körper spüren – etwa, daß Ihre Arme und Beine schwerer werden oder Ihre Lider sich schließen –, und Sie daran erinnern, daß Sie noch immer wach sind und alles hören können. Wenn Sie dann in einem Zustand völliger Entspannung angelangt sind, wird der Therapeut Ihnen laut Suggestionen zu denjenigen Punkten machen, auf die Sie sich im vorausgegangenen Gespräch geeinigt haben.

Was kann Hypnotherapie bewirken?

Am bekanntesten ist die Hypnose wahrscheinlich für ihre Erfolge bei Personen, die das Rauchen aufgeben oder abnehmen wollen, doch kann sie auch in zahlreichen anderen Fällen helfen. Besonders erfolgversprechend ist sie bei psychischen Beschwerden, die sich durch Angst- oder Stresszustände verschlimmern, wie etwa bei Phobien, sexuellen Problemen und bestimmten Hautkrankheiten. Die Hypnose kann auch zur Linderung chronischer Schmerzen beitragen, obgleich noch unklar ist, ob dies auf die tiefe Entspannung, die Beeinflußbarkeit (Suggestibilität) unter Hypnose oder auf ein anderes mentales Phänomen zurückzuführen ist, das man als Dissoziation bezeichnet; letztere ermöglicht es dem Klienten, das Schmerzempfinden losgelöst von seiner emotionalen Komponente zu betrachten und somit seine Aufmerksamkeit von einem Aspekt des Bewußtseins auf einen anderen zu verlagern.

Die Hypnose scheint die emotionale Komponente des Schmerzes zu beeinflussen, und sie wurde schon in den unterschiedlichsten Fällen mit Erfolg zur Schmerzlinderung eingesetzt: bei Zahnarztpatienten, Verbrennungsopfern, gebärenden Frauen und Krebspatienten. In einigen Fällen kann die Hypnose auch angewandt werden, um einen Klienten in eine andere Zeit zurückzuversetzen und ihn zu veranlassen, vergangene Ereignisse oder daran beteiligte Personen zu beschreiben. Eine solche therapeutische Regression soll dem Betroffenen helfen, lange verschüttete schmerzhafte Erinnerungen wieder auszugraben, wenngleich manche Psychologen an der Verläßlichkeit solcher Erinnerungen ihre Zweifel haben.

Wie finde ich einen Hypnotherapeuten?

Obwohl die Hypnotherapie schon seit fast 200 Jahren praktiziert wird, hat sie erst in den vergangenen 20 Jahren eine breitere Akzeptanz gefunden. Eine Anzahl Ärzte und Psychotherapeuten setzen die Hypnose entweder in ihrer eigenen Praxis als Bestandteil ihrer Behandlung ein oder verweisen ihre Klienten an einen ausgebildeten Hypnotherapeuten. Falls Sie für ein relativ klar einzugrenzendes Problem eine Lösung suchen, etwa wenn Sie das Rauchen aufgeben möchten, werden die meisten ausgebildeten Hypnotherapeuten in der Lage sein, Sie zu behandeln. Falls Sie aber beispielsweise etwas gegen Angstzustände oder Phobien unternehmen möchten, sollten Sie unbedingt versuchen, einen Therapeuten zu finden, der auf solche Formen der Behandlung spezialisiert ist. In derartigen Fällen könnten Sie Ihren Hausarzt um eine Überweisung bitten oder selbst Erkundigungen einziehen (zum Beispiel bei Ihrer Krankenkasse oder der Kassenärztlichen Vereinigung), um herauszufinden, welcher Therapeut am ehesten für die Behandlung Ihres speziellen Problems geeignet wäre.

DAS PASSENDE FÜR SIE?

Ja, wenn:
- Sie mit ausreichend Phantasie ausgestattet sind.
- Sie davon überzeugt sind, daß Ihr Unbewußtes dazu eingesetzt werden kann, Ihr Verhalten zu ändern.
- Sie kein Problem damit haben, den Anweisungen des Hypnotherapeuten zu folgen.

Nein, wenn:
- Sie daran glauben, nur mit Entschlossenheit und Willenskraft Ihr Problem lösen zu können, und deshalb bezweifeln, daß die Hypnotherapie Ihnen weiterhelfen kann.
- Ihr Problem eine tiefe seelische Ursache hat.
- Sie in Erfahrung bringen möchten, *warum* Sie sich so verhalten, wie Sie es tun, und nicht einfach nur eine Therapie zur Änderung eines bestimmten Verhaltens suchen.

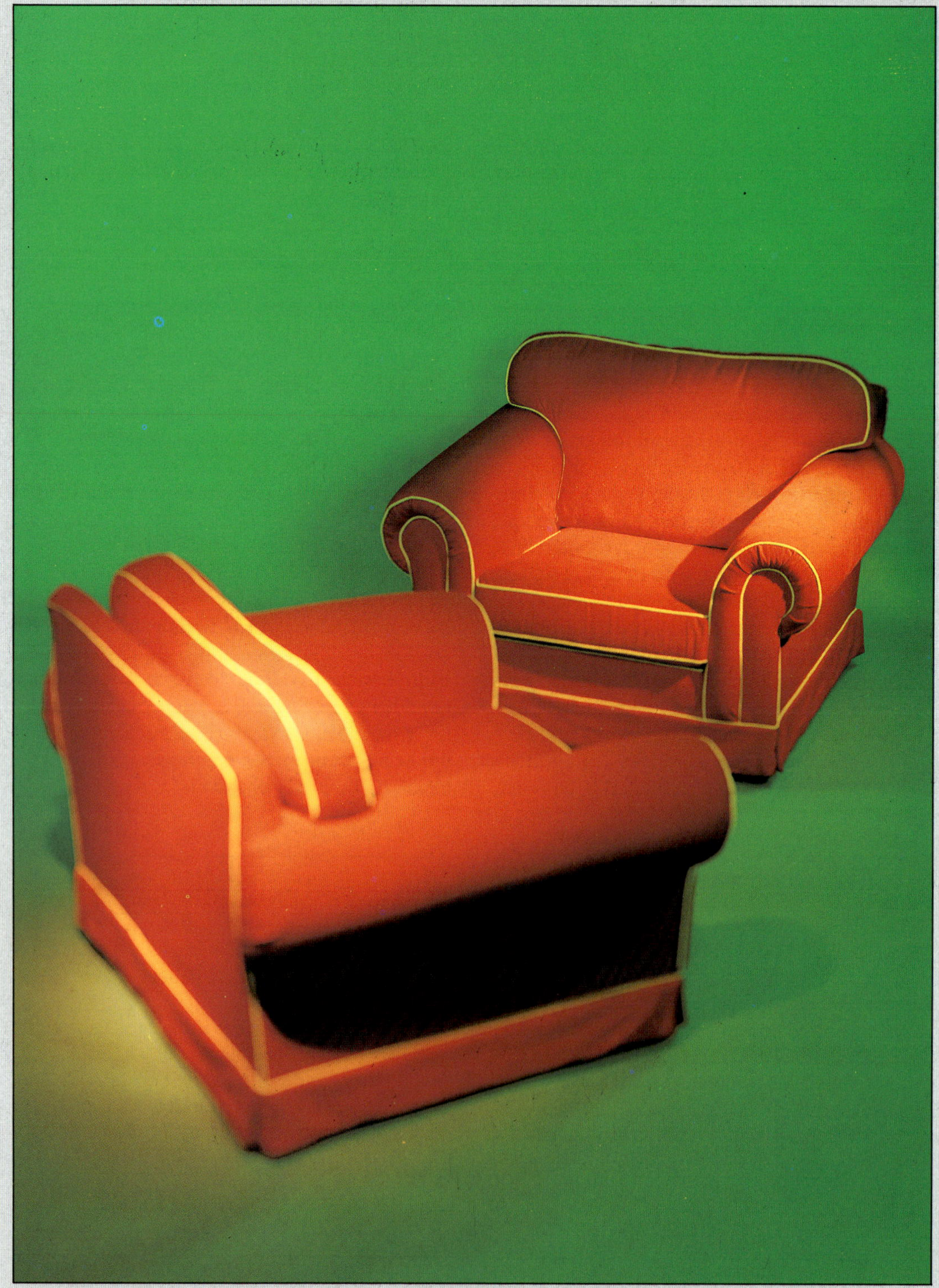

KAPITEL ZWEI

VERBESSERN SIE IHRE BEZIEHUNGEN

VON DER GEBURT BIS ZUM TOD bauen wir immer wieder neue Beziehungen zu anderen Menschen auf, und so berührt unser Leben das unserer Mitmenschen auf tausendfache Weise. Gute gegenseitige Beziehungen – zu Familienangehörigen, Freunden oder einem Partner – können uns große Freude bereiten; sie vermitteln innige Vertrautheit sowie das Gefühl, daß man uns so kennt und liebt, wie wir sind. Wenn jedoch die Kommunikation zu unseren Mitmenschen in irgendeiner Weise gestört ist oder widersprüchliche Bedürfnisse, Wünsche oder Erwartungen vorhanden sind, können unsere Beziehungen zu einer Quelle der Frustration, Verärgerung oder Verwirrung werden.

Jede längerfristige Partnerbeziehung hat naturgemäß ihre Höhen und Tiefen. Manchmal beschleicht Sie vielleicht nur das Gefühl, keinen richtigen „Draht" mehr zueinander zu haben, doch mitunter kann dies auch ein Zeichen eines tiefen Risses sein oder auf Konflikte hindeuten, die nie angesprochen oder gar gelöst worden sind. Nach einer konkreten Krise oder einem traumatischen Ereignis – etwa dem Verlust des Arbeitsplatzes oder dem Tod eines Elternteils – kann sich zwischen Partnern eine schwer zu überwindende Barriere aufbauen. Eine Paartherapie (S. 50–53) kann für jede Partnerschaft nützlich sein, die in schweres Fahrwasser geraten ist. Manche Menschen stellen dabei fest, daß allein schon eine geeignete Umgebung und die Gegenwart einer neutralen Person – des Therapeuten – sie in die Lage versetzt, neue Wege der Kommunikation zu beschreiten.

Viele Paare haben in irgendeiner Phase ihrer Beziehung mit sexuellen Problemen zu kämpfen; in manchen Fällen gehen diese auf körperliche Ursachen zurück, doch häufiger spiegeln sie eine emotionale Isolation oder einen nicht eingestandenen Konflikt wider. Zu einer Sexualtherapie (S. 54–57) gehören Gespräche mit einem Therapeuten sowie Übungen, welche die beiden Klienten zu Hause miteinander durchführen sollen.

Die Dynamik einer Familie – also das Beziehungsgeflecht innerhalb der Familie und die jeweiligen Beziehungen ihrer einzelnen Mitglieder zur Außenwelt – wirkt sich auf die seelische Gesundheit und das Glück jedes einzelnen Familienmitglieds aus. Eine Familientherapie (S. 58–61) kann verhindern, daß sich eine Familie auseinanderlebt oder unter dem Druck ernsthafter Probleme zerbricht. Eine solche Therapie bietet allen Familienmitgliedern die Chance, offen ihren jeweiligen Standpunkt darzulegen und neue Möglichkeiten des Verhaltens und der Kommunikation zu finden, die für alle Seiten von Nutzen sind.

Im Idealfall ist die Kindheit eine relativ sorgenfreie Zeit, doch in Wirklichkeit leiden zahlreiche Kinder unter tief empfundenen Ängsten und Problemen – insbesondere, wenn sie mit der Scheidung der Eltern oder dem Tod eines nahestehenden Menschen fertig werden müssen. Eine Spieltherapie, bei der Spielzeug oder Zeichnungen eingesetzt werden, kann vieles offenlegen und den Kindern helfen, weniger ängstlich zu sein (S. 62–63). Wenn Heranwachsende selbständiger werden und anfangen, die Welt zu erkunden, kann es leicht geschehen, daß sie mit ihren Familien in Konflikt geraten, was schwere seelische Probleme nach sich ziehen kann. Eine Therapie (S. 64–65) bietet solchen Jugendlichen die Möglichkeit, in einem vertrauenswürdigen Umfeld ohne die Angst vor Verurteilungen ihre Gefühle zu äußern und zu erforschen.

DIE ZWISCHENMENSCHLICHEN BEZIEHUNGEN SIND BAUSTEINE UNSERES GLÜCKS. EINE THERAPIE UND EINE OFFENERE KOMMUNIKATION KÖNNEN EIN BESSERES VERHÄLTNIS ZU DEN MITMENSCHEN SCHAFFEN.

WIE STEHT ES MIT IHREN BEZIEHUNGEN?

ES IST NICHT IMMER LEICHT zu erkennen, wann eine Beziehung in Schwierigkeiten gerät. Oft weigern wir uns einzugestehen, daß ein Problem komplizierter ist, als wir glauben möchten, und häufig erscheint es einfacher, uns selbst oder jemand anderem die Schuld dafür zuzuschieben, als das Problem zu lösen. Wer sich jedoch eingesteht, auf fremde Hilfe angewiesen zu sein, kann großen Schaden abwenden; oft ist dieses Eingeständnis schon der wichtige erste Schritt zur erfolgreichen Kommunikation und zur Schaffung einer gefestigten, von Liebe und Vertrauen geprägten Verbindung.

Der nun folgende Fragebogen soll Ihnen helfen, Ihre zwischenmenschlichen Beziehungen zu beurteilen; lassen Sie auch Ihren Partner oder Ihre anderen Familienangehörigen die darin enthaltenen Fragen beantworten, und vergleichen Sie hinterher die Ergebnisse. Addieren Sie nach Beantwortung der Fragen Ihre **a**-, **b**- und **c**-Antworten, und schlagen Sie die Seiten 138–139 auf, wo Sie nachlesen können, was Ihr Ergebnis über Ihre zwischenmenschlichen Beziehungen aussagt.

Partnerschaft und Ehe

1. Haben Sie das Gefühl, daß Ihr Partner Sie wirklich gut kennt?
a) Ja   b) Nein   c) In mancher Hinsicht

2. Wie häufig sprechen Sie über Ihre Beziehung?
a) Oft   b) Nie   c) Eher selten

3. Hört Ihnen Ihr Partner wirklich zu?
a) Ja   b) Nein   c) Manchmal

4. Respektiert und schätzt Sie Ihr Partner?
a) Immer   b) Nie   c) Bisweilen

5. Finden Sie, daß Ihr Partner Sie in ungerechter Weise kritisiert?
a) Nein   b) Häufig   c) Manchmal

6. Wie häufig kommt es zwischen Ihnen beiden zu Meinungsverschiedenheiten?
a) Manchmal   b) Ständig   c) Nie

7. Wie oft unternehmen Sie gemeinsam etwas, das Ihnen Spaß macht?
a) Oft   b) Nie   c) Manchmal

8. Merkt Ihr Partner, wenn Sie sich über etwas aufregen?
a) Immer   b) Nie   c) Manchmal

9. Sind Sie beide imstande, heftige Gefühle offen auszudrücken?
a) Ja   b) Nein   c) Könnte besser sein

Ihr Sexualleben

1. Haben Sie so oft Verkehr, wie Sie möchten?
a) Ja   b) Nein   c) Normalerweise schon

2. Haben Sie Sex, weil Ihr Partner es will?
a) Nein   b) Ja   c) Manchmal

3. Sind Sie fähig, sexuelle Wünsche zu äußern?
a) Ja   b) Nie   c) Manchmal

4. Sind Sie jemals fremdgegangen?
a) Nein   b) Ja, mehrmals   c) Ein- oder zweimal

5. Hat Ihr Partner Sie jemals betrogen?
a) Nein   b) Ja, mehrmals   c) Ein- oder zweimal

6. Befriedigt Ihr Partner Sie sexuell?
a) Ja   b) Überhaupt nicht   c) Manchmal

7. Haben Sie oder Ihr Partner jemals Probleme wie vorzeitigen Samenerguß, Impotenz oder Frigidität gehabt?
a) Nein   b) Ja, mehrmals   c) Manchmal

8. Träumen Sie von Sex mit anderen Partnern?
a) Gelegentlich   b) Ja, oft   c) So gut wie nie

9. Betrachten Sie Sex als Möglichkeit, Liebe zu zeigen?
a) Ja   b) Nein   c) Manchmal

Familie

1. Wie häufig ist Ihre Familie vollständig beisammen?
a) Oft   b) Nie   c) Selten

2. Unternehmen Sie als Familie viel gemeinsam?
a) Ja, oft   b) Nie   c) Manchmal

3. Funktioniert die Kommunikation innerhalb Ihrer Familie?
a) Ja   b) Überhaupt nicht   c) Manchmal

4. Bekommt in Ihrer Familie jeder Gelegenheit, seine Meinung zu äußern?
a) Ja　　　b) Nein　　　c) Manchmal

5. Gibt es in Ihrer Familie jemanden, der besonders viel Ärger macht?
a) Nein　　　b) Ja　　　c) Das ist unterschiedlich

6. Hatte jemals ein Mitglied Ihrer Familie unter einer schweren körperlichen oder seelischen Krankheit zu leiden?
a) Nein　　　b) Ja, mehrmals　　　c) Ein- oder zweimal

7. Wie oft gibt es in Ihrer Familie Streit?
a) Selten　　　b) Ständig　　　c) Oft

8. Ist an diesen Streitereien die ganze Familie beteiligt?
a) Nein　　　b) Ja　　　c) Manchmal

9. Ist Ihre Familie gern zusammen?
a) Ja　　　b) Eigentlich nicht　　　c) Manchmal

Nicht mehr synchron?
Es gibt vielleicht Zeiten, in denen Ihre Beziehungen sehr konfliktbeladen sind. Dann könnte eine Therapie Ihnen helfen, Ihre Kommunikation zu verbessern und die Harmonie wieder herzustellen.

Kinder

1. Wie oft verbringen Sie eine gewisse Zeit allein mit jedem Kind?
a) Täglich　　　b) Nie　　　c) Selten

2. Wie häufig streiten Ihre Kinder miteinander?
a) Selten　　　b) Ständig　　　c) Manchmal

3. Wie häufig streiten sie mit Ihnen/Ihrem Partner?
a) Selten　　　b) Ständig　　　c) Manchmal

4. Hat eines Ihrer Kinder Probleme in der Schule, zum Beispiel schlechte Noten, Schuleschwänzen oder Tyrannisieren von anderen Kindern?
a) Nein　　　b) Ständig　　　c) Manchmal

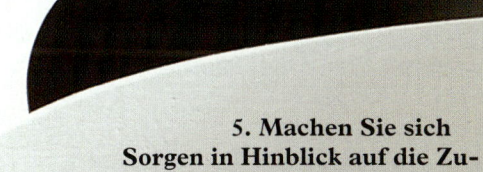

5. Machen Sie sich Sorgen in Hinblick auf die Zukunft Ihrer Kinder?
a) Selten　　　b) Häufig　　　c) Manchmal

6. Hängen diese Sorgen mit Problemen zusammen, die Sie mit Ihrem Partner haben?
a) Nein　　　b) Ja, meistens　　　c) Manche von ihnen

7. Wie oft haben Sie das Gefühl, als Vater oder Mutter zu versagen?
a) Nicht oft　　　b) Ständig　　　c) Manchmal

8. Fällt es Ihnen schwer, Ihren Kindern eine gewisse Disziplin beizubringen?
a) Nein　　　b) Ja, sehr　　　c) Manchmal

9. Arbeiten Sie und Ihr Partner in der Kindererziehung gut zusammen?
a) Ja　　　b) Nie　　　c) Manchmal

Partner- und Ehetherapie

Falls Sie den Entschluss gefasst haben, einen Partner- und Ehetherapeuten aufzusuchen, liegt der Grund vermutlich darin, daß sich in Ihrer wohl wichtigsten zwischenmenschlichen Beziehung die Probleme immer mehr häufen. Wenn Sie mitten in einer Krise stecken, ist es nicht immer klar, ob die betreffenden Schwierigkeiten eher vorübergehender Natur sind oder Ihre Beziehung ernsthaft bedrohen; manchmal ist einem nicht einmal die Ursache der Probleme richtig bewußt. Deshalb hoffen Sie, daß der Therapeut Ihnen die eine oder andere Antwort geben kann: Er soll Ihnen womöglich die Frage beantworten, ob Sie besser zusammenbleiben oder sich trennen sollten; er soll Schuldzuweisungen verteilen und den Partner dazu bringen, sein Verhalten zu ändern – oder Ihnen vielleicht ein paar Tips geben, wie Sie Streit vermeiden oder Ihr Sexualleben auf Trab bringen könnten.

In diesem Fall werden Sie gleichermaßen enttäuscht und erleichtert sein, wenn Sie feststellen, daß der Therapeut weder als Elternteil noch als Seelsorger oder Richter auftritt. Zweck der Paartherapie ist es auch nicht, die Risse in Ihrer Beziehung mit Patentlösungen oder tröstlichen Ratschlägen zu überdecken. Dennoch kann diese Therapie Ihnen helfen, das gegenseitige Verständnis zu verbessern, so daß Sie zu einem flexibleren und vernünftigeren Umgang miteinander finden.

Wie laufen die Sitzungen ab?
In der Regel trifft ein Paar (das weder verheiratet noch heterosexuell sein muß) mit einem Partner- und Ehetherapeuten jede Woche für eine Stunde zu einem festgelegten Zeitpunkt am selben Ort zusammen. In einigen Fällen wird man Ihnen vielleicht zu einer Therapie mit zwei Therapeuten raten; manchmal trifft sich auch jeder Partner eine Zeitlang mit einem der beiden Therapeuten zur Einzeltherapie, bevor Sie sich alle vier zusammensetzen, um Ihre Beziehung miteinander durchzusprechen.

Die ersten Sitzungen können zu einer ziemlich gefühlsbetonten Angelegenheit werden. Wenn Sie Ihren Standpunkt erklären oder sich den Ihres Partners anhören müssen, scheint das die Sache anfangs womöglich eher zu verschlimmern als zu verbessern. Eine der Aufgaben des Therapeuten besteht darin, Ihnen zu helfen, sich derjenigen Gedanken und Gefühle bewußt zu werden, die Sie vielleicht lieber vor sich selber oder voreinander verbergen möchten – wie etwa das Gefühl der Gekränktheit, das sich möglicherweise hinter Wutanfällen oder einem Rückzug in sich selbst verbirgt, oder die Zweifel Ihres Partners in bezug auf Ihre Beziehung. Dies kann sehr schwierig sein. Vielleicht fällt es Ihnen anfangs auch schwer, mit einem völlig fremden Menschen über die intimen Details Ihres Ehelebens zu sprechen, doch wird dies um so einfacher, je mehr Vertrauen Sie zum Therapeuten entwickeln.

Besseres gegenseitiges Verständnis

Wie in der Psychotherapie gibt es auch in der Partner- und Ehetherapie unterschiedliche Richtungen. Einige Therapeuten bevorzugen eine verhaltenspsychologische Vorgehensweise und stellen Ihnen Aufgaben wie etwa die, sich regelmäßig die Zeit zu nehmen, miteinander zu sprechen, oder einander mindestens dreimal täglich etwas Positives zu sagen. Andere ziehen es vor, Ihr Innenleben zu erkunden, da dieses die Art und Weise beeinflußt, wie Sie Ihren Partner wahrnehmen; wenn Sie beispielsweise immer nur Frauen gekannt haben, von denen Sie manipuliert und Ihr Selbstvertrauen untergraben wurde, oder Männer, die in sich zurückgezogen oder cholerisch waren, sind Ihre Erwartungen naturgemäß begrenzt und Ihre Reaktionen zu einem gewissen Grad vorherbestimmt. Unabhängig vom Vorgehen Ihres Therapeuten wird man Ihnen jedoch in jedem Fall Mut machen, Ihre Beziehung zu Ihrem Partner zu erforschen, um Ihr gegenseitiges Verständnis zu vertiefen und Ihre Verbindung zu festigen.

Zeit für Veränderungen?

Oft wird eine Beziehungskrise durch ein bestimmtes Ereignis ausgelöst, wie etwa die Krankheit oder plötzliche Arbeitslosigkeit eines Partners, und nicht selten kommt es in der Folgezeit zu ernsthaften Problemen. Doch selbst wenn Sie bislang von größeren Krisen verschont geblieben sind, dürften die unvermeidlichen Veränderungen Ihrer Lebensumstände auch von Ihnen hin und wieder die Fähigkeit erfordern, sich neuen Gegebenheiten anzupassen und mit Verlusten fertig zu werden. Die an sich erfreuliche Geburt eines Kindes hat beispielsweise zur Folge, daß die beiden Partner nie mehr so unbeschwert wie frisch Verliebte leben werden, und Eheprobleme spiegeln häufig die Schwierigkeiten wider, die ein oder beide Partner haben, wenn sie neue Rollen oder Verantwortlichkeiten übernehmen müssen.

Martin und Ulla mußten diese Erfahrung machen, als ihre Kinder gerade von zuhause ausgezogen waren und Ulla entdeckte, daß Martin mit einer Frau ein Verhältnis hatte, die gerade einmal halb so alt war wie er. Obwohl Martin damit seine Ehe aufs Spiel setzte, hatte die Erregung, die sein neues Liebesverhältnis in ihm auslöste, zumindest vorübergehend seine Traurigkeit über den Auszug seiner Kinder und seine Angst vor dem Älterwerden betäubt. Die Offenheit, mit der er während einer Partnertherapie Ulla gegenüber seine Ängste eingestand, erleichterte es auch dieser, sich über ihre Gefühle und Ängste klarzuwerden. Die daraus entstehende Vertiefung ihres Verhältnisses brachte neues Leben in ihre Beziehung und versetzte beide in die Lage, Martins Affäre besser zu verstehen; schließlich entschloß sich Martin, sein Verhältnis zu seiner Geliebten zu beenden.

Schatten der Vergangenheit

Wir alle tragen bestimmte Vorstellungen von Familie oder Ehe mit uns herum, die sich in unserer Vergangenheit herausgebildet haben und die wir unwillkürlich auf die Gegenwart übertragen. Das Eheleben unserer Eltern beispielsweise beeinflußt uns nicht minder stark als ihr Verhalten als Eltern uns gegenüber, und beide stellen für uns eine Art innerer Blaupause für unsere späteren Beziehungen als Partner und Eltern dar. Viele Probleme zwischen Paaren erwachsen aus gegensätzlichen Erwartungshaltungen und unterschiedlichen Vorbildern. Wenn es Ihnen gelingt, diese Verbindung zwischen Vergangenheit und Gegenwart zu durchschauen, kann dies ein ganz neues Licht auf Ihre Probleme werfen. Therapeuten fordern die Betroffenen oft auf, sich selbst im Kontext ihrer Herkunfts-Familie zu sehen – zum Teil, weil uns dies in die Lage versetzt, zahlreiche Aspekte unserer Persönlichkeit besser zu verstehen, zum Teil aber auch, um unbewußte Ängste und Erwartungen offenzulegen.

Als Anton und Doris mit einem Therapeuten über ihre Eltern und Großeltern sprachen, fanden sie heraus, daß fast alle Ehen in den Familien der beiden mit einer Scheidung oder dem frühen Tod eines Partners geendet hatten; infolgedessen glaubte keiner von beiden ernsthaft an die Möglichkeit einer glücklichen Ehe. Dies hatte zur Folge, daß beide immer dann, wenn sich eine Auseinandersetzung zwischen ihnen anbahnte, gleich voller Verzweiflung befürchteten, daß nun „alles aus" sei. Erst als sie erkannten, daß sie die gleichen heimlichen Ängste miteinander teilten, wurden ihre Konflikte allmählich weniger stark mit negativen, selbstschädigenden Erwartungen überfrachtet, so daß Probleme leichter zu bewältigen waren.

Überwinden Sie alte Verhaltensmuster
Wie in jeder Beziehung kann es auch bei Ihnen zu Problemen kommen, die Ihr gegenseitiges Verständnis und die Belastbarkeit Ihrer Verbindung auf die Probe stellen. Vielleicht hilft Ihnen eine Therapie, besser aufeinander einzugehen und ein neues Verhältnis zueinander aufzubauen.

Partnerwahl

Wir wählen unsere Partner aus ganz bestimmten Gründen – und nicht nur, weil sie die gleichen Überzeugungen haben, unsere Vorliebe für das Kino mit uns teilen oder ebensogern spazierengehen wir wir. Wir alle sind sehr empfänglich für subtile Hinweise auf das Innenleben anderer Menschen und schaffen es deshalb meist auch, uns jemanden auszusuchen, der stark dem entsprechenden Elternteil ähnelt.

Diese Tatsache fällt möglicherweise nicht gleich auf; vordergründig betrachtet, mag Ihr Ehemann zwar mit Ihrem Vater wenig gemeinsam haben, doch dürfte trotz allem irgend etwas an Ihrer Beziehung zu diesem Menschen Ihre frühen Erfahrungen widerspiegeln. Dies ist nicht weiter überraschend, denn schließlich ist die Zweierbeziehung die einzige Situation nach unserer Kindheit, in der wir erwarten, daß sowohl körperliche als auch emotionale Bedürfnisse von ein und derselben Person befriedigt werden. Kein Wunder also, daß eine Partnerschaft so starke Gefühle auslösen kann und daß wir unsere Zweierbeziehungen im Erwachsenenalter häufig auf jener früheren Beziehung aufbauen, wobei wir uns wie das damalige Kind jenes idealisierten Elternteils benehmen – oder umgekehrt von uns erwartet wird, daß wir uns wie der entsprechende Elternteil verhalten, den unser Partner einst gehabt hat.

Ein solcher Versuch, die bedingungslose Liebe unserer frühen Kindheit wiederzuerlangen, ist jedoch von vornherein zum Scheitern verurteilt und kann sogar ausgesprochen negative Auswirkungen haben. Die Partnertherapie besteht deshalb zum großen Teil darin, derartige Parallelen offenzulegen, um zu verhindern, daß unser Kind-Ich unsere gegenwärtige Beziehung dominiert. Eine der Aufgaben des Therapeuten ist es, ein solch regressives Verhalten zu erkennen und dem betroffenen Paar die Auswirkungen dieses Verhaltens auf ihre Beziehung zu verdeutlichen.

Wie wir uns gegenseitig beeinflussen

Die Psychotherapeutin Harriet G. Lerner bezeichnet Beziehungen sehr anschaulich als „Tänze", von denen es viele verschiedene Spielarten geben kann: Tänze der Angst etwa, Tänze der Täuschung oder Tänze der Vertrautheit und Intimität. Zahlreiche Paare tanzen auch einen recht unbeholfenen Tanz, bei dem sie sich gegenseitig frustrieren: Wenn er sie sexuell begehrt, zieht sie sich zurück und umgekehrt. In Wirklichkeit sind sich wahrscheinlich beide Partner nicht darüber klar, wieviel Intimität überhaupt wünschenswert ist. In diesem Fall würde der Therapeut herauszufinden versuchen, was dies zu bedeuten hat, und die beiden vielleicht fragen, warum sie nicht gleichzeitig Lust aufeinander haben können. Oder dem Therapeuten fällt auf, daß immer dann, wenn ein Partner das Bedürfnis nach Sex hat, der andere verärgert reagiert, und er fordert die beiden auf, sich einmal zu überlegen, warum dies der Fall ist. Trotz ihres ganz offensichtlich unglücklichen Zusammenlebens scheinen zahlreiche Paare unfähig, sich zu verändern, und so untersucht der The-

In Harmonie miteinander
Im Verlauf einer Beziehung lernen Sie und Ihr Partner, verständnisvoll aufeinander einzugehen; wenn Sie sich ändern, müssen Sie beide womöglich neue Wege finden, um sich diese Fähigkeit zu bewahren.

MITEINANDER REDEN

Mit Hilfe Ihres Therapeuten können Sie die Fähigkeit, erfolgreich zu kommunizieren, erlernen und weiterentwickeln. Man macht es sich zu leicht, wenn man einfach davon ausgeht, daß der Partner Gedanken lesen kann oder daß man selbst weiß, was der andere denkt. Viele Paare vergessen, einander zuzuhören, ohne sich gegenseitig zu unterbrechen, eine abwehrende Haltung einzunehmen oder den Kopf in den Sand zu stecken. Andere wiederum müssen erst noch lernen, ihre Gefühle und Gedanken auszudrücken, ohne dabei immer nur den Partner zu beschuldigen. Besonders groß ist auch die Gefahr, daß ein Partner zwar jedes Wort hört, das der andere sagt, aber die eigentliche Bedeutung des Gesagten nicht mitbekommt.

Daniel beispielsweise hatte Katja kritisiert, weil diese ein sündhaft teueres Kleid gekauft hatte. Da sie mit diesem Kauf seine Bewunderung hatte erregen wollen, rannte sie daraufhin wutentbrannt aus dem Haus. Jeder benahm sich ausschließlich emotional, ohne zu verstehen, was im anderen vorging. Nach 20 Sitzungen mit einem Therapeuten hatten beide gelernt, die jeweils eigenen emotionalen Reaktionen im Zaum zu halten und zugleich für die Gefühle des Partners empfänglicher zu werden. Katja erkannte, daß sie sich etwas sensibler hätte verhalten und ihn hätte fragen sollen, ob er sich etwa wegen des Preises Gedanken machte; Daniel wiederum hätte Katja bestätigen können, wie gut sie in dem Kleid aussah, und die Diskussion über den Preis auf später verschieben sollen. Wenn es gelingt, auf diese Weise Mißverständnisse aufzulösen, ein besseres Gefühl für die Empfindungen des anderen zu entwickeln und unrealistische Erwartungen zu vermeiden, ist dies eine hervorragende Grundlage für den Aufbau einer funktionierenden Zweierbeziehung.

---

rapeut häufig, ob womöglich ein Phänomen vorliegt, das man als Kollusion bezeichnet. Dabei handelt es sich um ein unausgesprochenes, oft unbewußtes geheimes Einverständnis zwischen zwei Menschen, sich auf ganz bestimmte Art und Weise zu verhalten, so, als spielten beide ein Spiel. Häufig führt dieses Spiel dazu, daß beide unglücklich werden, und meist ist es so angelegt, daß beide sich in eine Verteidigungshaltung gedrängt fühlen.

Ein anschauliches Beispiel hierfür ist das Arrangement zwischen Verena und Holger, bei dem Verena die Dominierende war, während Holger eher schwach und unentschlossen wirkte. Beide beklagten sich über diese Situation, ohne sie jedoch überwinden zu können. Auf einer weniger bewußten Ebene ahnte Holger, daß Verenas Bedürfnis, ihre Beziehung zu beherrschen, nur ihre starke Angst übertünchte, von dem Mann abhängig zu werden, den sie liebte, weil sie befürchtete, er könnte sie ebenso verlassen wie ihr erster Ehemann. Verena wiederum spürte, daß Holger vor seiner eigenen unterdrückten Wut über seine lange angestauten Frustrationen und sein unglückliches Leben Angst hatte und deshalb ins andere Extrem verfiel: Er wurde allzu nachgiebig, aber zugleich mürrisch und gereizt. Dennoch erschien beiden ihre unbefriedigende Beziehung immer noch sicherer, als sich noch weit beunruhigenderen Gefühlen auszusetzen oder gar das Risiko völligen Alleinseins einzugehen. In diesem Fall würde nun die Aufgabe des Therapeuten darin bestehen, den beiden deutlich zu machen, wie sie selbst dieses System in Gang halten, ihnen aber gleichzeitig die Entscheidung zu überlassen, an ihrer Beziehung etwas zu verändern.

Ein neuer Anfang
Der Neuaufbau einer Zweierbeziehung erfordert ein hohes Maß an gegenseitigem Verständnis und Vertrauen. Die Wahrscheinlichkeit, daß ein solches Vorhaben gelingt, ist weitaus größer, wenn beide Partner weder überempfindlich noch nachtragend sind.

Hilfe und neue Hoffnung

Wenn Paare sich für eine Therapie entscheiden, hofft häufig jeder der beiden, daß der Therapeut eher dem Partner beziehungsweise der Partnerin Ratschläge bezüglich seines oder ihres Verhaltens erteilt. Die Aufgabe eines Therapeuten besteht jedoch unter anderem darin, Paaren klarzumachen, daß zu einer Beziehung immer zwei gehören und jeder seinen Anteil daran hat, ob die Beziehung erfolgreich verläuft oder scheitert. In jedem Fall besteht ein entscheidender Schritt zur Selbsthilfe darin, daß jeder die Verantwortung für sein Handeln übernimmt. Mitunter kommt es vor, daß trotz der besten Vorsätze zwei Partner einfach nicht mehr miteinander leben können. In diesem Fall ist es Aufgabe des Therapeuten, den beiden dabei zu helfen, sich ohne allzugroße Verbitterung zu trennen und ihnen wenigstens ansatzweise klarzumachen, was in ihrer Beziehung schiefgelaufen ist. Unter Umständen müssen beide Partner erst einen langen Prozeß der Trauer und der Wut durchmachen, bevor sie bereit sind, die Beziehung zu beenden. In einer solch schwierigen Phase kann eine Therapie Hilfe und Klärung bringen.

Es erfordert zweifellos großen Mut, sich Problemen in einer Beziehung zu stellen. Eine Therapie erfordert oft harte Arbeit. Das eigene Verhalten zu ändern ist meist ein langwieriger Prozeß, und so schlecht es mit einer Beziehung auch stehen mag, kann es doch aus den verschiedensten Gründen einfacher erscheinen, im alten Trott weiterzumachen. Uns als Erwachsenen fällt wohl kaum etwas schwerer, als eine gewohnte Lebensweise aufzugeben; mitunter ist jedoch genau dies erforderlich, wenn wir wollen, daß unsere Beziehungen möglichst große Erfolgsaussichten haben.

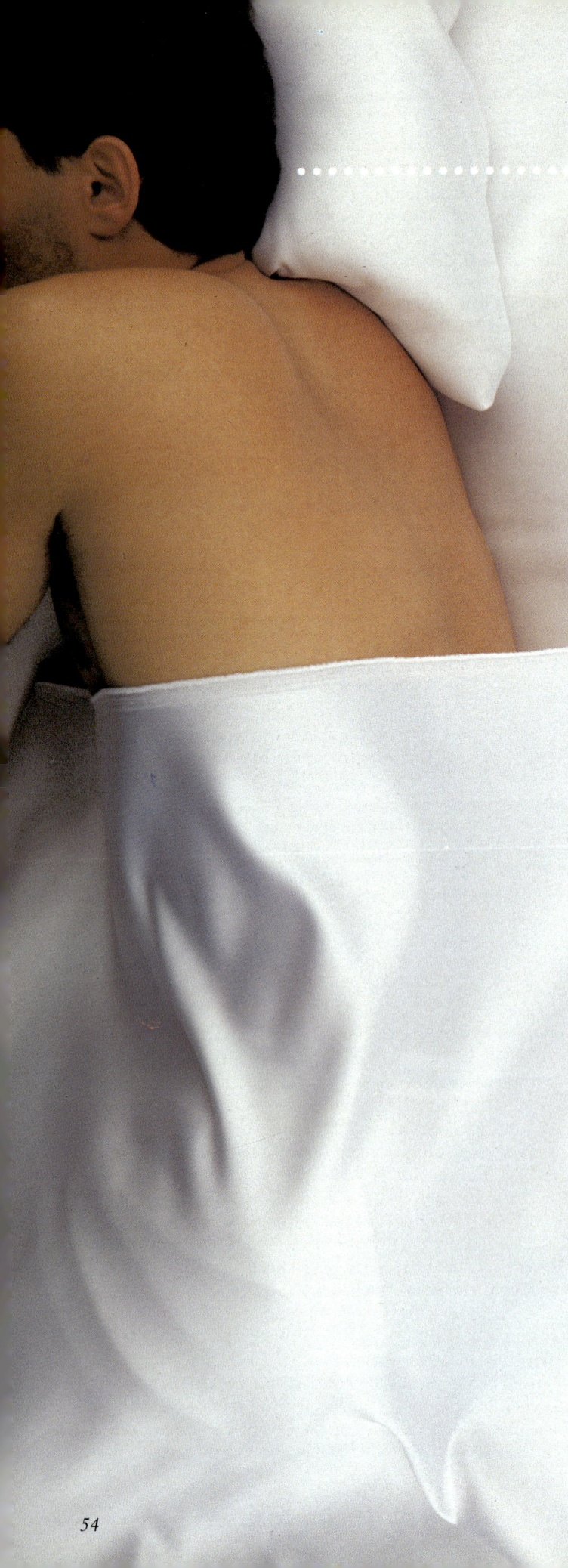

SEXUALTHERAPIE

EIN SEXUELLES PROBLEM ZUZUGEBEN kommt vielen Betroffenen wie das Eingeständnis persönlichen Versagens vor. Dennoch ist der Versuch, mit Hilfe eines ausgebildeten Sexualtherapeuten ein solches Problem zu lösen, einer der erfolgversprechendsten Schritte, die Sie und Ihr Partner tun können. Der Entschluß, einen Sexualtherapeuten aufzusuchen, ist deshalb keineswegs ein Eingeständnis eigenen Versagens, sondern vielmehr Ausdruck der Entschlossenheit, eine bestehende Beziehung zu retten.

Was macht ein Sexualtherapeut?
Die Sexualtherapie ist eine spezielle Form psychologischer Beratung. Während der ersten Sitzungen macht sich der Therapeut Notizen über Ihre emotionale, sexuelle und medizinische Vergangenheit. Falls eine potentielle körperliche Ursache Ihres Problems erkennbar werden sollte, wird er Ihnen zunächst einmal raten, einen Arzt aufzusuchen. Obgleich Sexualtherapeuten selbstverständlich auch einzelne Klienten betreuen, wird Ihr Therapeut für den Fall, daß Sie einen festen Partner haben, es vorziehen, Sie beide gemeinsam zu sprechen. Eventuell wird dieser gemeinsamen Sitzung auch ein Einzelgespräch vorausgehen. Der Therapeut würde Ihrem Partner jedoch niemals sagen, was Sie ihm erzählt haben, ohne vorher Ihre Erlaubnis einzuholen, obgleich die Therapie selbst erschwert wird, wenn es zwischen Ihnen Geheimnisse gibt.

Nach der Aufnahme Ihrer persönlichen Vorgeschichte wird der Therapeut mindestens eine Sitzung mit Ihnen beiden gemeinsam abhalten wollen. In diesem Stadium fällt es den meisten Klienten bereits wesentlich leichter, freimütig über ihre Probleme zu reden. Bei dieser Sitzung vermittelt Ihnen der Therapeut wahrscheinlich einige Informationen über die Funktionen des Körpers und die Sexualität im allgemeinen und entlarvt dabei möglicherweise einige weitverbreitete, aber irreführende Vorurteile, die bei vielen Menschen Hemmungen verursachen. Er wird dabei diejenigen sexuellen Ausdrücke benutzen, mit denen Sie am besten vertraut sind, und alles tun, um Sie so wenig wie möglich in Verlegenheit zu bringen.

Die nächsten Schritte
Nach diesen vorbereitenden Sitzungen werden Sie dann entscheiden müssen, wie es weitergehen soll. Manche Paare machen die Erfahrung, daß sie, sobald ihre Fragen beantwortet sind und ein Gespräch über Sex in Gang kommt, schon nach kürzester Zeit das Gefühl haben, ihr Problem auf eigene Faust bewältigen zu können. Vielleicht kommt der Therapeut auch zu dem Schluß, daß Ihr Problem im Grunde gar kein sexuelles ist oder es andere Schwierigkeiten in Ihrer Beziehung gibt, die Sie zunächst einmal zu lösen versuchen sollten; dann wird er Sie an einen geeigneten psychologischen Berater verweisen.

Falls Ihre Beziehung in grundlegenden Dingen in Ordnung ist und es keine medizinischen Probleme gibt, die eine Behandlung erforderlich machen würden, werden Sie womöglich zu dem Schluß gelangen, daß für Sie eine Sexualtherapie angebracht wäre. Gewöhnlich werden Sie sich mit Hilfe des

Therapeuten ein bestimmtes Ziel oder eine Reihe von Einzelzielen vornehmen, die Sie im Verlauf der Therapie erreichen möchten. Der Therapeut wird Sie auffordern, sich möglichst spezifische und realisierbare Ziele zu setzen und sicherzustellen, daß Sie beide sich bezüglich dieser Ziele einig sind. Die Anzahl der erforderlichen Sitzungen dürfte im Durchschnitt bei rund 12 bis 14 liegen. Meist bekommt ein Paar bestimmte „Hausaufgaben" mit – Dinge, die beide Partner miteinander durchsprechen oder tun sollen, um dann bei der nächsten Sitzung darüber zu reden.

Die Grundlagen der Sexualtherapie
Abgesehen von Gesprächen helfen die meisten Therapeuten einem Paar dabei, mehr über den eigenen Körper und den des Partners zu erfahren, und zwar mit Hilfe des sogenannten Empfindungsfokussierens *(sensate focus)*, das die Klienten bei sich zu Hause anwenden. Hierbei handelt es sich um Sensualitätsübungen, bei denen die beiden Partner sich abwechselnd gegenseitig auf eine Weise berühren, die der jeweils andere als angenehm empfindet, damit beide lernen, welche Art von Berührung dem Partner am besten gefällt. Erst wenn beide mit der Stufe, an der sie gerade arbeiten, hundertprozentig zufrieden sind, geht das Paar zum nächsten Schritt über. Bei der ersten Stufe soll es ausschließlich zu nichtsexuellen Berührungen kommen. Das Paar erlernt verschiedene Arten der gegenseitigen Berührung, wobei Brüste und Genitalien ausgespart bleiben, und beide genießen die dabei entstehenden Gefühle, ohne weiter zu gehen, selbst wenn bei ihnen sexuelle Erregung aufkommen sollte. So wird die Sensibilität für sinnliche Berührung ohne Leistungszwang gefördert.

Wenn der Therapeut dann das Gefühl hat, daß das Paar dazu bereit ist, gehen die beiden zu Hause zur nächsten Stufe über: zur gegenseitigen Berührung der erogenen Zonen auf die unterschiedlichste Weise, ohne daß es dabei jedoch zu richtigem Geschlechtsverkehr kommt, selbst wenn beide Partner diesen wollen. Das neu erworbene Wissen um sexuell befriedigende Techniken ohne Geschlechtsverkehr kann dazu führen, daß ein Paar sich näher kommt als zuvor. Im Verlauf dieses Erfahrungsprozesses ergibt es sich auch oft, daß beide ihre jeweiligen Ängste besser kennenlernen und auf sie zu sprechen kommen. Erst nach dem Abbau dieser Ängste sind die beiden bereit für richtigen Geschlechtsverkehr.

Der Therapeut hilft dem Paar auch dabei, an ganz spezifischen Problemen zu arbeiten. Wie dies im einzelnen abläuft, hängt von der Natur des anstehenden Problems ab und von den Methoden, die am besten auf das jeweilige Paar zugeschnitten sind. Auf einige der verbreitetsten Probleme wird auf den folgenden beiden Seiten näher eingegangen.

Beiderseitige Isolation
Sie und Ihr Partner könnten beide unglücklich werden, wenn Sie nicht in der Lage sind, Ihre sexuellen Gefühle und Vorlieben offen zu äußern.

Neugewonnene Intimität
Die gemeinsame Lösung eines sexuellen Problems kann vorhandene Bande der Zuneigung und des gegenseitigen Vertrauens noch weiter verstärken.

Verbreitete sexuelle Probleme

Ebenso wie Sie in Ihrer Gesamtpersönlichkeit einmalig sind, ist auch Ihr Sexualleben anders als das eines jeden anderen Menschen; deshalb sollten Sie sich niemals gezwungen fühlen, sich mit anderen Personen oder mit dem, was diese tun – oder angeblich tun – zu vergleichen. Falls Sie jedoch Hemmungen haben oder es als peinlich empfinden, über Sexualität zu sprechen, könnte dies womöglich auf eines der im folgenden aufgeführten Probleme zurückzuführen sein. Alle diese Probleme lassen sich therapeutisch behandeln.

Vorzeitige Ejakulation: Bei dieser sexuellen Störung merkt der Mann erst ganz kurz vor dem Samenerguß, daß dieser bevorsteht; und da er den Zeitpunkt seines Orgasmus nicht unter Kontrolle hat, erreicht womöglich seine Partnerin zu ihrer beiderseitigen Frustration ihren Höhepunkt nicht. Dieses Problem wird behandelt, indem der Mann lernt, sich diejenigen körperlichen Empfindungen bewußt zu machen, welche dem Orgasmus unmittelbar vorausgehen, damit er seine Erregung kontrollieren und die Dauer der Erektion verlängern kann. Das Empfindungsfokussieren (siehe vorherige Seite) kann hierbei sehr nützlich sein. Sobald das Paar mit den Sensualitätsübungen umzugehen gelernt hat, kann es die „Stop-Start-Technik" versuchen, bei welcher der Mann sich nur beinahe zum Orgasmus bringen läßt, um dann seine Erektion wieder abklingen zu lassen. Eine weitere Möglichkeit ist die Preßtechnik, bei der einer der beiden Partner die Stelle unmittelbar unterhalb der Eichel des stimulierten Penis sanft zwischen dem Daumen und zwei Fingern zusammenpreßt; der dabei entstehende Druck zögert die Ejakulation hinaus.

Verzögerte Ejakulation: Wenn ein Mann überhaupt nicht oder nur nach sehr langem und unangenehmem Geschlechtsverkehr zum Samenerguß gelangt, spricht man von verzögerter Ejakulation oder Ejakulationsunfähigkeit. Um dem abzuhelfen, sollte der Mann so onanieren, daß er so schnell wie möglich einen Orgasmus erreicht, und dann seiner Partnerin erlauben, das gleiche an seiner Stelle zu tun, während er lernt, sich vollständig zu entspannen. Unter Umständen muß der Mann eventuell vorhandene psychologische Hemmungen – wie etwa das Gefühl, daß Sex etwas Unanständiges, Sündhaftes oder Schmutziges ist – erkennen und verstehen, bevor er sich frei genug fühlt, sich einfach gehenzulassen und den Geschlechtsverkehr zu genießen.

Erektionsstörungen: Mitunter fällt es einem Mann schwer, eine Erektion zu bekommen oder aufrechtzuerhalten. Falls dafür keine körperliche Ursache festgestellt werden kann, wird der Therapeut den Klienten zu Sensualitätsübungen raten, bei denen der Mann ausdrücklich aufgefordert wird, *keine* Erektion zu bekommen. Geschieht letzteres dennoch, sollte der Klient sich zwingen, die Erektion wieder abklingen zu lassen. Erst wenn er regelmäßig eine starke Erektion bekommt, geht das Paar zum Geschlechtsverkehr über; ist er noch immer nicht völlig frei von Angst, sollte das Paar einen Schritt zurückgehen, um sich besser zu entspannen.

Vaginismus oder Scheidenkrämpfe: Manchmal ist eine Frau unfähig zu Geschlechtsverkehr mit Penetration, weil sich ihre Scheidenmuskulatur beim Sex unwillkürlich verkrampft und so den Verkehr äußerst schmerzhaft werden läßt. Nachdem ihr Sensualitätsübungen geholfen haben, sich zu entspannen, fordert der Therapeut sie auf, sich die Finger in die Scheide zu stecken; sobald sie dies als angenehm empfindet, läßt sie ihren Partner das gleiche tun. Erst wenn sie dazu bereit ist, rät der Therapeut dem Paar zum Verkehr, wobei nur Positionen eingenommen werden sollten, welche die Frau vorgeschlagen hat.

Orgasmusprobleme bei Frauen: Wie die verzögerte Ejakulation beim Mann kann auch die Unfähigkeit von Frauen, zum Orgasmus zu gelangen, aus sexuellen Ängsten erwachsen. Die Betroffenen haben entweder überhaupt noch nie einen Orgasmus gehabt oder nur beim Masturbieren, nicht aber zusammen mit einem Partner. In einem solchen Fall würde ein Therapeut mit der Klientin über eventuelle emotionale und psychische Ursachen ihres Problems sprechen und ihr den Rat geben, beim Masturbieren herauszufinden, welche Art von Berührung ihr besonders gefällt. Unter Einsatz von Sensualitätsübungen zusammen mit ihrem Partner würde sie dann mit diesem gemeinsam ihre bevorzugten Berührungen vornehmen, bevor beide schließlich zum eigentlichen Geschlechtsverkehr übergehen.

HAPPY END

Eine Sexualtherapie kann die Erkenntnis fördern, daß ein bestimmtes Problem weitaus komplexer ist, als ein Paar ursprünglich angenommen hat – wie etwa bei Annette und Georg, die therapeutische Hilfe suchten, weil Annette während der ersten drei Jahre ihrer Ehe häufig unter Scheidenkrämpfen litt.

Der Therapeut fand heraus, daß Annettes Mutter nie Spaß am Sex gehabt hatte und außerdem äußerst problematische Schwangerschaften durchmachen mußte. Annette fürchtete sich vor der Penetration, weil der Gedanke, Kinder zu bekommen, sehr gespaltene Gefühle bei ihr auslöste. Georg seinerseits liebte Annette sehr und wollte ihr deshalb durch die Penetration nicht weh tun.

Der Therapeut schlug vor, daß Annette und Georg zu Hause die Methode des Empfindungsfokussierens anwenden sollten, und nach diesen Sensualitätsübungen gingen die beiden allmählich zum Geschlechtsverkehr mit Penetration über. Während der Therapeut nützliche Hinweise bezüglich der körperlichen Aspekte ihrer sexuellen Probleme lieferte, förderte die Therapie selbst vor allem das gegenseitige Vertrauen und versetzte das Paar in die Lage, gemeinsam seine Ängste zu bekämpfen.

FAMILIENTHERAPIE

DIE WENIGSTEN VON UNS leben isoliert von anderen Menschen; wenn wir unglücklich, deprimiert oder frustriert sind, beeinflußt unsere Stimmung jeden, mit dem wir in Kontakt kommen. Dies trifft vor allem auf die Mitglieder von Familien zu; sie lassen sich besonders leicht von den Gefühlen der anderen anstecken – weshalb es kein Wunder ist, daß immer dann, wenn ein Familienmitglied ein Problem hat, die ganze Familie eines hat. Gerade angesichts unserer idealisierten Erwartungen an das Familienleben ist diese Tatsache nicht immer leicht zu akzeptieren. Unter dem starken Einfluß der Medien möchten wir gern glauben, daß eine Familie immer ein Hort der Wärme und Geborgenheit, der Gesundheit und des Glücks ist, in der die gegenseitige Kommunikation reibungslos funktioniert.

Wenn aber unsere eigene Familie diesem Ideal nicht entspricht, neigen wir leicht zu der Annahme, daß wir versagt haben. Warum ist unsere Familie so anders, fragen wir uns dann, was machen wir falsch? Oft wird dieser Eindruck noch durch die Beobachtung anderer Familien verstärkt, die der Außenwelt gegenüber meist nur ihre positiven Seiten präsentieren.

Was bedeutet Familientherapie?

Wie einzelne Individuen durchleben auch Familien Zeiten des Wachstums und der Veränderung. Oft sind schwierige Übergangsperioden durchzustehen, wenn etwa die Kinder das Haus verlassen, eine Ehe in die Brüche geht, es zur Scheidung kommt oder Krankheit und Tod die Familie heimsuchen; jede Krise kann dann leicht zur Gruppenbildung und zur Entstehung neuer Bündnisse führen. Wenn dies zu einem ernsthaften Problem wird, ist möglicherweise ein Eingreifen von außen in Form einer Familientherapie erforderlich. In der Praxis jedoch empfinden sich die betreffenden Familien selbst nur selten als therapiebedürftig, weil viele eine Familientherapie automatisch mit schwerwiegenden Problemen wie Mißhandlungen oder sexuellem Mißbrauch, Drogensucht oder Alkoholismus in Verbindung bringen.

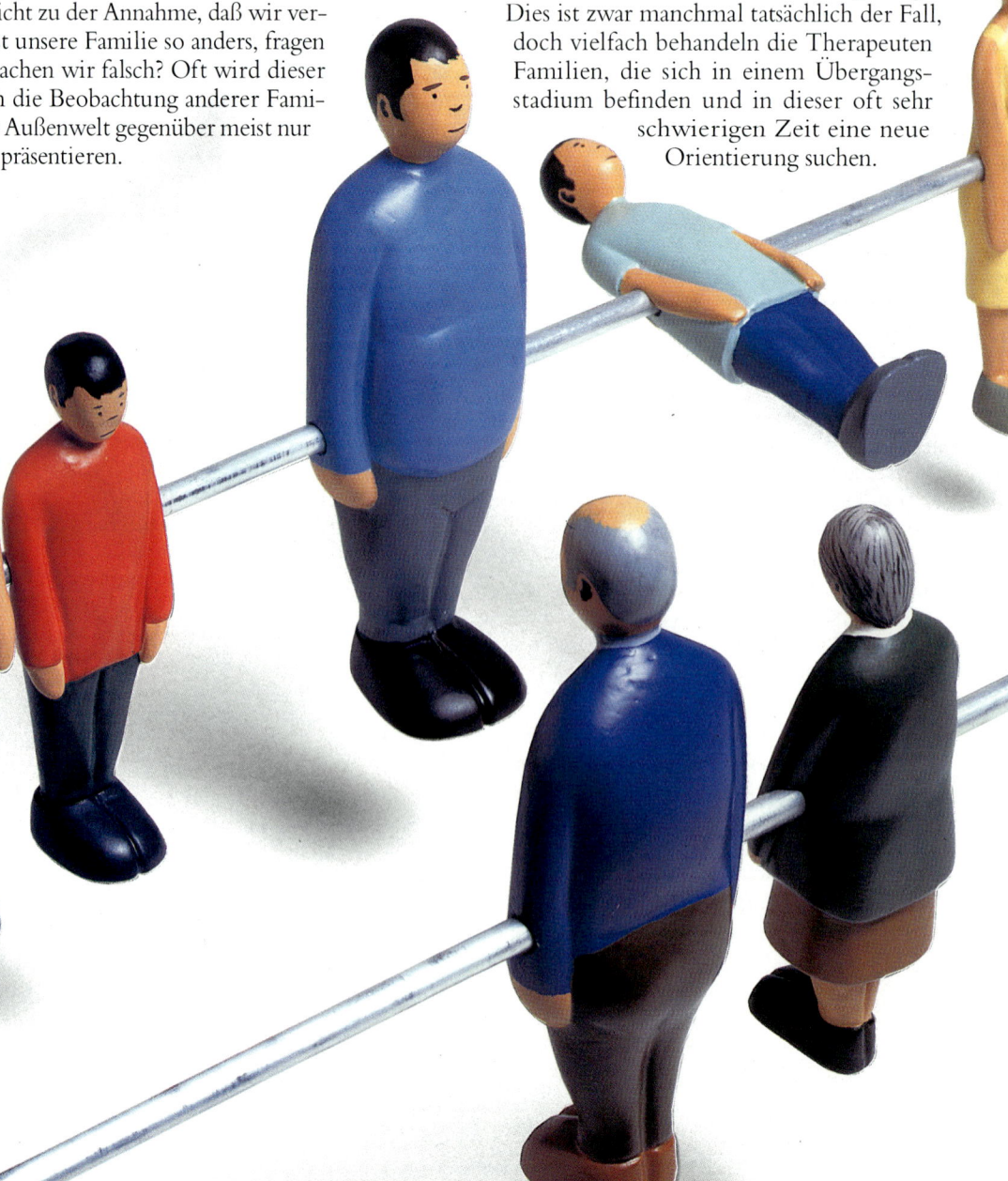

Dies ist zwar manchmal tatsächlich der Fall, doch vielfach behandeln die Therapeuten Familien, die sich in einem Übergangsstadium befinden und in dieser oft sehr schwierigen Zeit eine neue Orientierung suchen.

Eine Familientherapie ist komplizierter als andere Formen der Therapie, weil der Therapeut erst einmal die komplexe Dynamik einer ganzen Reihe unterschiedlicher Beziehungen entwirren muß. Um die Situation richtig einzuschätzen, wird er versuchen herauszufinden, wie diese Beziehungen sich verändern – wer beispielsweise aus der Familie auszieht, wer von ihr abhängiger oder weniger abhängig wird.

Wie funktioniert eine Familie?

In jeder Gruppe von Menschen gibt es ein System offener wie auch geschlossener Grenzen. Bei einer intakten Familie öffnen oder schließen sich solche Grenzen auf natürliche Weise, um äußere Einflüsse hereinzulassen oder sich gegen sie abzuschotten mit dem Ziel, die Harmonie und Stabilität innerhalb der Familie aufrechtzuerhalten. Wenn jedoch dieses System von Grenzen zusammenbricht, kann es leicht zu Problemen kommen. Ist beispielsweise eine Familie der Außenwelt gegenüber allzu offen, so daß ständig andere Menschen bei ihr ein und aus gehen, könnten sich Kinder infolge der daraus erwachsenden Instabilität verunsichert und bedroht fühlen; läßt eine Familie dagegen überhaupt keine Außenstehenden herein, besteht die Gefahr, daß die Kinder auf äußere Einflüsse allzu mißtrauisch und abweisend reagieren.

Auch zwischen den einzelnen Mitgliedern einer Familie gibt es Grenzen, welche die Privatsphäre und Selbständigkeit des einzelnen schützen sollen, ohne jedoch die Kommunikation in der Familie zu behindern. Das Verhalten innerhalb einer Familie kann von Therapeuten entweder als verkettet oder als entfremdet beschrieben werden. Ein Beispiel für die Verkettung wäre etwa eine Familie, in der ein Jugendlicher zwar versucht, im Verlauf seines Heranwachsens von der Familie unabhängiger zu werden, aber emotional noch zu sehr von ihr festgehalten und nach wie vor wie ein kleines Kind behandelt wird, so daß er oder sie weiterhin von der Familie abhängig bleibt. Im Gegensatz hierzu darf in einer entfremdeten Familie der Heranwachsende tun und lassen, was er will; in Ermangelung eines liebevollen familiären Rahmens, innerhalb dessen er oder sie sich allmählich entwickeln und zu größerer Selbständigkeit finden könnte, wird der oder die Betroffene jedoch immer rebellischer oder immer weniger fähig, mit den Mitmenschen auszukommen.

In extremen Fällen untergräbt eine allzu enge familiäre Bindung die Unabhängigkeit und das Selbstvertrauen des Kindes, während eine zu lose Familienstruktur ein Gefühl der Einsamkeit und der Verunsicherung hervorruft. Mitunter können auch innerhalb ein und derselben Familie beide Verhaltensweisen auftreten. Oliver beispielsweise empfand seinen Vater immer als jemanden, der sich sehr auf Distanz zu ihm hielt und nie daran interessiert war, was er tat oder plante. Wenn Oliver mit ihm zu reden versuchte, hörte sein Vater zunächst zwar zu, um jedoch bald einen Grund zu finden, sich wieder mit irgend etwas anderem zu beschäftigen. Oliver war bei all dem nicht klar, daß es seiner Mutter ebenso erging und sie dieselbe Distanz zu ihrem Ehemann empfand wie Oliver zu seinem Vater. Infolgedessen näherten sich Oliver und seine Mutter einander immer stärker an, um den Mangel an Zuneigung von seiten des Vaters und Ehemanns zu kompensieren, und so spaltete sich im Lauf der Jahre die Familie in zwei getrennte emotionale Einheiten auf.

Die meisten Familien bewegen sich zwischen den beiden Extremen einer sehr engen Verbundenheit oder Verkettung einerseits und völliger Distanziertheit oder Entfremdung andererseits. Der Vorteil dieses Mittelwegs besteht darin, daß kein Familienmitglied zum Sündenbock erklärt und für sämtliche Probleme der Familie verantwortlich gemacht wird; statt dessen trägt jeder seinen Teil zur Dynamik des Familienlebens bei.

Es geht auch ohne Sündenbock
Wie ein gut gespieltes Spiel kann die Interaktion innerhalb einer Familie nicht nur einigermaßen funktionieren, sondern auch Spaß machen – aber nur, wenn jedes einzelne Familienmitglied respektiert und bei allen Überlegungen, Entscheidungen und Aktivitäten eingeschlossen wird und sich gleichzeitig auch selbst den anderen gegenüber fair verhält.

ÜBERPRÜFEN SIE IHRE GRENZEN

Die folgende Übung kann Ihnen helfen, die Grenzen innerhalb Ihrer eigenen Familie zu verstehen. Vielleicht möchten Sie dies sowohl auf die Familie anwenden, aus der Sie stammen (Sie selbst, Ihre Eltern und Geschwister sowie die übrigen Verwandten), als auch auf die von Ihnen gegründete Familie (Sie selbst, Ihr/e Partner/in oder Ehemann/Ehefrau, Ihre Kinder und die Verwandten Ihres Ehepartners).

Zeichnen Sie je einen Kreis für jedes Familienmitglied, und plazieren Sie die einzelnen Kreise so, wie Sie glauben, daß die Betreffenden in emotionaler Hinsicht zueinander stehen. Berücksichtigen Sie dabei beispielsweise auch, ob Sie und Ihr Partner einander vollständig überschneiden, so daß kaum mehr feststellbar ist, wo der eine anfängt und der andere aufhört, oder ob Sie einander nur teilweise überschneiden, so daß Sie klare Grenzen zueinander wahren, oder ob Sie beide gar ein deutlicher Zwischenraum trennt. Gab es Überschneidungen zwischen Ihrem Vater und Ihrer Mutter, oder bestand eher eine gewisse Distanz zwischen beiden? Wie nahe standen sie Ihnen und Ihren Geschwistern?

Mit Hilfe dieser Übung werden Sie sich der Eigendynamik und der Grenzen Ihrer familiären Beziehungen sowie eventueller Muster in Ihrem Verhältnis zu Ihren Angehörigen besser bewußt werden. Vielleicht erkennen Sie beispielsweise, daß Ihr Partner ein enges Verhältnis zum einen Kind hat, ebenso wie Sie zum anderen Kind, während die beiden Gruppen ein eher distanziertes Verhältnis zueinander haben – um dann womöglich festzustellen, daß dies genau dem Verhältnis entspricht, das Sie zu Ihren eigenen Eltern hatten.

WURZELN IN DER VERGANGENHEIT

Nicht nur Ihre äußere Ähnlichkeit mit anderen Mitgliedern Ihrer Familie geht auf frühere Generationen zurück. Auch gewisse Charakterzüge, einschließlich Ihres Verhaltens anderen Menschen gegenüber, können eine Reaktion auf die unsichtbare Gegenwart Ihrer Ahnen sein. Aus diesem Grund könnte ein Familientherapeut daran interessiert sein, ein an einen Stammbaum erinnerndes Diagramm – ein sogenanntes Geneogramm – von Ihrer Familie zu zeichnen. In diesem Bild sind meist auch ganz bestimmte wichtige Lebensereignisse enthalten, wie etwa der Tod einer Mutter bei der Geburt eines Kindes, oder auffällige Verhaltensweisen wie beispielsweise Alkoholismus im Leben der älteren Generationen. Häufig entsteht dabei ein deutlich erkennbares Schema, aus dem zum Beispiel ersichtlich wird, wie der Tod Ihrer Großeltern – auch die vorausgehende Krankheit und die darauffolgende Trauerzeit – Ihre eigenen Eltern beeinflußt hat und wie sich dieser Einfluß wiederum auf Sie auswirkte.

Das Leben früherer Generationen zu betrachten kann Ihnen helfen, Ihre eigene Beziehung zu anderen Familienmitgliedern zu verstehen. Stellen Sie sich die folgenden Fragen:
• Welches Verhältnis hatte Ihre Mutter zu ihrer eigenen Mutter, welches zu ihrem Vater?
• Hat Ihre Mutter/Ihr Vater je darüber gesprochen, wie ihr/sein Familienleben in ihrer/seiner Kindheit aussah?
• Wem stand Ihre Mutter/Ihr Vater in ihrer/seiner Familie nahe?
• In welchem Maße, glauben Sie, beruht Ihre Vorstellung von Familienleben auf der Familie, in der Sie aufgewachsen sind?
• Ist die Familie Ihrer Partnerin/Ihres Partners genauso wie Ihre oder anders?

Spuren der Vergangenheit
Familiäre Denk- und Verhaltensmuster wirken oft so nachhaltig, daß selbst kleinere Veränderungen zum Besseren anfangs eine gewisse Verunsicherung auslösen können.

Die Arbeit der Familientherapeuten

Die meisten Familientherapeuten arbeiten in einem Team, wobei sich mit jeder Familie bis zu vier oder fünf Therapeuten befassen. Die Familie selbst trifft in der Regel nur mit einem oder höchstens zweien der Therapeuten zusammen, während die übrigen sich meist hinter den Kulissen halten, den Fortgang der Therapie überwachen und sich mit ihren Kollegen beratschlagen. Dieser Aufwand ist nicht übertrieben, weil die Beziehungen innerhalb einer Familie sehr komplex sein können und deshalb mehr als eine Person erforderlich ist, um zu verstehen, was im einzelnen abläuft.

Obgleich die verschiedenen Therapeuten sehr unterschiedliche Vorgehensweisen bevorzugen, dürften die meisten zunächst einmal den Wunsch äußern, jeden Familienangehörigen einzeln zu sprechen. Die dabei greifbar werdenden emotionalen Reaktionen jedes Familienmitglieds auf alle anderen bieten dem Therapeuten eine erste Orientierung. Wenn beispielsweise Lisa über ihren Vater sagt: „Er ist nie da, und wenn er mal da ist, vergräbt er sich in seiner Zeitung", und ihre Mutter anschließend meint „Wir reden kaum mehr miteinander", merkt der Therapeut recht schnell, daß die Kommunikation zwischen den Eltern offenbar stark gestört ist, was sich unweigerlich auf die Kinder auswirkt. Falls Anzeichen von Eheproblemen erkennbar sind, schlägt der Therapeut vermutlich parallel zur Familientherapie eine Partnerschafts- oder Eheberatung vor.

Modellieren

Mit der Technik des Modellierens (*sculpting* oder *sculptering*) versuchen die Therapeuten, die familiäre Dynamik dadurch zu beeinflussen, daß sie andere Verhaltensschemata entwerfen (modellieren) als diejenigen, die der Familie vertraut sind. Zuvor muß der Therapeut allerdings gut über die Beziehungen und die Grenzen zwischen den Familienmitgliedern Bescheid wissen. Anschließend versucht er, die bestehenden Verhältnisse zu ändern, indem er die einzelnen Personen räumlich neu zueinander plaziert und sie dann auffordert, miteinander darüber zu sprechen, wie sie sich in ihren neuen Positionen fühlen. Die Art und Weise, wie wir uns körperlich zueinander verhalten, spiegelt häufig unsere seelischen Reaktionen und Gefühle wider.

Wenn der Therapeut beispielsweise merkt, daß eine Frau einen großen räumlichen Abstand zu ihrem Ehemann wahrt, schlägt er beiden vielleicht vor, sich dichter zueinander zu setzen, um sie anschließend zu fragen, welche Gefühle sie dabei empfinden. Falls die Tochter sich im allgemeinen in der Nähe ihrer Mutter aufhält, fordert der Therapeut sie möglicherweise auf, sich neben ihren Vater zu setzen und dann zu beschreiben, was sie dabei fühlt. Auf diese Weise trägt der Therapeut dazu bei, die Grenzen innerhalb der Familie zu verschieben und damit den einzelnen Familienmitgliedern neue Möglichkeiten zu eröffnen, miteinander in Beziehung zu treten. Die Auswirkungen einer solchen Umstellung können wahrhaft frappierend sein.

Lernen von anderen Familien

Manchmal treffen Therapeuten mit mehreren Familien zusammen, die alle ein ganz bestimmtes Problem gemeinsam haben oder in einer ähnlichen schwierigen Situation stecken – beispielsweise einen greisen Elternteil, einen kranken Partner oder ein behindertes Kind pflegen müssen. Ein Teil dieser Übung soll erzieherische Wirkung haben: Die einzelnen Familien erfahren, welche Auswirkungen die Pflege eines Kranken auf die Familie haben kann, und der Rest der Sitzung besteht darin, daß die Mitglieder der Gruppe einander ihre persönlichen Erfahrungen und Gefühle mitteilen – etwa, daß sie neben dem Mitleid mit dem an seiner Krankheit leidenden Menschen mitunter auch Wut oder Schuldgefühle empfinden, die innerhalb der Familie nur schwer auszudrücken sind. In einer Familie mit einem behinderten Kind, das ein besonderes Maß an Zuwendung erfordert, fühlen sich meist die übrigen Kinder vernachlässigt und reagieren deshalb verärgert oder eifersüchtig. Und vielfach hat ein Ehepartner größte Schwierigkeiten mit der Pflege einer alten Schwiegermutter oder eines kranken Schwiegervaters – Probleme, die sich auf die eheliche Beziehung niederschlagen können.

Ein Familientherapeut kann Familien, die sich in Schwierigkeiten befinden, schon dadurch große Erleichterung verschaffen, daß er es ihnen ermöglicht, ihre Gefühle in einer sicheren, neutralen Umgebung zu äußern. Dies kann für die einzelnen Mitglieder einer mit Problemen kämpfenden Familie von immensem Wert sein, weil es ihnen das Gefühl vermittelt, daß sie mit ihren Sorgen nicht allein sind, sondern auf die Unterstützung von Menschen bauen können, die echtes Verständnis für sie aufbringen.

Wie lange dauert eine Familientherapie?

Je nach Vorgehensweise arbeiten manche Therapeuten mit einer Familie nur über einen kurzen Zeitraum – etwa sechs Sitzungen – zusammen, während andere ihre Therapie auf eine längerfristige Grundlage stellen. Taucht ein Problem auf, das ein anderes Vorgehen erfordert, kann es geschehen, daß der Therapeut einem oder zwei Familienmitgliedern eine alternative Form der Hilfe empfiehlt, wie etwa eine Einzeltherapie, eine Eheberatung, eine Gruppen- oder eine Kinder-Psychotherapie. Der Zeitraum, den eine Therapie in Anspruch nimmt, kann deshalb sehr unterschiedlich ausfallen. Auf jeden Fall ist es um so besser, je mehr Familienmitglieder gemeinsam und für sich allein – also unabhängig vom Therapeuten – an ihren Problemen arbeiten. Unter Umständen erhalten die Familienmitglieder „Hausaufgaben" oder auch die Empfehlung, miteinander über das zu sprechen, was sie mit dem Therapeuten besprochen haben. In zahlreichen Fällen profitiert eine Familie viele Jahre lang von dem, was sie in einer Therapie gelernt hat.

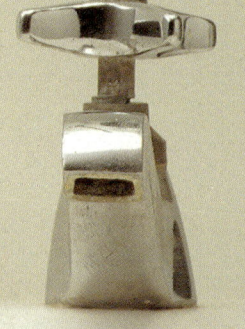

Therapien für Kinder und Jugendliche

DEN MEISTEN VON UNS fällt es schwer, sich zu erinnern, wie es war, ein kleines Kind zu sein, und deshalb verstehen wir meist auch nicht, wie das Gehirn eines Kindes funktioniert, wie es die Welt sieht oder wie es auf Schwierigkeiten im täglichen Leben reagiert. Eher schon erinnern wir uns an unsere Empfindungen als Heranwachsende: Die Ängste und Verwirrungen, unter denen wir fast alle einmal zu leiden hatten, waren zu intensiv, zu schmerzhaft oder zu demütigend, als daß wir sie so einfach vergessen könnten. Therapeuten, die mit Kindern und Jugendlichen arbeiten, sind sich der Komplexität der seelischen Entwicklung des Menschen bewußt und wissen, daß die Probleme von Kindern einerseits und Jugendlichen andererseits sehr unterschiedlicher Natur sind. Zudem sind kleine Kinder weit weniger gut in der Lage, ihre Gefühle zu verstehen, auszudrücken und darüber zu diskutieren als die Heranwachsenden dies können.

Das Seelenleben eines Kindes

In vielen Fällen ist es so, daß die Probleme eines Kindes eher einem Außenstehenden auffallen als dem Vater, der Mutter oder beiden zusammen. Dies rührt vielfach daher, daß das Eingestehen einer schmerzlichen Situation – und der Unfähigkeit, mit dieser fertig zu werden – bei manchen Eltern zu große Ängste und Schuldgefühle auslösen würde; häufig fehlt ihnen auch ganz einfach der nötige Abstand, um das jeweilige Problem klar und deutlich zu erkennen. Nicht zu übersehen sind hingegen meist die Auswirkungen des betreffenden Problems, wie Wutanfälle, Schmollen, ein verändertes Eßverhalten oder Bettnässen.

Derartige Symptome sind aus der Sicht der Fachleute gewissermaßen szenische Darstellungen von Gefühlen, die das Kind mit Worten nicht auszudrücken vermag. Manche Kinder sind zu Hause unausstehlich, während sie anderswo anstandslos gehorchen; ebensogut können sie zu Hause die reinsten Engel sein und sich nur in der Schule oder im Freundeskreis danebenbenehmen. Im letzteren Fall dauert es gewöhnlich wesentlich länger, bis die Eltern das Ausmaß des Problems erkennen und akzeptieren können.

Wenn schließlich die verzweifelten Eltern mit der Situation völlig überfordert sind, wenden sie sich meist zuerst an den Hausarzt oder Kinderarzt, der sie unter Umständen an einen Psychotherapeuten für Kinder überweist.

DIE MACHT DES SPIELS

Selbst die psychisch am schwersten gestörten Kinder wissen oft selbst nicht, was mit ihnen nicht stimmt, und diejenigen, die es wissen, sind mitunter unfähig oder haben ganz einfach Angst davor, ihre Gefühle offen auszusprechen. Um diese Schranken zu überwinden, setzen manche Kindertherapeuten gezielt das Spiel ein, um die Kommunikation zu fördern und die Wurzel des Problems offenzulegen. Um diese sogenannte Spieltherapie in Gang zu bringen, haben sie meist ein ganzes Arsenal an Spielzeug vorrätig; in manchen Fällen verfügt jedes Kind über seine eigenen Spielsachen, die der Therapeut in einer besonderen Kiste oder einer Schublade aufbewahrt. Häufig hat er einen Sandkasten mit Schäufelchen und Eimer sowie eine Anzahl Puppen und Stofftiere, Modellautos, Bauklötze, Fingerfarben und andere Malutensilien.

Der Therapeut beobachtet das Kind, während es mit den vom Kind selbst ausgewählten Spielsachen spielt; so versucht er zu verstehen, wie es die Welt und seinen eigenen Platz in dieser Welt sieht. Unter Umständen gibt der Therapeut Kommentare ab und stellt Fragen, um dem Kind nach und nach relevante Informationen zu entlocken und ihm zu helfen, Gefühle in Worte zu fassen oder mit Hilfe der entsprechenden Gegenstände oder Spielsachen auszudrücken. Eine Gruppe von Puppen beispielsweise, die im Spiel des Kindes miteinander kämpfen oder streiten, könnte auf Konflikte innerhalb der Familie hindeuten; eine einzelne Puppe wiederum, die vom Kind konsequent abseits der übrigen Puppen plaziert wird, könnte ein Anzeichen für tiefsitzende Gefühle der Einsamkeit und der Isolation sein.

Verräterische Spiele
Insbesondere in der Spieltherapie liefern Kinder häufig Hinweise auf familiäre Spannungen.

Das familiäre Umfeld
Manche Kindertherapeuten arbeiten gemeinsam mit dem Kind und seinen Eltern, während andere zunächst mehrere Sitzungen allein mit dem Kind abhalten und anschließend mit Vater und Mutter sprechen. Die Dauer der Therapie kann je nach Art des Problems sehr unterschiedlich ausfallen; eine durch äußere Faktoren hervorgerufene Krise, wie etwa der Tod eines Bruders oder einer Schwester oder eine schwere Krankheit, kann unter Umständen in wenigen Monaten oder gar Wochen aufgearbeitet werden. Tiefgreifende seelische Störungen hingegen, die fast immer auf ernsthafte familiäre Probleme zurückzuführen sind, erfordern nicht selten eine über Jahre dauernde Therapie.

Verhaltensprobleme bei kleinen Kindern entstehen nicht selten aus Spannungen zwischen den Eltern. Kinder sind extrem sensibel für die Stimmungen von Vater und Mutter; ist einer von beiden deprimiert oder gereizt, fühlt sich oft ein Kind dafür verantwortlich und entwickelt deswegen Gefühle der Schuld oder der Wut, die sich dann in destruktivem Verhalten äußern. In derartigen Fällen schlägt ein Therapeut häufig eine Partner- oder Eheberatung für die Eltern vor.

Turbulente Jugendjahre

Die Jugend ist eine schwierige Zeit gravierender Veränderungen in körperlicher, psychologischer und emotionaler Hinsicht. Wenn die Abhängigkeit der Kindheit zu Ende geht, verändern sich zuvor sehr enge Eltern-Kind-Beziehungen auf so drastische Weise, daß es zu einer für alle Beteiligten sehr emotionalen Phase kommt.

Jugendliche verspüren den unwiderstehlichen Drang, die Welt außerhalb des Familienkreises zu erkunden, ihre eigene Identität zu suchen und sich durch ihre Beziehungen zu anderen Menschen zu definieren. Die aktive Rebellion, die in dieser Phase stattfindet, ist ein Mittel der Loslösung von den Eltern mit dem Ziel, diese eigene Identität zu finden; nicht selten geschieht dies auf Kosten abrupt beendeter Freundschaften mit Gleichaltrigen, schier überwältigender Ängste und großer Hemmungen. Jugendliche hängen irgendwo zwischen der Kindheit und dem Erwachsenenalter in der Luft und können es kaum abwarten, die Fesseln von ersterer abzuschütteln, während sie verzweifelt – und manchmal in geradezu rührend-prahlerischer Art – versuchen, ihre Unsicherheit durch das äußere Erscheinungsbild des Erwachsenseins zu überspielen.

Wenn etwas schiefläuft

Die Jugendjahre sind selbst für seelisch ausgeglichene Menschen eine emotional sehr aufwühlende Zeit. Tragisch wird es, wenn Jugendliche mit all dem, was da auf sie einstürzt, nicht mehr fertig werden und in ihrer Rebellion gegen gesellschaftliche und individuelle Grenzen bis an den Rand der Selbstzerstörung gehen. Hinzu kommt, daß die entwicklungsbedingt völlig normalen Selbstzweifel und Hemmungen, die in dieser Phase auftreten, ein derartiges Ausmaß annehmen können, daß sie sich geradezu lähmend auf einen jungen Menschen auswirken, ihn in Angst versetzen und vereinsamen lassen. Ohne die Lebenserfahrung, die erforderlich ist, um zu wis-

---

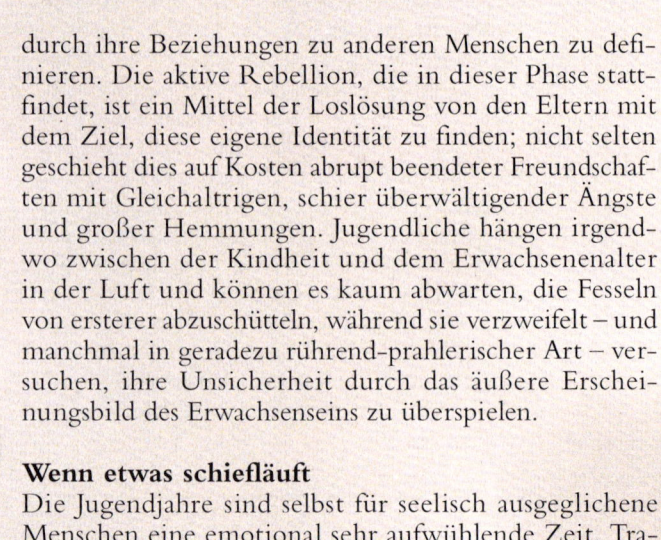

Wenn alles sich verändert
Wenn ein Kind heranreift und die Autorität der Eltern in Frage zu stellen beginnt, ist sein gesamtes Umfeld mehr oder weniger stark davon betroffen.

sen, daß Situationen sich verändern, persönliche Krisen vorübergehen und seelische Schmerzen irgendwann nachlassen, stürzt sich der Jugendliche kopfüber in unsoziales Verhalten, Drogen- oder Alkoholmißbrauch oder erleidet einen totalen seelischen Zusammenbruch.

Der Weg nach vorn

Therapeuten, die sich auf die Behandlung Jugendlicher spezialisiert haben, müssen sich oft mit äußerst komplexen und quälenden seelischen Problemen befassen, die ihre Wurzeln in der Kindheit ihrer Klienten haben. Häufig jedoch benötigen Jugendliche Hilfe in ganz bestimmten Lebensbereichen, und ihre seelischen Schmerzen und Schuldgefühle werden durch ihre emotionale Abhängigkeit noch komplizierter. Vielfach fürchten sie auch, daß sich ihre Situation niemals ändern wird.

In einer solchen Situation befand sich der 17jährige Mark, als er voller Verwirrung feststellen mußte, daß er homosexuell war und große Angst davor hatte, dies seinen Eltern zu gestehen. Er fürchtete, daß sie schockiert und enttäuscht reagieren würden, doch sein Bedürfnis, sich seiner Veranlagung zu stellen, beschwor schwerste innere Konflikte in ihm herauf. Ein erfahrener Therapeut half Mark dabei, sein angekratztes Selbstwertgefühl wieder aufzupolieren und den Entschluß zu fassen, seinen Eltern die Wahrheit zu sagen. Diese hatten, wie es oft der Fall ist, schon seit längerem einen entsprechenden Verdacht gehegt, aber das Thema ganz bewußt nicht angesprochen, weil sie hofften, er würde sich ihnen anvertrauen, sobald er den Mut dazu fände – was er schließlich auch schaffte. Erst die Tatsache, daß mit Hilfe des Therapeuten alles ans Licht kam, ermöglichte es den einzelnen Familienmitgliedern, offen über ihre Sorgen zu sprechen, und die Eltern versicherten Mark, daß sich an ihrer Liebe zu ihm nichts ändern werde.

Welche Möglichkeiten gibt es?

Während Kinder nur selten in Gruppen therapiert werden, kommt diese Option für Jugendliche sehr wohl in Frage, wenn ihre Ängste bezüglich der Erwartungen ihrer Altersgenossen und der Gesellschaft überhand nehmen. In dieser Altersgruppe können Art und Länge der Therapie je nach der Problemstellung, dem Therapeuten und den Kosten (falls diese nicht von der Krankenkasse übernommen werden) sehr unterschiedlich ausfallen. Vor allem aber sollte jeder, der mit den betroffenen Jugendlichen umzugehen hat, sich eines klarmachen – nämlich daß Heranwachsende sich nicht mehr als Kinder sehen und folglich mit dem gleichen Respekt behandelt werden möchten wie Erwachsene.

HILFE IN SCHWIERIGER ZEIT

Jugendliche setzen sich nicht selten gegen jegliche Form der Therapie zur Wehr und weigern sich, mit dem vermeintlichen „Feind" zusammenzuarbeiten und seine Hilfe anzunehmen. Dies gilt unabhängig davon, ob der betreffende Jugendliche von seinen Eltern, auf den Rat eines Lehrers hin oder – wie es mitunter bei kriminellem Verhalten vorkommen kann – durch den Spruch eines Richters zum Therapeuten geschickt wurde.

Therapeuten, die es mit Jugendlichen zu tun haben, wissen aus Erfahrung, daß diese oft zu spät kommen, Sitzungen ausfallen lassen oder sich provozierend schlecht benehmen; für verängstigte, einsame Jugendliche jedoch bietet eine sichere, von Verurteilungen freie Atmosphäre häufig eine willkommene Gelegenheit, all die Probleme, Ängste und Zweifel loszuwerden, die sie in Gegenwart von Eltern und Freunden nicht anzusprechen wagen. Jugendliche, denen es nicht gelingt, konstruktiv mit diesen Schwierigkeiten umzugehen, schleppen oft eine Reihe ungelöster Probleme ins Erwachsenenalter hinüber; häufig führt dies beispielsweise zu unbefriedigenden sexuellen Beziehungen oder zur Unfähigkeit, von einem oder beiden Elternteilen loszulassen. Die Ergebnisse von Therapien sind jedoch häufig ganz bemerkenswert, denn solche Therapien stellen nicht selten eine Rettungsleine dar, die in einer äußerst verwirrenden Zeit Hoffnung gibt.

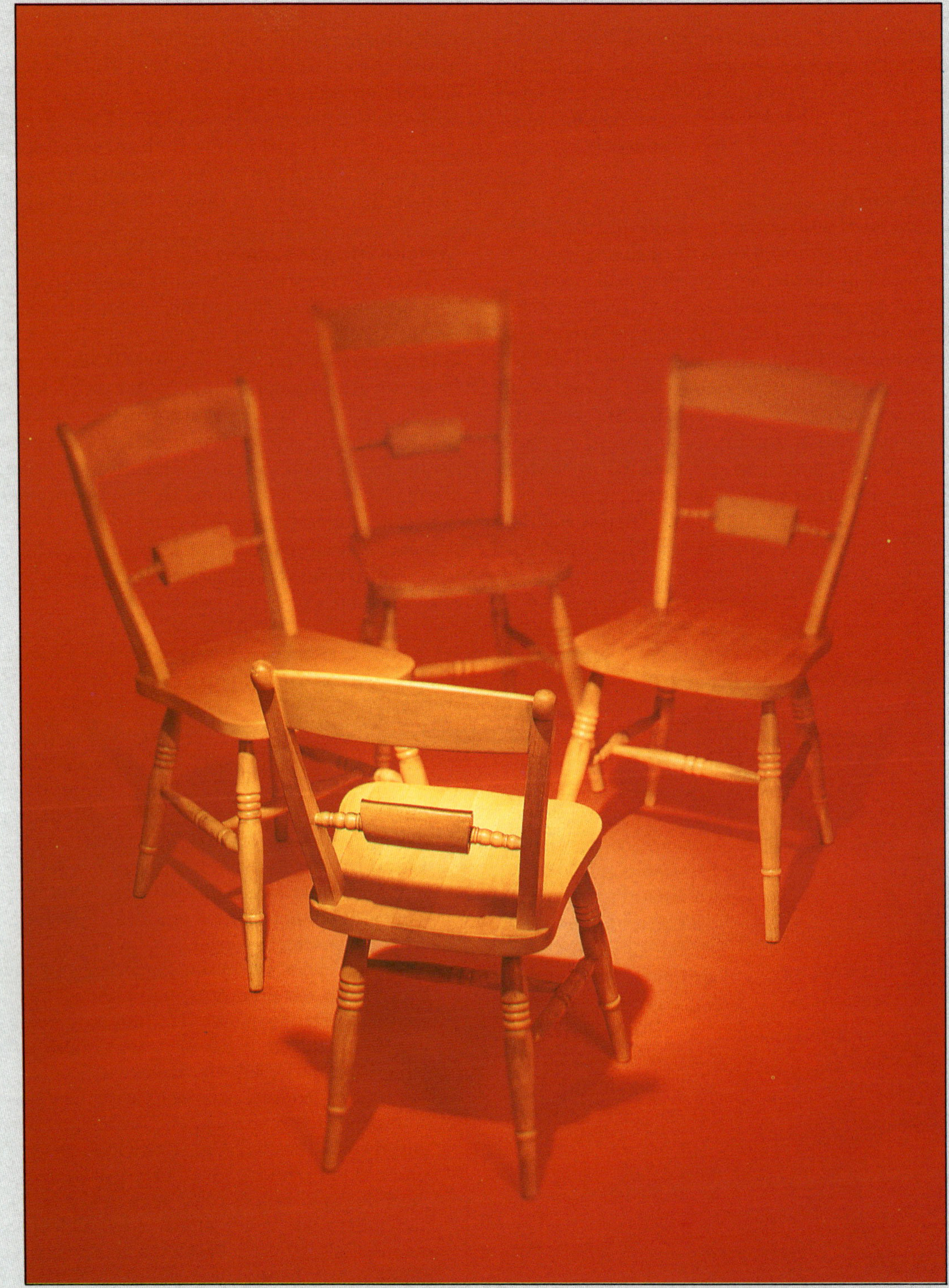

KAPITEL DREI

GRUPPENARBEIT

WENN SIE THERAPEUTISCHE HILFE SUCHEN, kann die Entscheidung schwer sein, ob in Ihrem Fall eine Einzel- oder eine Gruppentherapie geeigneter wäre. Wie bei der Einzelgibt es auch bei der Gruppentherapie viele verschiedene therapeutische Richtungen sowie sehr unterschiedliche Gruppen. Je mehr Informationen Sie haben, desto größer werden Ihre Chancen, die richtige Wahl zu treffen.

Eine Gruppentherapie ist für manche Menschen wertvoller und wirksamer als für andere. Aus diesem Grund beginnt das vorliegende Kapitel auch mit dem Fragebogen „Wäre eine Gruppentherapie das Richtige?" (S. 68–69). Wenn Sie Ihr persönliches Temperament, Ihre bisherigen Erfahrungen mit verschiedenen Arten von Gruppen sowie Ihre Reaktion auf die Zusammenarbeit mit anderen Menschen berücksichtigen, werden Sie eher beurteilen können, wie hoch die Wahrscheinlichkeit ist, daß Sie von dieser Art von Therapie profitieren werden.

Als nächstes soll darauf eingegangen werden, was genau in diesen Gruppen geschieht. Der Abschnitt „Gruppentherapie" (S. 70–73) beschreibt alle wesentlichen Arten von Gruppentherapien sowie einige der Prozesse, die in einer solchen Therapiegruppe ablaufen. Neben allgemeineren Gruppen gibt es auch solche, die sich jeweils mit einem ganz bestimmten Problem befassen, und so kommt es zunächst vor allem darauf an, die richtige Gruppe für Sie zu finden.

Die Behandlung von Suchtkrankheiten geschieht häufig zumindest teilweise in Gruppenarbeit, und mittlerweile stimmen die Fachleute weitestgehend darin überein, daß zu jeder derartigen Behandlung irgendeine Variante von Gruppenarbeit gehört. Das Zwölf-Schritte-Programm beispielsweise ist ein zentraler Bestandteil vieler Gruppen, die sich speziell mit verschiedenen Formen der Abhängigkeit befassen, insbesondere von Gruppen wie den Anonymen Alkoholikern. In dem Abschnitt, der sich mit der Behandlung von Suchtkrankheiten befaßt (S. 74–77), können Sie sich darüber informieren, ob auch Sie von dieser Methode profitieren würden.

Nicht alle Gruppen sind jedoch Therapiegruppen. Zahlreiche Menschen haben praktische oder emotionale Probleme, über die sie mit anderen Personen reden möchten, ohne weitere Bereiche ihres Lebens zu analysieren. In der Darstellung von Selbsthilfe- und Unterstützungsgruppen (S. 78–79) ist beschrieben, wie dies abläuft, damit Sie sich eine Vorstellung machen können, ob die Teilnahme sinnvoll für Sie wäre. Bestimmte Themen mit Angehörigen des eigenen Geschlechts durchzusprechen kann für manche Menschen, die an ihrer persönlichen Weiterentwicklung arbeiten, sehr wichtig sein. Die Abschnitte „Frauengruppen" (S. 80–81) und „Männergruppen" (S. 82–83) befassen sich deshalb speziell mit den Vorteilen geschlechtsspezifischer Unterstützungsgruppen.

Wenn Sie den Entschluß gefaßt haben, einer Gruppe beizutreten, geht es als nächstes darum, die passende zu finden. Lesen Sie auf den Seiten 84–85, wie Sie an diese Aufgabe herangehen können. Falls es in Ihrer näheren Umgebung keine für Sie geeignete Gruppe gibt, bleibt Ihnen immer noch die Möglichkeit, selbst eine solche zu gründen. Sollten Sie sich dafür entscheiden, finden Sie in diesem Kapitel wertvolle Tips, die Ihnen helfen sollen sicherzustellen, daß Ihre Gruppe auch möglichst reibungslos funktioniert.

DIE ZUSAMMENARBEIT MIT ANDEREN, SEI ES IN EINER THERAPIE-
ODER EINER SELBSTHILFEGRUPPE, BRINGT UNTERSTÜTZUNG UND
HILFT IHNEN, PROBLEME AUS EINER NEUEN PERSPEKTIVE ZU SEHEN.

WÄRE EINE GRUPPENTHERAPIE DAS RICHTIGE?

NOCH IMMER WEIT VERBREITET ist das Mißverständnis, daß eine Gruppentherapie gegenüber einer Einzeltherapie grundsätzlich unterlegen sei. In Wirklichkeit haben beide ihre Vorteile. Ebenso wie bei der Einzeltherapie gibt es auch bei der Gruppentherapie viele verschiedene Spielarten; manche Gruppen zielen beispielsweise darauf ab, bei ganz spezifischen Problemen oder in ganz bestimmten Situationen – etwa bei Drogen- oder Alkoholabhängigkeit – seelische Unterstützung zu geben, während andere eine tiefergreifende, intensivere Arbeit bevorzugen, bei der zuweilen auch auf Techniken des Psychodramas (S. 96–97) oder auf Rollenspiele (S. 40–41) zurückgegriffen wird. Eine Gruppentherapie kann zur Behandlung mancher Verhaltensweisen sogar geeigneter sein als eine Einzeltherapie; dies ist etwa beim Selbstbehauptungstraining der Fall. Zudem spricht nichts dagegen, beide Möglichkeiten auszuprobieren, wenngleich mancher Therapeut Ihnen wahrscheinlich abraten würde, beides gleichzeitig zu tun. Um herauszufinden, ob eine Gruppentherapie für Sie das Richtige sein könnte, sollten Sie den folgenden Fragebogen bearbeiten. Wählen Sie diejenigen Aussagen, die am ehesten Ihren Ansichten entsprechen. Zählen Sie danach Ihre **a**-, **b**- und **c**-Antworten zusammen, und schlagen Sie die Kommentare und Analysen auf der Seite 139 auf.

1. Wie würden Sie spontan auf den Vorschlag reagieren, an einer Gruppentherapie teilzunehmen?
a) Das ist nichts für mich – ich finde Gruppenarbeit problematisch.
b) Ich bin mir da nicht sicher; all die verschiedenen Arten von Therapien verunsichern mich ein wenig.
c) Ich habe zwar keine Ahnung, wie das abläuft, aber gegen einen Versuch hätte ich nichts einzuwenden.

2. Haben Sie jemals irgendeine Therapie gemacht?
a) Nur sehr wenig, und das hat mir nicht weitergeholfen.
b) Eine psychologische Beratung, die ich ganz nützlich fand.
c) Ich hatte noch nie eine Therapie oder psychologische Beratung, aber ich würde es gern mal versuchen.

3. Wie fühlen Sie sich ganz grundsätzlich innerhalb einer Gruppe von Menschen?
a) Ich fühle mich sehr unwohl und unsicher.
b) Mitunter bin ich etwas nervös, aber damit werde ich fertig.
c) Im allgemeinen fühle ich mich ganz wohl.

4. Wenn Sie mit einer Gruppe von Fremden konfrontiert werden, sind Sie dann
a) Übernervös und völlig verunsichert?
b) Etwas unsicher, aber nach einer gewissen Zeit entspannter?
c) Neugierig und interessiert?

5. Wie würden Sie Ihre Rolle innerhalb einer Gruppe charakterisieren?
a) Der Leitwolf.
b) Ein passives Mitglied.
c) Ein aktives Mitglied.

6. Sind Sie, wenn Sie mit anderen Menschen zusammenkommen,
a) Meist zurückhaltend und reserviert?
b) Vorsichtig, aber durchaus gewillt, an der Konversation teilzunehmen?
c) Fähig, schnell und leicht aus sich herauszugehen?

7. Finden Sie, daß Ihre Eltern sich in Ihrer Kindheit ausreichend um Sie gekümmert haben?
a) Nein.
b) Manchmal.
c) Ein Elternteil deutlich mehr als der andere.

8. Gehören Sie zu den Menschen, die
a) Sich gern sagen lassen, wie sie sich verhalten sollen oder was sie zu tun haben?
b) Am liebsten ihre eigenen Regeln aufstellen?
c) Sich mit wenigen oder ganz ohne Vorschriften am wohlsten fühlen?

9. Sind Sie fähig, gegenüber anderen Ihre Gefühle – von Zuneigung über Ungehaltenheit bis hin zu Wut – auszudrücken?
a) Nein, überhaupt nicht.
b) Das kommt ganz auf die Umstände an.
c) Ja, problemlos.

10. Sind Sie
a) Anderen gegenüber kritisch und fordernd?
b) Sich selbst gegenüber kritisch und fordernd?
c) Im allgemeinen recht tolerant?

11. Wenn Sie auf jemanden wütend sind,
a) Gehen Sie dann sofort an die Decke?
b) Lassen Sie sich Ihre Verärgerung nicht anmerken?
c) Lassen Sie Ihre Wut teilweise heraus?

12. Was halten Sie von der Vorstellung, sich längerfristig auf etwas festzulegen?
a) Der Gedanke, sich längerfristig auf etwas festzulegen, behagt Ihnen gar nicht.
b) Sie möchten sich eigentlich gar nicht festlegen, werden es aber schließlich doch tun.
c) Sie würden sich längerfristig festlegen, weil Sie ein entschiedenes Engagement vorziehen.

13. Was halten Sie für das Wichtigste im Leben?
a) Erfolg.
b) Glücklich zu sein.
c) Selbsterkenntnis.

14. Sind Ihre Beziehungen meist
a) Eher distanziert und relativ kurz?
b) Nur zu wenigen Leuten einigermaßen eng?
c) Längerfristiger Natur mit zahlreichen wirklich guten Freunden und Bekannten?

15. Wie reagieren Sie auf andere Menschen, wenn diese Sie in ihre Probleme einweihen?
a) Ich rate ihnen, an jeder Sache das Positive zu sehen.
b) Ich fühle mich völlig hilflos.
c) Ich höre zu und helfe, so gut es geht, auch wenn ich glaube, daß die Leute letztlich selbst damit fertig werden müssen.

16. Wie kommen Sie mit Ihren eigenen Problemen klar?
a) Ich versuche, nicht zuviel darüber nachzudenken.
b) Ich finde meist Mittel und Wege, mich abzulenken oder aufzumuntern.
c) Ich bitte gewöhnlich andere um Hilfe.

17. Welche Aussage kommt Ihrer Lebensphilosophie am nächsten?
a) Erwarte vom Leben nicht zuviel, dann wirst Du auch nicht enttäuscht.
b) Freu Dich über das, was Du hast, statt immer nur über das zu jammern, was Dir fehlt.
c) Das Leben steckt voller Veränderungen, und wer nicht wagt, der nicht gewinnt.

Gruppendynamik
In jeder Gruppe werden Sie früher oder später erkennen, wie Sie auf andere und wie andere auf Sie reagieren und wie Sie vertrauensvolle Beziehungen aufbauen können.

GRUPPENTHERAPIE

SCHON DIE VORSTELLUNG einer Gruppentherapie ist aus der Sicht vieler Menschen furchteinflößend oder völlig abwegig: „Kommt gar nicht in Frage! Ich kann Gruppen nicht ausstehen!" „Ich würde dabei nicht die Aufmerksamkeit bekommen, die ich brauche." „Das Allerletzte, was ich brauchen kann, ist, mir auch noch die Probleme der anderen anhören zu müssen". „Ich hätte viel zuviel Angst, vor anderen Leuten einen seelischen Striptease aufzuführen." Diese Vorbehalte sind jedoch unbegründet; Teil einer Gruppe zu sein kann in Wirklichkeit ein ungeheuer lohnendes Erlebnis werden.

Familiäre Einflüsse

Ihre Erfahrungen mit Gruppen fangen bei Ihrer Familie an; ob Ihre Familie Ihnen ein liebevolles Umfeld bieten konnte oder Sie als Kind enttäuscht und unglücklich gemacht hat, wird nicht nur Ihre engen Beziehungen beeinflussen, sondern auch die Art und Weise, wie Sie sich in einer Gruppe anderen gegenüber verhalten. Wenn Sie sich in Ihrer Familie beispielsweise häufig übergangen oder mißachtet gefühlt haben, könnten Sie unter der Furcht leiden, aus einer Gruppe ausgeschlossen zu sein. Für viele Menschen jedoch bietet eine Gruppe gewissermaßen eine neue Erfahrung von „Familienleben"; die einzelnen Gruppenmitglieder können offen sagen, was sie denken, und erleben dabei gleichzeitig ein Gefühl der Zugehörigkeit zu einer Einheit, die ihnen Schutz und Hilfe bietet.

Wie eine Gruppentherapie funktioniert

Was uns schadet, das kann uns auch heilen: Falls Ihr früheres Familienleben von gegenseitigen Verletzungen und Lieblosigkeit geprägt war und falls es Ihnen jetzt in Ihrem Leben als Erwachsener Probleme bereitet, kann Ihnen womöglich eine andere, positivere Erfahrung mit einer neuen „Familie" dabei helfen, dieses Problem zu überwinden und alte Wunden zu schließen. Teil einer Gruppe zu sein, in der jedes Mitglied an seiner Genesung und an der Genesung der anderen arbeitet, wird Sie darin bestärken, Ihre eigenen schmerzhaften oder verdrängten Gefühle zu erforschen und zum Ausdruck zu bringen. Wenn die Mitglieder einer Gruppe ihre ganze Aufmerksamkeit einem bestimmten Thema zuwenden, indem sie beispielsweise einen Teilnehmer dabei unterstützen, ein schmerzhaftes Problem zu lösen, entwickelt sich die positive Gruppenenergie zu einem sehr effektiven Katalysator, der den Prozeß der Veränderung und der emotionalen Heilung beschleunigt.

Gruppendynamik

Jedes Mitglied einer Gruppe beeinflußt jedes andere und wird von jedem anderen beeinflußt. Bestimmte Schulen der Gruppentherapie vergleichen die Gruppe mit einem Individuum, wobei jedes Mitglied eine Komponente von dessen Persönlichkeit repräsentiert, wie beispielsweise den wütenden oder den bedürftigen Teilaspekt; die Konflikte, welche zwischen

GRUPPENARBEIT / GRUPPENTHERAPIE

Sehen Sie genau hin
Eine Gruppentherapie hilft Ihnen, die Außenwelt objektiver zu sehen und Ihre eigenen Verhaltensweisen, Gedanken und Gefühle wie auch die Ihrer Mitmenschen genauer unter die Lupe zu nehmen.

DAS LEBEN DER GRUPPE

Wie Individuen und Familien durchlaufen auch Gruppen verschiedene Phasen der Entwicklung. Die ersten Sitzungen dienen meist dazu, sich an die anderen Gruppenmitglieder zu gewöhnen. In jeder Gruppe tendieren die Mitglieder dazu, Fremde zunächst in bestimmte Kategorien einzuteilen, um mit der Neuheit und Ungewißheit der Situation fertig zu werden. Vielleicht fällt Ihnen selbst auf, daß Sie andere Gruppenmitglieder dahingehend beurteilen, inwiefern sie Aspekte Ihrer eigenen Persönlichkeit widerspiegeln (dieser Mensch ist wie ich, wir haben ein gemeinsames Problem; jener irritiert mich, weil er mich an eigene Charakterzüge erinnert, die mir nicht gefallen; der dritte ist mir ein Rätsel, und so fort). In ähnlicher Weise beurteilt jedes Mitglied auch den Gruppenleiter, seine Art, mit der Gruppe umzugehen und sie zu führen sowie den Grad an Aufmerksamkeit, den er jedem einzelnen Mitglied zukommen läßt.

Die mittlere Phase
Über einen Zeitraum von mehreren Wochen wird womöglich viel darüber diskutiert, was außerhalb der Gruppe abläuft; gleichzeitig jedoch wird eine Grundlage gelegt, die es den einzelnen Mitgliedern ermöglicht, vertraulicher miteinander zu reden und offener über ihre Gefühle zu sprechen. In dieser Phase bilden sich zaghafte erste Bündnisse heraus, die in der Folgezeit je nachdem, was in der Gruppe geschieht, wieder auseinanderbrechen oder sich verschieben können.

Abschied von der Gruppe
Obwohl sich mittlerweile enge Beziehungen herausgebildet haben, beginnen sich in dieser Phase jene Mitglieder, die sich bereit fühlen, die Gruppe zu verlassen, allmählich von der Gruppe zu lösen und an Unabhängigkeit zu gewinnen. Dabei kann es zu schweren Konflikten kommen, die unter Umständen in Vorwürfen der Illoyalität oder gar des Verrats gipfeln. Das Verarbeiten solcher Trennungen kann zwar sehr schmerzlich sein, ist jedoch ein ganz entscheidender Bestandteil der Gruppenerfahrung. Auch die Fähigkeit, sich voneinander zu verabschieden, eine Trennung zu akzeptieren und diese gemeinsam zu betrauern, kann die persönliche Weiterentwicklung vorantreiben.

einzelnen Gruppenteilnehmern aufbrechen, werden somit als Konflikte innerhalb der gesamten „Person" betrachtet.

Eine weitere Theorie besagt, daß einzelne Mitglieder manchmal unbewußt die unterdrückten Gefühle oder Absichten der gesamten Gruppe zum Ausdruck bringen. So gibt es beispielsweise in Gruppen häufig einen Sündenbock, den man für alles verantwortlich macht, was schiefläuft. Dieser Sündenbock ermöglicht es der Gruppe, gar nicht erst nach anderen möglichen Gründen für die entstandene Disharmonie zu fragen; vielleicht haben ein oder zwei Teilnehmer etwas zu verbergen und möchten deshalb Unfrieden säen, um die Gruppe dominieren zu können. Oder da ist jemand in einer ansonsten eher von schüchternen Leuten durchsetzten Gruppe, der durch sein herausforderndes Verhalten auffällt; diese Person könnte als diejenige verstanden werden, welche die Verärgerung von Gruppenmitgliedern zum Ausdruck bringt, die sich nicht erlauben können oder wollen, das auszudrücken, was sie für ein inakzeptables Gefühl halten. Da die unterschwellige Wut dieser Gruppenmitglieder von ihnen selbst gewissermaßen als „außerhalb" ihrer eigenen Persönlichkeit liegend empfunden wird, ermöglicht sie ihnen, den Störenfried der Gruppe zu beschuldigen oder zu kritisieren und sich selbst gleichzeitig von jeglichen Schuldgefühlen reinzuwaschen. Indem wir lernen, derartige Rollenverteilungen innerhalb einer Gruppe zu durchschauen, erhalten wir wertvolle Einblicke in die Art und Weise, wie wir im täglichen Leben und in unseren Alltagsbeziehungen miteinander umgehen.

Die verschiedenen Arten von Gruppen

Was in einer Gruppe abläuft, hängt zu einem großen Teil von der Art der Gruppe ab. Sie sollten sich einigermaßen darüber im klaren sein, was Sie sich von einer Gruppentherapie erwarten, bevor Sie beispielsweise mit dem Gruppenleiter sprechen, um herauszufinden, welchem Gruppentyp Sie sich möglicherweise anschließen werden. Ist die Gruppe beispielsweise offen, so daß jederzeit neue Mitglieder hinzukommen können, oder ist sie eine geschlossene Einheit, die ausschließlich aus den ursprünglichen Mitgliedern besteht? Wird man Sie zu Übungen anleiten, an denen Sie individuell zwischen den einzelnen Sitzungen arbeiten können? Manche Gruppen bestehen unbegrenzt lang, während die Existenz anderer auf einen von vornherein festgelegten Zeitraum beschränkt ist.

Psychodynamische Gruppen

Einige Gruppen beziehen sich in ihrer Vorgehensweise auf psychoanalytische oder psychodynamische Anschauungen und versuchen somit, tiefere Bedeutungsebenen und unbewußte Bereiche der Psyche entsprechend einer bestimmten theoretischen Schule zu ergründen und zu interpretieren. Dabei spielt die emotionale Vergangenheit der einzelnen Gruppenmitglieder eine wichtige Rolle, insbesondere deren Beziehungen innerhalb ihrer Familie und zu ihren Eltern. Dieser Gruppentyp ist vor allem für Menschen geeignet, die versuchen, komplexere Beziehungsprobleme zu lösen. In einigen Gruppen wird der Gruppenleiter (es können auch mehrere sein) selbst nur sehr selten das Wort ergreifen, und wenn, dann nur, um die Eigendynamik der Gruppe anzukurbeln; in anderen Gruppen hingegen kann der Gruppenleiter sich massiv einmischen, selbst als Mitglied der Gruppe an der Therapie teilnehmen oder durchstrukturierte Übungen, psychologische Beratung oder Vorschläge anbieten.

Selbsthilfegruppen

Diese Gruppen konzentrieren sich im allgemeinen auf ein spezifisches Problem wie Eßstörungen oder mangelndes Durchsetzungsvermögen oder auch auf Bereiche, die nur ganz bestimmte Personenkreise betreffen, wie dies etwa bei speziellen Frauen- oder Männergruppen der Fall ist. Falls Sie nicht das Bedürfnis oder die Notwendigkeit verspüren, tief in Ihre emotionale Vergangenheit einzutauchen, sondern statt dessen Ihre Sorgen bezüglich eines ganz bestimmten Problems, eines Ereignisses aus jüngster Zeit oder einer tiefgreifenden Veränderung in Ihrem Leben bewältigen möchten, kann Ihnen eine entsprechende Gruppe wertvolle Unterstützung bieten und Ihnen das deprimierende Gefühl nehmen, mit Ihrem Problem ganz allein zu sein (siehe auch „Selbsthilfe- und Unterstützungsgruppen" auf den Seiten 78–79, „Frauengruppen" auf den Seiten 80–81 und „Männergruppen" auf den Seiten 82–83).

Vorteile der Gruppenarbeit

Obgleich die einzelnen Gruppen sich in ihren Zielsetzungen und Methoden, in der Dauer der Therapie und ihren theoretischen Grundlagen stark voneinander unterscheiden, ähnelt sich doch die Art und Weise, in der sie den Teilnehmern helfen, ihre Probleme zu bewältigen. Wie könnten auch Sie von einer solchen Therapie profitieren?

• Sie fühlen sich nicht länger mit Ihrem Problem allein, weil Sie sich nun an andere Menschen wenden können, die aus eigener Erfahrung verstehen, was Sie durchmachen.
• Ihre Selbstachtung steigt, während Sie sich selbst in die Gruppe einbringen und von dieser akzeptiert werden.
• Dadurch, daß Sie die Erfahrungen anderer Menschen kennenlernen, fällt es Ihnen leichter, Ihr eigenes Leben objektiver zu sehen und Ihre Probleme mit mehr Abstand und einem höheren Maß an Selbsterkenntnis anzupacken.
• Sie fühlen sich enger mit anderen verbunden; Sie vertiefen Ihr Verhältnis zu den anderen Gruppenmitgliedern, indem Sie ihnen zuhören und ihre Probleme teilen, was auch ganz allgemein für Ihre zwischenmenschlichen Beziehungen außerhalb der Gruppe von Vorteil sein kann.

• Im sicheren, Hilfe und seelische Unterstützung bietenden Umfeld der Gruppe steigen Ihre Chancen, neue Verhaltensweisen einzuüben und somit etwas für Ihre persönliche Weiterentwicklung zu tun.

Petras Geschichte

Während es vielen Menschen schwerfällt, ihre Verärgerung und Wut zum Ausdruck zu bringen, wurde sich Petra, die immer glaubte, diese Gefühle gut vor ihren Mitmenschen verbergen zu können, eines Tages bewußt, daß sie sie in Wirklichkeit auf indirekte und recht destruktive Weise an ihrem Partner, ihren Kindern und oft auch an sich selbst ausließ. Daraufhin schloß sie sich einer Therapiegruppe an, der unter anderem auch zwei Männer angehörten, die oft und heftig miteinander stritten. Irgendwann brachte Petra endlich den Mut auf, den anderen zu sagen, wie erschreckend sie deren zornigen Umgang miteinander empfand, worauf der Therapeut sie fragte, ob es in der Gruppe jemanden gebe, der sie besonders ärgerte. Petra gestand, manchmal sehr wütend auf den Therapeuten selbst zu sein, bei dem sie das Gefühl habe, daß er sie langweilig und uninteressant finde.

Im Lauf der Zeit lernte Petra allmählich, ihre Gefühle direkt auszudrücken. Sie hatte zwar zunächst große Angst davor, weil sie nicht wußte, wie die anderen Mitglieder der Gruppe darauf reagieren würden, doch schon bald merkte sie, daß sowohl die anderen als auch sie selbst ihre Unmutsäußerungen durchaus überlebten. Sie erinnerte sich auch daran, wie wütend sie als Kind immer gewesen war, als ihre Eltern sie aus ihren Gesprächen ausgeschlossen hatten, und wie sehr sie sich gefürchtet hatte, wenn ihre Eltern miteinander stritten; nach und nach wurde ihr klar, daß sie ihre eigene Wut darüber, von den Erwachsenen ausgeschlossen zu werden, unbewußt mit ihrer Angst vor den lautstarken Streitereien ihrer Eltern in Zusammenhang gebracht hatte. Diese Erkenntnis ermöglichte es Petra, fortan ihre Gefühle ihrem Partner gegenüber direkter auszudrücken, der sie nun besser verstand. Zudem fürchtete sie sich weniger, wenn andere ihre Wut herausließen; als sich die beiden Streithähne in der Gruppe wieder in die Haare gerieten, konnte sie zuhören, ohne Angst zu empfinden.

Grenzenlose Vielfalt
Therapiegruppen entstehen aus den verschiedensten Motiven heraus; falls Sie keine Gruppe finden, die Ihnen zusagt, können Sie selbst eine gründen!

WELCHE GRUPPE EIGNET SICH FÜR SIE?

Die folgenden Richtlinien dürften Ihnen helfen zu entscheiden, welche Art von Gruppe am ehesten auf Ihre Bedürfnisse zugeschnitten sein könnte.

• **Sie möchten gern besser verstehen, warum Sie so sind, wie Sie sind,** und im Rahmen einer Gruppe herausfinden, wie die Vergangenheit sich auf Ihr heutiges Leben und Ihre gegenwärtigen zwischenmenschlichen Beziehungen auswirkt; Sie glauben zudem, daß es Ihnen schwerfällt, anderen Menschen gegenüber Ihre Gefühle zu äußern. *Versuchen Sie es mit einer psychoanalytischen oder psychodynamischen Gruppentherapie.*

• **Sie suchen eine Gruppe, die Ihnen seelische Unterstützung und Ermutigung bietet** sowie Ihr Selbstvertrauen und Ihr Selbstwertgefühl stärkt. *Treten Sie einer Unterstützungs- oder Selbsthilfegruppe bei (siehe die Seiten 78–79).*

• **Sie suchen eine Gruppe, die sich auf die Weiterentwicklung zwischenmenschlicher Fähigkeiten konzentriert,** wie etwa auf die Überwindung von Schüchternheit, die Stärkung der eigenen Durchsetzungsfähigkeit oder den Aufbau eines verständnisvolleren und entspannteren Verhältnisses zum anderen Geschlecht. *Suchen Sie sich eine Gruppe mit einer auf Ihre Bedürfnisse zugeschnittenen Ausrichtung, beispielsweise im Programmheft Ihrer Volkshochschule.*

• **Ihnen gefällt die Vorstellung, etwas Kreatives zu tun,** um Ihre Ausdrucksfähigkeit weiterzuentwickeln. *Versuchen Sie es mit einer Kunst- oder einer Dramatischen Therapie im Rahmen einer Gruppe (siehe die Seiten 96–99).*

Die Behandlung von Suchtkrankheiten

EINE JEDE SUCHT ist mit einem schweren Stigma belastet, und schon die bloße Möglichkeit, als „Süchtiger" gebrandmarkt zu werden, wirkt auf viele so beängstigend, daß sie davor zurückschrecken, diese Bezeichnung auf sich selbst zu beziehen. Die Weigerung, sich eine Abhängigkeit einzugestehen, führt jedoch häufig dazu, daß die Betroffenen unfähig werden, sich von selbstschädigenden Verhaltensweisen zu lösen. Es ist nur allzuleicht, Suchtverhalten auf die eine oder andere Weise zu rechtfertigen – „Ich trinke nur aus Geselligkeit", „Ich bin nicht süchtig; es macht mir einfach Spaß, zu trinken/Drogen zu nehmen/zu rauchen", „Es tut mir gut, täglich mehrere Stunden im Fitness-Center zu trainieren", „Ich könnte jederzeit damit aufhören". Es ist jedoch sehr wichtig, daß man sich eingesteht, wenn ein sich ständig wiederholendes Verhalten zwanghaft wird und sich snegativ auf das eigene Leben auswirkt – mit anderen Worten, wenn es zu einer Sucht wird. Das Erkennen des Problems, wozu ein hohes Maß an Ehrlichkeit gehört, sowie der Entschluß, sich helfen zu lassen, sind die unverzichtbaren ersten Schritte zur Genesung und zur Wiedererlangung der eigenen inneren Freiheit.

Auch wenn eine Einzeltherapie bei der Behandlung von Suchtkrankheiten durchaus hilfreich sein kann, stimmen viele Psychiater und andere Fachleute darin überein, daß zu den effektivsten Behandlungsmethoden immer irgendeine Form von Gruppenarbeit gehört. Eine psychische Abhängigkeit kann so starke Gefühle der Scham, der eigenen Unzulänglichkeit und der Einsamkeit nach sich ziehen, daß ein Gedankenaustausch mit anderen, die das gleiche Problem haben und es deshalb verstehen, von unschätzbarem Wert sein kann.

Was bedeutet Sucht?

Ab wann wird übermäßiger Konsum von Suchtmitteln oder ein gelegentlicher Ausfall der eigenen Selbstdisziplin zu einem chronischen destruktiven Verhalten? Wo soll man die Grenze ziehen zwischen Trinken aus Geselligkeit und Alkoholismus, oder auch zwischen dem Gebrauch von Drogen „zur Entspannung" und Drogenmißbrauch oder -abhängigkeit?

Für jemanden, der zu Suchtverhalten neigt, werden chemische „Krücken" wie Drogen, Medikamente oder Alkohol ebenso wie Verhaltensweisen, die einst lediglich eine angenehme Abwechslung darstellten oder ein Hochgefühl erzeugten, schon bald unverzichtbar. Es ist ganz typisch für Suchtkarrieren, daß die ursprünglich stimulierende Wirkung irgendwann nachläßt und nicht mehr genügend Freude und Erleichterung bringt, so daß der Süchtige immer mehr tun muß, um das erwünschte Ergebnis zu erzielen. Ist jemand erst einmal an diesem Punkt angelangt, geht die Fähigkeit zur Selbstkontrolle verloren; bald genügt die gewohnte Dosis nicht mehr, und die Sucht mit übermäßiger Abhängigkeit und unkontrollierbarem Begehren beginnt.

Wir Menschen können von den unterschiedlichsten Dingen abhängig werden. Die einen leiden unter einer physiologischen oder chemischen Abhängigkeit von bestimmten Substanzen wie Alkohol, Drogen oder Nikotin, während nichtstoffgebundene Abhängigkeiten – wie zum Beispiel Eß- oder Spielsucht oder die Sucht nach Sex oder Arbeit – weitgehend erworbene Verhaltensmuster sind. Bei manchen Abhängigkeiten schaukeln sich auch physiologische und verhaltensbedingte Elemente gegenseitig hoch: Zwanghaftes körperliches Training beispielsweise führt zur Ausschüttung bestimmter Hormone, der Endorphine, die eine stimmungshebende Wirkung haben.

Über die Ursache von Suchtverhalten gibt es zahlreiche Theorien. Eine davon besagt, daß bestimmte Abhängigkeiten – Alkoholismus beispielsweise – die Folge einer entsprechenden genetischen Veranlagung sind. Eine andere läuft darauf hinaus, daß die Sucht dem Abhängigen die Flucht vor schmerzhaften Gefühlen ermöglicht, von denen viele unbewußt sind; so mutmaßen die Vertreter dieser These, daß Menschen, die zwanghaft Nahrung in sich hineinschlingen, damit womöglich auf symbolische Weise negative Empfindungen „hinunterschlucken", oder daß andere, die von Alkohol abhängig sind, ein unbewußtes Bedürfnis haben, ihre emotionale Abhängigkeit von einer Mutter beizubehalten, von der sie allzusehr behütet wurden. Beide Theorien sind aber nicht unvereinbar miteinander; so wäre es ohne weiteres denkbar, daß jemand zunächst nur gelegentlich zur Flasche greift, um seelische Schmerzen zu betäuben, aber dann seine genetische Veranlagung ihn irgendwann in die Sucht treibt.

Wenn das Problem akut wird

Schwere Fälle von Abhängigkeit erfordern häufig eine Einweisung in ein Krankenhaus oder eine private Suchtklinik. Als Teil ihrer Rehabilitation wird den Süchtigen hier eine gründliche medizinische Überwachung zuteil, um ihnen die Abkehr von Drogen oder Alkohol zu erleichtern; zusätzlich nehmen sie für kurze Zeit an einer intensiven Gruppentherapie teil. Nähert die stationäre Behandlung sich ihrem Ende, wird im allgemeinen die Therapie ambulant fortgesetzt, um einen Rückfall in die Sucht zu verhindern. Eine Behandlung der Eßstörungen Anorexie und Bulimie läuft gewöhnlich nach dem gleichen Grundschema ab. Die meisten Abhängigen können ambulant an einer Gruppentherapie teilnehmen, die ihnen in aller Regel bei folgenden Punkten hilft:
- Sich ehrlich ihre Abhängigkeit sowie die Gründe einzugestehen, aus denen sie das Bedürfnis nach Alkohol, Drogen, Glücksspiel usw. verspüren.
- Ihre Gefühle zu verstehen und sie mit anderen in der gleichen Lage zu teilen.
- Offener und direkter über ihre Gefühle sowie über ihre Erwartungen an andere sprechen zu können – und sich in quälender Selbstanalyse zu fragen, ob diese Bedürfnisse und Erwartungen wirklich angemessen sind.

GRUPPENARBEIT / DIE BEHANDLUNG VON SUCHTKRANKHEITEN

• Die Verantwortung für ihr eigenes Verhalten zu übernehmen und endlich aufzuhören, sich als Opfer ihrer Lebensumstände oder anderer Menschen zu sehen und sich auf diese Weise eine Entschuldigung für ihr Suchtverhalten zurechtzulegen.

Die anonyme Methode

Unter all den Gruppen und Verfahren, die sich mit der Behandlung von Suchtkrankheiten befassen, gehören die „anonymen" Gruppen zu den erfolgreichsten. Jeder Teilnehmer ist den anderen Gruppenmitgliedern nur unter seinem Vornamen bekannt, weshalb niemand zu befürchten braucht, seine Identität preiszugeben. Diese taktische Maßnahme ebnet auch äußerst effektiv gesellschaftliche Unterschiede ein: Jeder Teilnehmer gilt weder als besser noch als schlechter als sämtliche anderen Gruppenmitglieder, so daß allen klar wird, daß grundsätzlich jeder in eine Abhängigkeit geraten kann. Die älteste und bei weitem bekannteste dieser Gruppen sind die Anonymen Alkoholiker (AA), aber auch andere anonyme Selbsthilfegruppen, zum Beispiel Eßsüchtiger oder Drogenabhängiger, finden weltweit immer größere Verbreitung.

Die gemeinsame Grundlage der Arbeit all dieser Gruppen ist eine in zwölf Schritte unterteilte Vorgehensweise zur Überwindung der Abhängigkeit (siehe Kasten Seite 76–77). Die Gruppen halten in regelmäßigen Abständen, vielfach sogar täglich, ihre Zusammenkünfte ab, und die Mitglieder müssen ihrer Sucht vollständig entsagen; gute Vorsätze, den Konsum des entsprechenden Suchtmittels lediglich einzuschränken, werden nicht akzeptiert, da sich in der Forschung die Hinweise darauf verdichten, daß die allerwenigsten Süchtigen ihre Abhängigkeit auf diese Weise unter Kontrolle halten können. Der normale Ablauf der Sitzungen anonymer Gruppen sieht wie folgt aus: Die Teilnehmer stellen sich vor, teilen einander ihre Leidensgeschichte mit und nennen die Gründe für ihre Entscheidung, der Gruppe beizutreten. Auf diese Weise können neu Hinzugekommene beobachten, wie andere, die der Gruppe schon seit längerer Zeit angehören, von der Unterstützung durch die Gruppe profitiert haben, und wie diese „gestandenen" Mitglieder sie beim Übergang zu einem suchtfreien Leben unterstützen können. Zudem erhalten diejenigen, die

Helfende Hände
Um zu verhindern, daß einzelne Teilnehmer von Selbsthilfegruppen wieder in alte Gewohnheiten zurückfallen, können diese auf die Hilfe von Gruppenmitgliedern zählen, denen es gelungen ist, sich ein neues Leben aufzubauen.

ihr Problem schon seit längerer Zeit im Griff haben, die Chance, ihre Selbstachtung noch weiter zu stärken, indem sie als „Sponsoren" und gute Kameraden fungieren, an die jeder neu Dazugekommene sich wenden kann, wenn seine Entschlossenheit allmählich nachzulassen droht.

Kampf an zwei Fronten

Eine Gruppentherapie für Menschen, die unter Suchtverhalten leiden, ist nicht unbedingt ein Ersatz für Gruppen, die nach der Zwölf-Schritte-Methode vorgehen, sondern gewöhnlich eher eine Ergänzung. Bei jeder Therapie, ob in der Gruppe oder auf individueller Grundlage, lernen die Menschen, ihren persönlichen Hintergrund, ihre Gefühle und emotionalen Konflikte zu verstehen und gewinnen einen Einblick in die Motivationen hinter ihrem Suchtverhalten. In Gruppen, welche das Vorgehen nach der Zwölf-Schritte-Methode bevorzugen, liegt die Betonung vor allem darauf, die Teilnehmer nüchtern zu halten oder sie mit Hilfe bestimmter Strategien von anderen Abhängigen oder Situationen fernzuhalten, die sie wieder in die Sucht treiben könnten. Diese Gruppen bringen Abhängigen auch bei, wie sie besser mit ihren Problemen umgehen und ihre zwischenmenschlichen Beziehungen verbessern können und lehren sie, ihre inneren Ressourcen zu entdecken und ihre geistigen Kräfte so einzusetzen, daß sie ihre persönlichen Stärken optimal zur Geltung bringen. Auf diese Weise wird es vielen Menschen möglich, sich von ihrer Abhängigkeit zu lösen und ein neues Leben aufzubauen.

Christines Geschichte

Christine beispielsweise profitierte sehr von einer Gruppentherapie, nahm gleichzeitig aber auch an den Sitzungen der Anonymen Spieler teil. Ihre Ehe war zerbrochen, als ihr Mann das Gefühl gehabt hatte, ihr nicht mehr vertrauen zu können, nachdem sie die Hälfte des Geldes aus dem Erlös vom Verkauf des gemeinsamen Hauses verspielt hatte. Als sie den Mut fand, ihrem Problem ins Auge zu sehen und Hilfe zu suchen, spielte Christine noch immer – in der vergeblichen Hoffnung, wenigstens einen Teil des verlorenen Geldes zurückzugewinnen. Am Ende besaß sie nichts mehr.

Bei den Anonymen Spielern lernte Christine, sich von den Orten fernzuhalten, an denen sie in Versuchung hätte kommen können, erneut zu spielen, sowie von den Leuten, die mit ihr gespielt hatten und womöglich ihre Entschlossenheit hätten untergraben können. Sie ging eine enge Beziehung zu den anderen Mitgliedern ihrer Gruppe ein, die fest entschlossen waren, sich nicht länger von ihrer Spielsucht beherrschen zu lassen und statt dessen mit dem Geld auszukommen, das sie zur Verfügung hatten. Im Verlauf ihrer Therapie erinnerte sich Christine daran, wie traurig, einsam und unverstanden sie sich als Kind gefühlt hatte und wie ihr das Spielen um Geld nicht nur sehr aufregend vorgekommen war, sondern ihr auch das Gefühl vermittelt hatte, auf diese Weise gegen die Mißachtung ihrer Person zu rebellieren. Nach und nach schaffte Christine es, ihr Leben auf eine solide Grundlage zu stellen.

DIE ZWÖLF-SCHRITTE-METHODE

Wenn Sie den Entschluß gefaßt haben, Ihre Sucht durch den Beitritt zu einer der anonymen Selbsthilfegruppen zu überwinden, wird man Sie auffordern, diese Zwölf Schritte zu befolgen, wobei der Wortlaut leicht variieren kann (Quellenangabe siehe Seite 144).

1: *Wir gaben zu, daß wir unserer Sucht gegenüber machtlos sind und unser Leben nicht mehr meistern konnten.*
Dieser erste Schritt – sich selbst gegenüber zuzugeben, daß das, wovon Sie glauben, es zu beherrschen, in Wahrheit Sie beherrscht – ist für viele der schwerste überhaupt. Haben Sie diesen Schritt geschafft, sind Sie bereits auf dem besten Weg, Ihre Abhängigkeit zu überwinden.

2: *Wir kamen zu dem Glauben, daß eine Macht, größer als wir selbst, uns unsere geistige Gesundheit wiedergeben kann.*
Weit davon entfernt, sich selbst heilen zu können, geben Sie zu, auf die Hilfe von etwas Größerem – einer „Höheren Macht" oder der Kraft der Gruppe – angewiesen zu sein.

3: *Wir faßten den Entschluß, unseren Willen und unser Leben der Sorge unserer Höheren Macht anzuvertrauen.*
Die Anonymen Alkoholiker sprechen von „Gott – wie wir Ihn verstanden"; andere Gruppen umschreiben in der Erkenntnis, daß nicht jeder Mensch religiös ist, Gott mit „Höhere Macht". Dieser Schritt bedeutet, daß Sie fähig sind, auf Ihre Intuition, Ihre innere Stimme – gewissermaßen Ihr „höheres Ich" – zu hören, statt zu versuchen, alles über den Verstand lösen zu wollen. Manche betrachten dies als die Macht der Gruppe, als den besten Teil ihrer selbst.

4: *Wir machten eine gründliche und furchtlose Inventur in unserem Inneren.*
An dieser Stelle fordert man Sie auf, sich vor Augen zu führen, was Sie getan haben, zu versuchen, Ihr Verhalten zu verstehen und die Verantwortung für Ihr Leben und Handeln zu übernehmen.

12: *Nachdem wir durch diese Schritte ein spirituelles Erwachen erlebt hatten, versuchten wir, diese Botschaft an andere weiterzugeben und unser tägliches Leben nach diesen Grundsätzen auszurichten.*
Dieser Schritt fordert, anderen zu zeigen, daß Süchtige sich verändern können und daß es möglich ist, sich von einer Abhängigkeit zu befreien. Spiritualität ist hier nicht unbedingt mit einem bestimmten religiösen Glauben gleichzusetzen, sondern ein Mittel, mit allen Aspekten des Lebens in Verbindung zu treten und verantwortungsbewußt zu leben.

11: *Wir suchten durch Gebet und Besinnung die bewußte Verbindung zu unserer Höheren Macht zu vertiefen. Wir baten Sie nur, uns Ihren Willen erkennbar werden zu lassen und uns die Kraft zu geben, ihn auszuführen.*
Jeder Süchtige braucht den Kontakt zu einer Macht, die größer ist als er selbst, und er muß auf seine Intuition hören, die als lebensbejahende Kraft angesehen wird.

10: *Wir setzten die Inventur bei uns fort, und wenn wir Unrecht hatten, gaben wir es sofort zu.*
Dieser Schritt erfordert von Ihnen, ständig Ihr Verhalten zu überprüfen und absolut ehrlich zu sich selbst und anderen zu sein.

9: *Wir machten bei diesen Menschen alles wieder gut – wo immer es möglich war –, es sei denn, wir hätten dadurch sie oder andere verletzt.*
Sie werden aufgefordert, Ihr falsches Verhalten anderen Menschen gegenüber zu korrigieren, keinen weiteren Schaden mehr anzurichten und nach Möglichkeit Wiedergutmachung zu leisten.

8: *Wir machten eine Liste aller Personen, denen wir Schaden zugefügt hatten, und wurden willig, ihn bei allen wiedergutzumachen.*
Viele Süchtige haben anderen Menschen und sich selbst weh getan. Dieser Schritt ist ein entscheidender Wendepunkt beim Versuch, sich selbst von Schuld zu befreien.

5: *Wir gaben unserer Höheren Macht, uns selbst und einem anderen Menschen gegenüber unverhüllt unsere Fehler zu.*
Wenn Sie Ihr Fehlverhalten offen zugeben, gestehen Sie den Schaden ein, den Sie in der Vergangenheit angerichtet haben. Ein solches Eingeständnis einem anderen Menschen gegenüber bedeutet, daß Sie sich für Ihr früheres Tun schämen und sich von der Last der Heimlichtuerei befreien; dies stärkt Ihre Selbstachtung und verringert die Wahrscheinlichkeit, daß Sie wieder die gleichen Fehler begehen.

7: *Demütig baten wir unsere Höhere Macht, unsere Mängel von uns zu nehmen.*
Dieser Schritt setzt voraus, daß Sie Ihre Fehler überwinden und zeigen, wer Sie wirklich sind.

6: *Wir waren völlig bereit, all diese Charakterfehler von unserer Höheren Macht beseitigen zu lassen.*
Dieser Schritt erfordert von Ihnen die Bereitschaft, von Ihren früheren Fehltritten und von Ihrem destruktiven Verhalten abzulassen.

SELBSTHILFE- UND UNTERSTÜTZUNGSGRUPPEN

VIELE MENSCHEN schließen sich Gruppen an, weil sie mit anderen zusammenarbeiten möchten, die mit ähnlichen Schwierigkeiten zu kämpfen haben. Im Gegensatz zu Therapiegruppen sind Selbsthilfe- und Unterstützungsgruppen nicht für Menschen gedacht, die sich mit tiefsitzenden seelischen Problemen auseinandersetzen wollen, sondern vielmehr für solche, die an einer bestimmten Lebenssituation etwas ändern möchten. Hierbei kann es sich um ein vorübergehendes Problem handeln (etwa das von Eltern eines Kindes, das fast ununterbrochen schreit), um eine Lebenskrise (beispielsweise bei Opfern eines Überfalls oder einer Vergewaltigung) oder auch um ein schon seit längerer Zeit bestehendes Problem (wie eine chronische Krankheit).

Was ist eine Selbsthilfegruppe?

Im wesentlichen besteht eine Selbsthilfegruppe aus Personen, die erkannt haben, daß sie durch eine Bündelung ihrer Kräfte ihre Isolation beenden, ihr eigenes Leben sowie das Leben anderer erleichtern und das Gefühl der eigenen Ohnmacht überwinden können.

Selbsthilfegruppen sind häufig stark aktionsbezogen, und ihr Ziel, das entweder von vornherein klar ist oder sich erst im Lauf der Zeit herauskristallisiert, besteht darin, Lösungen für ganz spezifische Probleme zu finden, statt in die tiefsten Tiefen der Seele vorzudringen. Aufgrund der gemeinsamen Erfahrungen der Mitglieder solcher Gruppen gewinnt jeder einzelne im allgemeinen die überaus hilfreiche Erkenntnis, daß das gegenseitige Verständnis vieles erleichtert, und nicht selten entstehen dabei sogar Freundschaften fürs Leben. Solche Gruppen haben in der Regel die folgenden Eigenschaften gemeinsam:

- *Gemeinsame Erfahrungen.* Das Zusammentreffen mit anderen macht den Leuten bewußt, daß sie mit ihren Erfahrungen und ihrem Leid nicht allein sind.
- *Gegenseitige Hilfe und Unterstützung.* Der Helfende profitiert von seiner Hilfe ebenso wie der, dem geholfen wird; diese Rollenverteilung ist auch umkehrbar.
- *Die Bestätigung des Gefühls, normal zu sein.* Indem sie mit anderen Menschen zusammenkommen, die in der gleichen Situation stecken, stellen die Teilnehmer häufig fest, daß ihre Reaktionen, die von tiefer Traurigkeit und Bestürzung bis hin zu Wut reichen können, weder außergewöhnlich noch abnorm sind.
- *Die Kraft der Gruppe.* Mit der Gruppe im Rücken machen sich die einzelnen Teilnehmer daran, endlich etwas gegen ihr Problem zu unternehmen.

Kraft und Hilfe statt Isolation
Die einzelnen Teilnehmer einer Gruppe tragen nicht nur zu deren Stärke bei, sondern beziehen auch selbst aus ihr große Kraft.

- *Das Teilen von Informationen.* Selbsthilfegruppen verfügen häufig über Spezialwissen und Informationen, die anderswo oft nur schwer zugänglich sind. So bietet beispielsweise eine Gruppe, die zu dem Zweck gegründet wurde, Menschen mit einer bestimmten Krankheit – etwa multipler Sklerose – zu helfen, Informationen über relevante Forschungsergebnisse und erfolgversprechende Methoden des Umgangs mit der Krankheit, über weltweite Presseberichte sowie Broschüren, in denen erklärt wird, was bei einer entsprechenden Diagnose zu tun ist.
- *Zielgerichtete Aktionen.* Jedes Mitglied kann tun, was ihm am besten liegt und am meisten bringt – sei es nun das Entwerfen von Plakaten, das Recherchieren von Informationen oder der Versuch, Parlamentsabgeordnete für die Sache der Gruppe zu gewinnen.

Mehr Aktion oder mehr Hilfe?
Obschon keine eindeutige Trennlinie zwischen Selbsthilfe- und Unterstützungsgruppen zu ziehen ist, könnte man sagen, daß erstere eher aktionsbezogen arbeiten, um für ihre Sache zu werben und gesellschaftliche Veränderungen zu bewirken. Unterstützungsgruppen hingegen arbeiten eher emotionsbezogen und sind in erster Linie Zufluchtsort für Leute, die Hilfe brauchen, um mit einem bestimmten Problem wie etwa einem Todesfall oder sexuellem Mißbrauch fertig zu werden; sie zielen meist eher darauf ab, in der Geborgenheit der Gruppe gegenseitige Unterstützung zu bieten. Beide Arten von Gruppen haben schon vielen Menschen geholfen, die von ihren Problemen überwältigt wurden: Indem sich solche Menschen nicht nur gegenseitig ihre Verletzlichkeit eingestehen, sondern auch im Kontext der Gruppe ihre Stärken entdecken, merken sie, daß auch sie erheblich dynamischer und selbstbewußter werden können.

FÜR UND WIDER

Falls Sie sich fragen, ob eine Selbsthilfe- oder Unterstützungsgruppe Ihnen die Art von Hilfe bieten kann, die Sie brauchen, sollten Sie sich die folgenden Punkte vor Augen führen:

Die Vorteile
- Sie sind mit Ihrem Problem nicht allein – die Gruppenmitglieder teilen miteinander Erfahrungen, Hilfsmittel und wichtige Informationen.
- Sie sind womöglich in der Lage, gesellschaftliche und politische Veränderungen durchzusetzen, was beispielsweise zu verstärkter Hilfe von seiten der Regierung führen oder das Verständnis und die Akzeptanz in der breiten Öffentlichkeit fördern kann.
- Ihr aktiver Einsatz für eine Verbesserung der betreffenden Situation wird Ihnen das Gefühl vermitteln, Ihr Leben besser im Griff zu haben.

Die Nachteile
- Die Wertvorstellungen, Interessen und Probleme im Privatleben der einzelnen Mitglieder außerhalb der Gruppe decken sich in der Regel nicht unbedingt mit den Ihren.
- Man teilt zwar die gleichen Gefühle, doch eine tiefergehende Therapie, die nicht in direktem Zusammenhang mit der Thematik und den Zielen der Gruppe steht, wird meist nicht angeboten.
- Der Gruppe könnte es unter Umständen an Stabilität und Kontinuität mangeln: Die einzelnen Mitglieder kommen und gehen ganz nach ihren jeweiligen Bedürfnissen und wann immer sie wollen.

FRAUENGRUPPEN

Frauen fällt es meist nicht schwer, einander nicht nur seelische Unterstützung, sondern auch Lebensfreude, praktische Hilfe, Kameradschaft und Verständnis zu vermitteln. Aus dieser Neigung zu gegenseitiger Unterstützung sind auch diejenigen Gruppen entstanden, in denen speziell Themen angesprochen werden, die Frauen stärker betreffen als Männer – zumal es vielen Frauen leichter fällt, über ihre Gefühle und Probleme zu reden, wenn keine Männer anwesend sind.

Die Frauenbewegung

Gegen Ende der sechziger Jahre wollten, angeregt durch die wachsende feministische Bewegung, immer mehr Frauen mit anderen Frauen über ihr Leben und ihre Gefühle reden; aus diesem Impuls heraus schlossen sie sich Gruppen an, die das Bewußtsein der Frauen für ihre spezifische Situation schärfen sollten, oder gründeten selbst solche Gruppen. Diese waren zwar keine Therapiegruppen, aber immerhin ein Ort, an dem die Frauen ihre Erfahrungen austauschen konnten. Sämtliche Gruppen dieser Art basierten auf der Überzeugung, daß die männerdominierte Gesellschaft künstliche Unterschiede zwischen Männern und Frauen geschaffen hat und infolgedessen die Stellung und der Beitrag der Frauen innerhalb dieser Gesellschaft nicht genügend honoriert werden. Man hoffte, daß die Möglichkeit, offen über das eigene Leben zu sprechen, den Frauen helfen würde, die Rollenklischees der Gesellschaft zu durchschauen – und sie eines Tages auch zu durchbrechen.

Die feministische Politik hat auch zu einer feministischen Therapie geführt, die auf der Überzeugung beruht, daß es irreführend sei, die Probleme der Frauen und ihre Einstellung zu ihrer speziellen Lebenssituation losgelöst von den Wertvorstellungen und Glaubenshaltungen zu betrachten, welche die Gesellschaft ihnen aufzwingt. So entlarvte beispielsweise die führende Vertreterin der feministischen Therapie, Susie Orbach, in ihrem Buch *Fat is a Feminist Issue*, auf welche Weise Frauen zu der Überzeugung gelangen, daß sie erfolgreich und glücklich wären, wenn es ihnen nur gelänge, so richtig schlank zu werden. Sie zeigt auf, wie irreführend diese Vorstellung ist und wie leicht ständige Diäten zu körperlichen und seelischen Problemen führen können.

Frauengruppen mit der allgemeinen Zielsetzung, das Bewußtsein der Teilnehmerinnen zu verändern, sind heute mittlerweile eher die Ausnahme, während sich eingeschlechtliche Therapiegruppen, die aus diesen Ideen hervorgegangen sind, nach wie vor großer Beliebtheit erfreuen.

Wozu eine Frauengruppe?

Es gibt Themen, über die Frauen in Gegenwart von Männern nicht gern sprechen, selbst wenn es sich bei den Männern um außergewöhnlich mitfühlende Exemplare ihrer Spezies handelt. Gruppen, die eigens zu dem Zweck gegründet wurden, über sexuellen Mißbrauch oder Gewalt gegen Frauen, über Abtreibung, Mutterschaft oder Sexualität zu diskutieren, verschließen sich häufig gegenüber Männern, da deren Anwesenheit die Frauen davon abhalten könnte, frei ihre Meinung zu äußern – insbesondere dann, wenn sie selbst einmal Opfer von Gewalt oder sexuellem Mißbrauch geworden sind. Auch in Gruppen, die sich auf die Frage konzentrieren, wie die Frauen ihr Dasein als Frau empfinden, wäre die Anwesenheit von Männern wohl eher unangemessen.

Karin, die sehr jung geheiratet und nun das Gefühl hatte, viel zu wenig aus ihrem Leben gemacht zu haben, zog eine Freundin zu Rate. Diese empfahl ihr eine früher von ihr besuchte Gruppe, in der die Teilnehmer Rollenspiele gespielt, gelesen und diskutiert hatten. Die Gruppenarbeit öffnete Karin die Augen für Dinge, über die sie sich nie zuvor Gedanken gemacht hatte, und brachte sie mit Frauen zusammen, die ein völlig anderes Leben führten als sie selbst. Infolge dieser Begegnungen begann sie alte, ihre persönliche Weiterentwicklung hemmende Ansichten über sich selbst in Frage zu stellen; sie schrieb sich für einen Weiterbildungskurs ein und fing an, sich nach Möglichkeiten einer Umschulung zu erkundigen, um eines Tages eine neue berufliche Karriere zu starten.

Frauengruppe ja – aber welche?

Falls Sie sich darüber klar werden möchten, was es für Sie bedeutet, eine Frau zu sein, und das Gefühl haben, daß Sie manchmal in der Gesellschaft von Männern nur eine Rolle spielen, statt sich so zu geben, wie Sie sind, dann könnte eine Frauengruppe für Sie das Richtige sein. Überlegen Sie sich, was Ihnen zusagen würde: Eine Gesprächsgruppe vielleicht? Oder eine Therapiegruppe? Eine Selbsthilfegruppe? Oder eine Gruppe, die sich speziell mit dem Problem befaßt, das Ihnen im Augenblick am meisten Sorgen bereitet? Möchten Sie sich einer offenen Gruppe anschließen, in der jeder kommen und gehen kann, wann er will, oder eher einer Gruppe, die ein höheres Maß an Vertraulichkeit gewährleistet und ein größeres Engagement erfordert?

Wichtig ist vor allem, keine übermäßig idealisierenden Vorstellungen an eine Frauengruppe heranzutragen. So bietet zwar eine solche Gruppe ein sicheres Umfeld, in dem Frauen problematische Themen miteinander diskutieren und zu ganz neuen Einsichten gelangen können, doch kann es ebensogut geschehen, daß Sie feststellen müssen, wieviel Konkurrenzdenken und Neid zwischen Frauen herrschen können. Sie sollten keine Wunderdinge erwarten, nur weil eine Gruppe ausschließlich aus Frauen besteht; wie in jeder anderen Gruppe auch kann es zu Rivalitäten, Enttäuschungen und Frustrationen kommen. Im günstigsten Fall jedoch kann eine Frauengruppe zu einer Quelle der Inspiration werden und Ihnen eine ganz neue Sicht auf sich selbst, Ihre Hoffnungen und Träume erschließen. Und schließlich kann eine Frauengruppe auch zu einem Ort werden, an dem Sie dauerhafte Freundschaften schließen, die für Sie eine enorme seelische Unterstützung darstellen.

GRUPPENARBEIT / SELBSTHILFE- UND UNTERSTÜTZUNGSGRUPPEN

Ein Platz für Frauen
Themen, die Frauen stärker beschäftigen als Männer, können in einer reinen Frauengruppe wesentlich offener besprochen werden.

MÄNNERGRUPPEN

In den vergangenen 30 Jahren sind viele in der Gesellschaft verbreitete Annahmen über Frauen und das, was sie vom Leben erwarten, in Frage gestellt und korrigiert worden, und das gleiche trifft auch auf Männer zu. Die alten Gewißheiten bezüglich der Frage, was einen Mann eigentlich zum Mann macht und wie Männer sich zu verhalten haben, werden zunehmend hinfällig; an ihre Stelle tritt die Erkenntnis, daß nicht nur Klischeevorstellungen in bezug auf Frauen großen Schaden anrichten können, sondern auch solche über Männer.

Obwohl es schon immer Männergruppen gegeben hat, entstanden diese, wie beispielsweise die Herrenklubs, gewöhnlich im Umfeld des Geschäftslebens oder, wie die Fußballvereine, im Bereich von Sport und Freizeit. Als aber in den siebziger Jahren Frauen damit begannen, bewußtseinsfördernde Gruppen für ihre Geschlechtsgenossinnen zu gründen, schlossen sich auch Männer immer öfter zusammen, um Gedanken über ihr Leben, ihre Gefühle und ihre Einstellung zum Dasein als Mann auszutauschen. Auch wenn es heute noch immer weniger Männer- als Frauengruppen gibt, bieten sowohl konventionelle als auch eher zwanglose Organisationen Männern seelische Unterstützung, andere Arten von Hilfe oder Therapien an.

Bewegte Männer

Im Verlauf der Entwicklung des Feminismus ergab es sich, daß zahlreiche Männer bezüglich ihrer Rolle im Leben immer stärker verunsichert wurden. Wie sollten sie sich ihren Kindern gegenüber verhalten? Wie ihren Partnerinnen, wie anderen Männern gegenüber? Und welche Rolle spielen sie angesichts rasanter Veränderungen in der Arbeitswelt, insbesondere seit die Arbeitsplätze immer unsicherer zu werden drohen?

Eines der für die Männerbewegung wichtigsten Bücher überhaupt, das zur Bildung zahlreicher Männergruppen geführt hat, ist *Eisenhans. Ein Buch über Männer* von Robert Bly. Der Autor setzt sich in diesem Buch mit den alten Traditionen männlicher Bündnis- und Initiationsrituale auseinander und zeigt auf, daß Männer schon immer ihre Mentoren hatten, welche sie an das Mannesalter heranführten und ihnen erklärten, was es heißt, ein Mann zu sein. Bly glaubt, daß mit der zunehmenden Zahl von Familien mit einem alleinerziehenden Elternteil immer mehr Jungen fast ausschließlich von Frauen großgezogen werden, was sie naturgemäß im unklaren darüber läßt, was das Mann-Sein bedeutet, und in ihnen eine tiefempfundene Sehnsucht nach einer engen, väterlichen und brüderlichen Verbindung zu anderen Männern hervorruft. Bly glaubt jedoch auch, daß die traditionelle Erziehung den Männern große Beschränkungen auferlegt. Weil ihnen beigebracht

---

Wandel der Prioritäten
Die Männer wurden von dem veränderten Selbstbild und Rollenverhalten der Frauen beeinflußt. Sie haben vielfach die gleichen Probleme, wie die Schwierigkeit, Kinder und Karriere unter einen Hut zu bringen.

wird, daß sie dominierend und autoritär aufzutreten haben, werden sie in ihrem Umgang mit anderen starr und unflexibel; oft bauen sie zu anderen Männern nur eine rein praktisch und intellektuell orientierte Beziehung auf, und wenn sie doch einmal über Probleme reden, dann meist nur im Hinblick auf deren Lösung statt auf einfühlsame oder erklärende Art und Weise. Wenn Männer aber nie ihre Gefühle miteinander teilen und zudem immer ermahnt werden, niemals zu weinen oder Schwäche zu zeigen, fühlen sie sich irgendwann unweigerlich einsam und isoliert.

Mit anderen Männern über Gefühle und persönliche Dinge zu reden kann für alle Beteiligten eine große Erleichterung sein: Männer erkennen plötzlich, daß sie keineswegs die einzigen sind, die befürchten, womöglich nicht männlich genug zu erscheinen, den sexuellen Ansprüchen ihrer Partnerin nicht zu genügen, schlechte Väter zu sein oder im Beruf nicht den Erfolg zu haben, den man von einem „richtigen" Mann erwartet. Vielen Männern fällt es ausgesprochen schwer, über solche Themen zu sprechen, doch wenn sie sich dazu überwunden haben, sind sie weitaus eher in der Lage, sich selbst zu akzeptieren. Die Fähigkeit, ein enges, herzliches Verhältnis zu anderen Männern zu pflegen, sowie das Eingeständnis, daß auch Männer verletzlich sind, können einem Mann helfen, tiefere Freundschaften zu Geschlechtsgenossen einzugehen. Zudem lernt er, sich bei seiner Suche nach seelischer Unterstützung weniger ausschließlich auf die Frauen in seinem Leben zu verlassen – ein traditionelles Abhängigkeitsverhältnis, das Männer wie Frauen davon abhalten kann, befriedigende Beziehungen zu unterhalten.

Die Wahl der richtigen Gruppe

Es gibt zahlreiche verschiedene Gruppen mit den unterschiedlichsten Zielsetzungen und weltanschaulichen Grundlagen, die für Männer in Frage kommen. Die folgenden Richtlinien könnten Ihnen bei der Wahl der für Sie geeigneten Männergruppe behilflich sein:

• Therapiegruppen lassen sich in zwei Kategorien einteilen: Eine langfristige Therapie ist meist sehr intensiv und breitgefächert, während sich Gruppen, die sich einer kürzeren Therapie verschrieben haben, in der Regel auf eine ganz bestimmte Thematik, wie etwa körperliche Mißhandlungen oder sexuellen Mißbrauch, konzentrieren. Andere Gruppen setzen sich zum Beispiel mit der Einstellung der Teilnehmer zu Männlichkeit und Vaterschaft auseinander.

• Bestimmte Hilfsorganisationen bieten Unterstützungsgruppen für Männer an, die mit einem ganz bestimmten Problem zu kämpfen haben, wie Arbeitslosigkeit oder Scheidung. Manche Gruppen wollen Männern helfen, die Gründe für ihr Verhalten – sei es ein cholerisches Temperament oder Spielsucht – zu erforschen, damit sie besser verstehen, welche Auswirkungen ein solches Verhalten auf andere hat und wie sie es verändern können.

• Die Arbeit von Selbsthilfegruppen beruht zu einem großen Teil auf konkreten Aktionen; solche Gruppen setzen sich beispielsweise für die Rechte unverheirateter oder geschiedener Männer ein, die ein großzügigeres Besuchsrecht oder ein gemeinsames Sorgerecht für ihre Kinder durchsetzen wollen.

Zahlreiche Männer haben gewisse Hemmungen, sich einer Männergruppe anzuschließen. Doch der Nutzen solcher Gruppen widerlegt in der Regel die damit verbundenen Befürchtungen. Das Hauptziel jeder Gruppe besteht darin, Männern zu helfen, mit bestimmten Problemen oder schwierigen Lebenslagen fertig zu werden und die Weiterentwicklung ihrer Persönlichkeit zu fördern.

VERSTECKSPIEL MIT GEFÜHLEN

Die meisten Männer werden dazu erzogen, ihre Gefühle zu verbergen und nicht um Hilfe zu bitten. Oft geben sie deshalb vor, daß alles in Ordnung sei, auch wenn dies gar nicht der Fall ist, und so sprechen sie mit ihren besten Freunden über alles, nur nicht über ihre Probleme. Deshalb kann man im allgemeinen davon ausgehen, daß ein Mann, wenn er seine Probleme erkannt hat oder zu einer Therapie oder psychologischen Beratung Zuflucht sucht, wohl schon länger unter diesen Problemen leidet als eine Frau in vergleichbarer Situation.

Wenn Sie Ihre Gefühle immer nur für sich behalten, kann das sehr negative Folgen haben. Sie erhöhen damit Ihr Risiko, irgendwann in Depressionen zu verfallen und dann womöglich – wie viele Menschen, die unter Depressionen leiden – Ihr Heil darin zu suchen, durch Drogen- oder Alkoholmißbrauch Ihren seelischen Schmerz zu bekämpfen. Männer sind stärker selbstmordgefährdet als Frauen, was nach Ansicht von Psychiatern zu einem nicht unerheblichen Teil auf ihre innere Isolation zurückzuführen ist sowie auf ihre Scheu, vor anderen ihre Verletzlichkeit oder ihre Angst vor dem Versagen einzugestehen.

Wenn Sie grundsätzlich Ihre Gefühle verbergen, berauben Sie sich auch selbst der Chance, in Ihren Beziehungen und Freundschaften zu größerer Vertrautheit zu gelangen. Anderen – vor allem denen, die Ihnen am nächsten stehen – Ihre Gefühle anzuvertrauen ist ein Zeichen des Vertrauens und unverzichtbar, wenn Sie möchten, daß jemand Ihr wahres Ich kennenlernt. Außerdem führt eine solche Selbstoffenbarung dazu, daß Sie sich besser akzeptieren können und zu mehr Zufriedenheit im Leben finden.

DIE RICHTIGE GRUPPE FINDEN – ODER GRÜNDEN

Falls Sie den Entschluß gefaßt haben, sich irgendeiner Art von Gruppe anzuschließen, müssen Sie nun die für Sie geeignete finden. Da es um Ihre geistige und seelische Gesundheit geht, sollten Sie bei der Suche Sorgfalt walten lassen. Dies erhöht Ihre Chancen, eine Gruppe zu wählen, die Sie auf dem Weg zur persönlichen Veränderung und Weiterentwicklung so gut wie möglich unterstützt und nicht etwa behindert.

Wo fange ich an?
Vermutlich haben Sie schon eine gewisse Vorstellung von der Thematik, an der Sie arbeiten wollen, und möglicherweise haben sie auch bereits entschieden, welche Art von Gruppe Sie brauchen. Wenn Sie beispielsweise Maßnahmen gegen eine Sucht oder ein Verhaltensproblem wie etwa eine Eßstörung ergreifen wollen, wäre wahrscheinlich eine entsprechende Selbsthilfegruppe das Richtige für Sie; sind Sie jedoch eher daran interessiert, sich selbst besser zu verstehen und Einflüsse aus der Vergangenheit auf Ihre gegenwärtigen Gefühle und Verhaltensweisen zu erforschen, wäre eine psychodynamische Gruppe geeigneter (siehe auch „Gruppentherapie" auf den Seiten 70–73).

Ihr erster Ansprechpartner ist wohl am ehesten Ihr Hausarzt. Vielleicht liegen in dessen Wartezimmer Broschüren aus, die Ihnen Hinweise geben, und er kann Ihnen eine entsprechende Gruppe empfehlen oder Sie an einen Facharzt, Diplompsychologen oder Therapeuten verweisen, der Sie auf Ihr psychisches Wohlbefinden untersuchen kann (siehe auch „Wer ist was?" auf den Seiten 20–23). Adressen von Therapeuten oder Therapie-Praxen können Sie auch im Branchentelefonbuch nachschlagen; oder Sie wenden sich an Ihre Krankenkasse oder die Kassenärztliche Vereinigung. Eine weitere Möglichkeit bestünde darin, zum örtlichen Krankenhaus oder einer Fachklinik Kontakt aufzunehmen, um herauszufinden,

---

DER AUFBAU EINER EIGENEN GRUPPE

Falls Sie sich mit einer Thematik auseinandersetzen wollen, für die noch keine Gruppe existiert, könnten Sie sich vielleicht entschließen, Ihre eigene Gruppe zu gründen. In diesem Fall sollten Sie sich folgende Fragen stellen:
• Wo wollen Sie sich treffen?
• Wie wollen Sie zu potentiellen Teilnehmern Kontakt aufnehmen? Und wären Sie bereit, Ihre Adresse und Telephonnummer zu veröffentlichen, falls Sie die Sitzungen bei Ihnen zu Hause abhalten wollen?
• Wieviel Geld brauchen Sie für Gründung und Unterhaltung der Gruppe – für eventuell angemietete Räumlichkeiten, Werbung, Büromaterial und Photokopien?
• Soll es sich um eine „geschlossene" Gruppe handeln, in die man nur bei deren Gründung eintreten kann, oder sollen sich ihr jederzeit neue Mitglieder anschließen können?
• Wollen Sie versuchen, die Vertraulichkeit der innerhalb der Gruppe geäußerten Erfahrungen zu gewährleisten und dafür zu sorgen, daß nach Möglichkeit kein Gruppenmitglied Äußerungen aus der Gruppenarbeit nach außen weitergibt?
• Wollen Sie die Gruppe selbst leiten oder lieber einen erfahrenen Gruppenleiter oder Therapeuten beauftragen?
• Soll die Gruppe in erster Linie seelische Unterstützung bieten oder eher Kampagnen veranstalten, um Informationen zu verbreiten und gesellschaftliche oder politische Veränderungen auf den Weg zu bringen?

Versuchen Sie, bei der Beurteilung Ihrer Fähigkeiten und Ziele realistisch zu bleiben. Sie sollten aber keine Angst davor haben, die Initiative zu ergreifen, um für sich selbst und andere positive Veränderungen zu bewirken.

GRUPPENARBEIT / SELBSTHILFE- UND UNTERSTÜTZUNGSGRUPPEN

Das Geeignete suchen und finden
Schon der Hinweis eines Freundes oder ein Artikel in einer Zeitschrift kann Ihnen den Weg zu der für Sie richtigen Gruppe zeigen.

Engagement bringt Erfolg
Gleichgültig, ob Sie sich nun entschließen, sich einer bereits existierenden Gruppe anzuschließen oder Ihre eigene Gruppe zu gründen, müssen Sie sich in jedem Fall voll engagieren – für die Gruppe und deren Zielsetzungen sowie für sich selbst und Ihre eigenen Ziele. Sie werden Energie und Unterstützung aus der Gruppenarbeit beziehen, und dies wird Ihnen helfen, sich in der Weise weiterzuentwickeln, wie Sie es gern möchten. Darüber hinaus werden Sie feststellen, daß das, was Sie zur Gruppe beizusteuern haben, auch zu Ihrer eigenen Bereicherung beiträgt und Ihr Selbstwertgefühl steigert.

ob es Selbsthilfe- oder Unterstützungsgruppen gibt, denen Sie sich als ambulanter Patient anschließen könnten. Versuchen Sie es auch in der öffentlichen Bibliothek und in Buchhandlungen; dort gibt es Literatur zur Gesundheitsselbsthilfe und zu Selbsthilfegruppen mit den Adressen relevanter Organisationen. In der Service-Rubrik von Tages- und Stadtteilzeitungen und im Telefonbuch stehen die Adressen von zum Teil bundesweit tätigen Organisationen und Selbsthilfegruppen; auf die gleiche Art finden Sie Suchtberatungs-Stellen und zumindest in größeren Städten Selbsthilfezentren, die einen Selbsthilfeführer herausgeben und Ihnen Adressen nennen. Weitere Anlaufstellen für Informationen zu bestimmten Selbsthilfegruppen sind die Sozialdienste der Kommunen, Kirchen und Wohlfahrtsverbände.

Kurztherapiegruppen mit einer bestimmten Thematik werden manchmal in Zeitschriften oder Lokalzeitungen annonciert; auch in Psychologischen Fachbuchhandlungen könnten Sie Broschüren mit Annoncen finden. Vielleicht gibt es in Ihrer Nähe ein Therapiezentrum, das Therapiegruppen oder Workshops anbietet. Auch Institutionen der Erwachsenenbildung wie die Volkshochschule bieten Kurse oder Gruppen an, die von einer Einführung in die Psychologie bis zu so spezifischen Themen wie Selbstbehauptungstraining reichen.

Wenn Sie bereits eine Gruppe gefunden haben, müssen Sie nun entscheiden, ob diese auch die richtige für Sie ist. Versuchen Sie, mit dem Gruppenleiter oder dem zuständigen Therapeuten zu sprechen, und stellen Sie ihm die folgenden Fragen: Über welche Qualifikation(en) verfügt der Gruppenleiter? Welche Art von Therapie praktiziert er oder sie? Gibt es für die Arbeit in der Gruppe eine zeitliche Begrenzung? Wieviel kostet die Teilnahme? Es ist sehr wichtig, daß Sie sich in der Gruppe wohlfühlen und Vertrauen zu ihr haben; stellen Sie deshalb so viele Fragen, wie Sie für nötig halten, und achten Sie darauf, daß die Antworten befriedigend für Sie ausfallen.

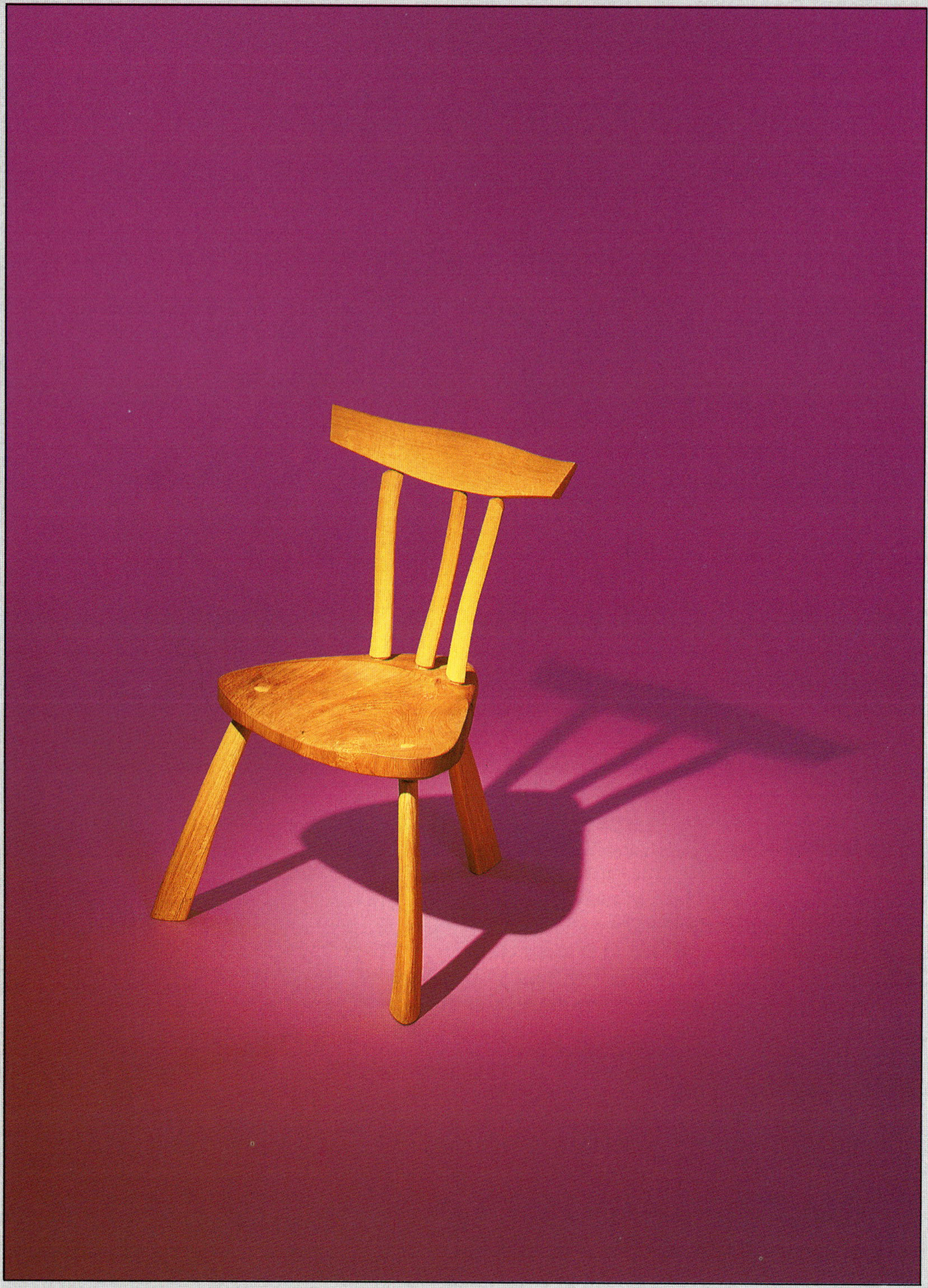

KAPITEL VIER

Die Entwicklung Ihrer Persönlichkeit

WIR ENTSCHLIESSEN UNS aus vielen verschiedenen Gründen, fremde Hilfe in Anspruch zu nehmen: Manchmal, weil wirklich etwas Grundlegendes in unserem Leben schiefläuft, aber mitunter auch nur, weil wir meinen, unser Leben könnte besser sein. In jedem Fall zeugt die Tatsache, daß Sie Veränderungen in Ihrem Leben aktiv in Angriff nehmen wollen, statt nur darauf zu warten, daß diese von selbst geschehen, von Ihrer positiven Grundeinstellung und Ihrer Bereitschaft, selbst die Verantwortung für Ihr Leben zu übernehmen.

Die Entwicklung der eigenen Persönlichkeit bedeutet, daß Sie Ihr wahres Potential voll ausschöpfen und ganz allgemein an Lebenserfahrung gewinnen. Es gibt zahlreiche verschiedene Möglichkeiten, Veränderungen zu bewirken. Sie reichen von einer Änderung Ihres Verhaltens oder einer Ausweitung Ihrer kreativen Möglichkeiten bis hin zur Erkundung spiritueller Bereiche.

Kurse, Seminare und Workshops zur Förderung der persönlichen Weiterentwicklung sind eine immer beliebter werdende Möglichkeit, an Lebenserfahrung zu gewinnen und das eigene Innenleben zu erkunden. Die Ausführungen auf den Seiten 90–91 sollen Ihnen bei der Überlegung helfen, ob ein Kurs in Persönlichkeitsentwicklung für Sie das Richtige wäre oder ob Sie eher von Kursen profitieren würden, durch die Sie Ihr Wissen mehren oder Ihre Kreativität fördern könnten.

Viele Menschen stellen immer wieder frustriert fest, daß die Anforderungen des täglichen Lebens ihnen wenig Zeit zur Auseinandersetzung mit ihrem Innenleben lassen. Wenn Sie sich bewußt Zeit zum Nachdenken nehmen, kann Ihnen dies viel geben und zu wichtigen Erkenntnissen verhelfen. Besinnung (S. 92–93) und Meditation (S. 94–95) sind zwei der hier beschriebenen Möglichkeiten.

Eine weitere Möglichkeit, die schon vielen Menschen zu großer Befriedigung verholfen hat, ist das Einüben kreativer Ausdrucksformen. Der Abschnitt „Kreativtherapie" (S. 96–99) befaßt sich mit verschiedenen Arten kreativer Arbeit, die Sie ausprobieren könnten, um Ihr persönliches Repertoire an Fähigkeiten zu erweitern. Welche Kunstform auch immer am geeignetsten für Sie sein mag – kreatives Arbeiten kann in jedem Fall Ihr Selbstverständnis verbessern und Ihnen mehr Genuß am Leben vermitteln.

Wenn Sie Ihr Leben und Ihre Träume allein oder gemeinsam mit anderen zu analysieren versuchen, lernen Sie eine ganze Menge über sich selbst und Ihre unbewußten Gedanken und Sehnsüchte. Auf den Seiten 100-101 erfahren Sie, inwieweit die Traumdeutung zur Weiterentwicklung Ihrer Persönlichkeit beitragen kann.

Das Kapitel endet mit Antworten auf die Frage, wie Sie es schaffen, Ihr Verhalten zu ändern. Ein selbstsicheres statt passives oder aggressives Verhalten wird dafür sorgen, daß Ihre Beziehungen zu anderen Menschen aufrichtiger werden. Im Abschnitt „Selbstbehauptungs-Training" (S. 102–103) unterbreiten wir Vorschläge für Veränderungen, die Sie vornehmen können, um Ihr Verhalten so zu modifizieren, daß Ihre Kommunikation mit anderen effektiver und befriedigender wird.

WENN SIE ALLE POTENTIELLEN WEGE DER WEITERENTWICKLUNG IHRER PERSÖNLICHKEIT AUSLOTEN MÖCHTEN, BIETET SICH IHNEN EINE GANZE PALETTE VERSCHIEDENER MÖGLICHKEITEN AN.

Sind Sie mit Ihrem Leben zufrieden?

BEI DER PERSÖNLICHEN WEITERENTWICKLUNG geht es nicht etwa darum, absolut vollkommen zu werden, sondern vielmehr um die Suche nach einem erfüllten Leben – um das Gefühl also, die eigenen Möglichkeiten voll zu erschließen und zufrieden zu sein mit dem, was man aus sich macht. Dazu gehört, seine Begabungen zu kultivieren und zu mehr Selbsterkenntnis zu gelangen. Es gilt, vorhandene positive Eigenschaften und Charakterzüge auszubauen und zu lernen, diese zum eigenen Vorteil zu nutzen sowie die weniger günstigen Aspekte der eigenen Persönlichkeit entsprechend zu modifizieren.

Sie können sich in den verschiedensten Lebensbereichen weiterentwickeln oder auch nur auf einem ganz speziellen Gebiet. Die einen wollen vor allem ein bestimmtes Verhaltensmuster ändern, während andere darauf abzielen, das eigene Potential voll auszuschöpfen und wieder andere einfach selbstsicherer werden wollen. Wenn Sie die folgenden Fragen beantworten, werden Sie eine Vorstellung davon bekommen, in welche Richtung Sie sich weiterentwickeln könnten.

Können Sie gut allein sein?
JA: Die Fähigkeit, sich auch ganz allein wohl zu fühlen, ist ungeheuer wichtig. Ein Mensch, der sich zwischendurch auch einmal selbst genügt, sucht die Gesellschaft anderer aus dem echten Wunsch heraus, zu seinen Mitmenschen Verbindung zu halten und das eigene Leben mit ihnen zu teilen, und nicht etwa nur aus Flucht vor Einsamkeit und Langeweile.
NEIN: Ihre persönliche Weiterentwicklung beginnt bei Ihrem Verhältnis zu sich selbst. Sie müssen unbedingt Ihre eigenen Ressourcen entwickeln und lernen, mit sich selbst klarzukommen und das Alleinsein ganz bewußt zu genießen. Kultivieren Sie gezielt Tätigkeiten, die Sie allein ausführen können und die Ihnen Spaß machen – sei es Musik hören, Spazierengehen oder kreative Beschäftigungen wie Malen, Schreiben oder Bildhauern ausüben (siehe S. 96–99). Vielleicht hilft Ihnen ja auch die Meditation (S. 94–95), sich auf Ihr Innenleben zu konzentrieren.

Fühlen Sie sich anderen Menschen nahe?
JA: Wir alle sind auf gute Beziehungen zu unseren Mitmenschen angewiesen. Solche Verbindungen zu anderen vermitteln uns ein Gefühl der Zugehörigkeit, lassen uns die eigene Persönlichkeit besser akzeptieren und helfen uns, liebe- und verständnisvoller zu werden.
NEIN: Wenn es Ihnen schwerfällt, mit anderen Menschen klarzukommen oder wirklich enge Beziehungen aufzubauen, müssen Sie ganz gezielt daran arbeiten (siehe S. 48–49). Vielleicht möchten Sie dieses Problem in Form einer Einzeltherapie oder psychologischen Beratung oder lieber im Rahmen einer Gruppe in Angriff nehmen. Mitunter kann der Tod eines geliebten Menschen dazu führen, daß der oder die Hinterbliebene sich grenzenlos einsam fühlt; in diesem Fall hilft am ehesten eine psychologische Beratung, die speziell auf Trauerfälle zugeschnitten ist.

Haben Sie Achtung vor sich selbst?
JA: Selbstachtung bedeutet, ein gesundes Gefühl für Ihre eigene Würde und Integrität zu entwickeln, und Selbstachtung ist auch die Voraussetzung für seelisches Wohlbefinden und persönliches Glück. Der Respekt vor der eigenen Persönlichkeit beeinflußt jeden Aspekt des Lebens, von der Arbeit bis zu den engsten zwischenmenschlichen Beziehungen.
NEIN: Der Aufbau von Selbstachtung ist für Sie ungeheuer wichtig. Sie müssen sich unbedingt von negativen Selbsteinschätzungen und Minderwertigkeitsgefühlen freimachen. Falls Ihr Mangel an Selbstvertrauen nicht zu tiefgreifend ist, stehen Ihnen zu diesem Thema zahlreiche kürzere Kurse und Selbsthilfebücher zur Verfügung; falls es Ihnen jedoch grundsätzlich an Selbstachtung fehlt, wäre wohl eine intensivere Therapie ratsam, um die Gründe zu erforschen.

Machen Sie aus Ihren Begabungen das Beste?
JA: Die Überzeugung, daß Sie Ihre individuellen Möglichkeiten weitestgehend ausschöpfen, trägt zu Ihrer Selbstachtung bei und verhilft Ihnen zu einem gewissen Maß an Zufriedenheit. Denken Sie trotzdem einmal darüber nach, ob Sie Ihr Potential wirklich voll nutzen oder ob Sie vielleicht neue Begabungen entwickeln oder etwas Neues dazulernen könnten.
NEIN: Falls Sie nicht sicher sind, wo Ihre Talente liegen, sollten Sie dies herausfinden. Könnten Sie vielleicht eine Fremdsprache erlernen, an einem Kochkurs teilnehmen, Ihren Garten neu gestalten, sich das Gitarrespielen beibringen oder es einmal mit Flamenco-Tanzen, Windsurfen oder Golfspielen versuchen? Wovon träumen Sie insgeheim? Öffnen Sie sich dem gewaltigen Potential, das auch in Ihnen schlummert. Manche Menschen verschwenden ihre Talente aus Faulheit oder mangelnder Entschlußkraft, die vielfach nur eine tiefersitzende Angst vor einem möglichen Versagen oder vor Veränderungen verdecken. Falls Sie diese Probleme haben, sollten Sie nach Mitteln und Wegen suchen, Ihre Energie zu steigern und Ihre Begeisterungsfähigkeit weiterzuentwickeln.

Sind Sie fähig, Stress zu bewältigen?
JA: Die Fähigkeit, Stresssituationen zu meistern, ist eine grundlegende Voraussetzung für Zufriedenheit. Sie ermöglicht, mit den Anforderungen des modernen Lebens oder mit Phasen besonderer Belastung fertig zu werden, ohne in psychischer oder körperlicher Hinsicht allzusehr darunter zu leiden.
NEIN: Wenn Sie das Gefühl haben, irgendwann unter den Belastungen des Lebens zu zerbrechen, sollten Sie spezifische Techniken erlernen, die Ihnen helfen, Stress besser zu bewältigen. So kann sich beispielsweise körperliches Training – insbesondere nicht leistungsorientiert betriebenes Schwimmen, Radfahren oder Tanzen – positiv auf Ihre Fähigkeit auswirken, Belastungen besser zu ertragen. Falls diese Fähigkeit bei Ihnen unterentwickelt ist, sollten Sie sich Gedanken machen, wie Sie Ihre Lebensweise verändern könnten, um negative Stressfaktoren abzubauen. Vielleicht hilft Ihnen auch die Teilnahme an einer entsprechenden Unterstützungsgruppe weiter.

Achten Sie auf Ihre Gesundheit?

JA: Wenn Sie auf Ihre Gesundheit achten, ist dies ein Zeichen von Selbstachtung. Wer sich auf eine ausgewogene Weise fit hält, sorgt dafür, daß er ausreichend Energie tankt, um das Leben mit all seinen Problemen besser zu bewältigen. Da körperliche, geistige und seelische Gesundheit nicht strikt voneinander zu trennen sind, werden Sie auch in geistiger und seelischer Hinsicht von einem solchen Training profitieren.

NEIN: Wenn Sie ihre körperliche Fitness vernachlässigen, besteht die Gefahr, daß Sie anfälliger werden für Depressionen, Antriebsschwäche und Motivationsprobleme. Wenn Sie sich hingegen gesund ernähren und regelmäßig trainieren, verbessern Sie damit nicht nur Ihre Stimmung und Ihre Selbstachtung, sondern auch Ihr körperliches Wohlbefinden. Falls Sie sich zuviel Alkohol, Nikotin oder Koffein zuführen, müssen Sie etwas gegen Ihre Sucht unternehmen. Sie könnten eine für Sie geeignete Selbsthilfegruppe oder eine Unterstützungsgruppe suchen (siehe S. 74–79); für die Raucher-Entwöhnung hat sich auch Hypnose bewährt (siehe S. 44–45).

Sind Sie durchsetzungsfähig?

JA: Durchsetzungsfähig zu sein bedeutet, daß Sie sich Ihrer Rechte bewußt sind und über ausreichend Selbstvertrauen verfügen, um sie zu wahren. Es bedeutet auch, über die Fähigkeit zu verfügen, auf direkte Weise unter Respektierung seiner Mitmenschen die eigenen Wünsche zu äußern, ohne sich aggressiver oder manipulativer Taktiken zu bedienen.

NEIN: Sie sollten sich unbedingt nach Kursen zur Steigerung Ihrer Durchsetzungsfähigkeit umsehen, die mittlerweile fast überall angeboten werden. Wenn Sie erst einmal gelernt haben, sich besser zu behaupten, hilft Ihnen dies auch, erfolgreicher mit anderen Menschen zu kommunizieren – abgesehen davon, daß es Ihre Selbstachtung, Ihr Selbstvertrauen und auch Ihre Motivation steigert (siehe S. 102–103).

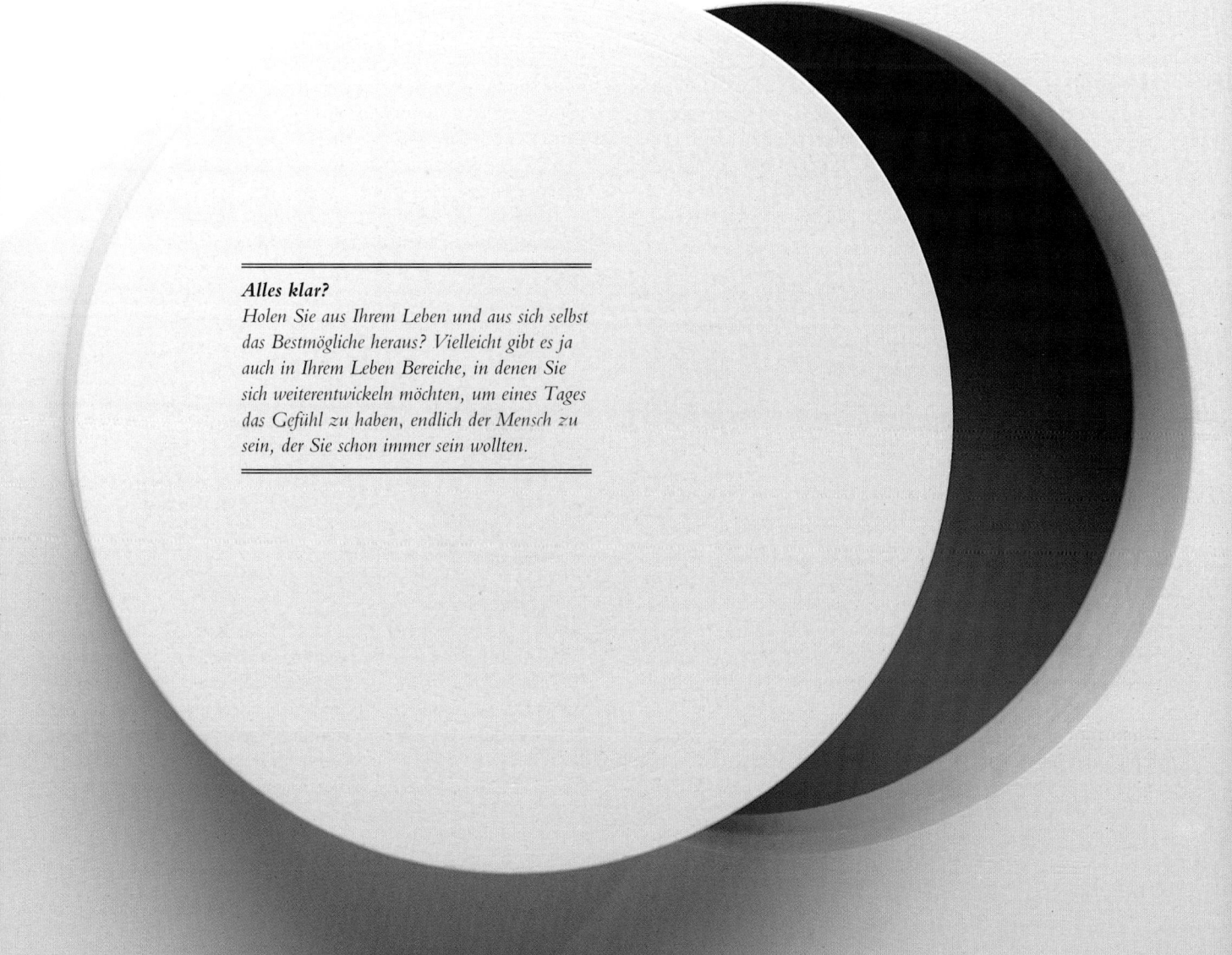

Alles klar?
Holen Sie aus Ihrem Leben und aus sich selbst das Bestmögliche heraus? Vielleicht gibt es ja auch in Ihrem Leben Bereiche, in denen Sie sich weiterentwickeln möchten, um eines Tages das Gefühl zu haben, endlich der Mensch zu sein, der Sie schon immer sein wollten.

KURSE UND SEMINARE

Sie finden diese Art von Kursen über Anzeigen in Zeitungen oder Zeitschriften, über private Organisationen und die von Ihnen verbreiteten Broschüren sowie durch Empfehlungen von Freunden und Bekannten.

Irene beispielsweise war sehr niedergeschlagen und litt unter einem Mangel an Selbstvertrauen. Eines Tages erzählte ihr eine Freundin von einem fünftägigen Seminar zur Steigerung der persönlichen Leistungsfähigkeit, bei dem unter anderem Einzel- und Gruppenübungen, Spiele und kreative Visualisierung eingesetzt wurden und jeder sein Gefühlsleben vor einer großen Gruppe ausbreitete. „Der Gedanke, in einer Gruppe zu arbeiten, machte mich zunächt ein wenig nervös, aber sobald ich den anderen erklärt hatte, wie ich mich fühlte, verspürte ich auch schon ein Gefühl größerer Nähe zu ihnen. Wir hatten eben eine gemeinsame Basis, weil wir schließlich alle ein gewisses Risiko eingingen und Zeit und Mühe investierten, um an uns zu arbeiten. Ich schaffte es, einiges an alter Wut und alten Verletzungen endgültig abzulegen, wurde mir bestimmter Verhaltensweisen bewußt, durch die ich mir selbst Steine in den Weg gelegt hatte, und begann, mich selbst besser zu akzeptieren. Alle meine Freunde und Bekannten haben mir inzwischen bestätigt, daß ich mich zum Positiven verändert habe."

KURSE, SEMINARE UND WORKSHOPS ziehen Menschen aller Altersgruppen aus allen gesellschaftlichen Schichten an. Manche befassen sich speziell mit den Möglichkeiten der persönlichen Weiterentwicklung und bieten den Teilnehmern Strategien zur Veränderung einzelner Aspekte ihres Lebens oder ihres Verhaltens an; andere wiederum sind reine Fortbildungskurse, in denen Menschen, die sich umschulen lassen oder eine völlig neue berufliche Richtung einschlagen möchten, bestimmte Qualifikationen erwerben können. Was immer Sie auch lernen wollen – ob Sie sich gerne eine neue Fähigkeit aneignen oder einfach nur etwas Neues ausprobieren würden –, irgendwo gibt es höchstwahrscheinlich ein entsprechendes Angebot.

Kurse zur persönlichen Weiterentwicklung

Eine sehr beliebte Art von Kursen fällt unter die Kategorie „Weiterentwicklung der Persönlichkeit". Solche Kurse können Ihnen in folgenden Punkten helfen:
- Ihre Selbstachtung zu stärken.
- Ihr Selbstvertrauen in gesellschaftlicher wie in beruflicher Hinsicht zu erhöhen.
- Ihre Selbsterkenntnis zu fördern.
- Sich Ihres Denkens, Fühlens und Verhaltens besser bewußt zu werden.
- Ihr Leben selbst in die Hand zu nehmen und die Verantwortung für Ihr Handeln zu übernehmen.
- Sich Ziele zu setzen und zu wissen, was Sie wollen.
- Sich die Freiheit zu nehmen, Sie selbst zu sein.
- Ihr Potential richtig einzuschätzen und damit zu beginnen, es besser zu nutzen.
- Ihre spirituelle Seite zu erforschen.

Manche Menschen scheuen sich, einen Kurs zur persönlichen Weiterentwicklung zu besuchen, weil sie sich fragen: Was läuft da wohl ab? Wer steckt hinter diesen Kursen? Was wird da geboten, das ich mir nicht auch selbst beibringen könnte? Werden die Organisatoren versuchen, mir möglichst viel Geld aus der Tasche zu ziehen? Kann ich aussteigen, wann immer ich will? Es ist keine Schande, vorsichtig zu sein und Fragen zu Bereichen zu stellen, die Ihnen nicht ganz klar sind. Angesehene Organisationen und Institute werden Ihnen Ihre Fragen ganz offen beantworten – und vielleicht ist ein solcher Kurs ja genau das, was Sie brauchen.

Teilzeitkurse

Warten Sie auf eine Chance, einen Kurs Ihrer Wahl besuchen zu können, ohne jedoch zuviel Zeit dafür aufzubringen? In diesem Fall könnten Sie auf eine leicht zugängliche Möglichkeit zurückgreifen: auf Teilzeitkurse. Angela beispielsweise hatte immer schon Freude an der Kunst gehabt und war deshalb sehr enttäuscht gewesen, als sie die Zulassung zur Kunstakademie nicht schaffte. Statt dessen begann sie, in einem Textilgeschäft zu arbeiten, wo sie es schnell zur Geschäftsführerin brachte. Als sie irgendwann die Langeweile in ihrem Beruf und in ihrem ganzen

Leben nicht mehr aushielt, schrieb sie sich für einen Malkurs bei der Volkshochschule ihres Wohnortes ein. Sie tat sich mit einigen anderen Kursteilnehmern zusammen, und im Sommer darauf organisierten sie gemeinsam einen Malurlaub im Ausland. Mittlerweile träumte Angela nicht mehr davon, eine große Künstlerin zu werden; sie bezog aus ihrem Kurs große persönliche Befriedigung sowie das Gefühl, ihre Kreativität endlich einmal richtig ausleben zu können und das Repertoire ihrer Fähigkeiten sinnvoll erweitert zu haben.

Es gibt die unterschiedlichsten Abend- und andere Teilzeitkurse für Menschen aller Interessenlagen und Fähigkeiten. Die Kurse gehören verschiedenen Kategorien an, wie etwa:

- *Wissenschaft und Sprache:* Fremdsprachen, Literatur, Geisteswissenschaften, Naturwissenschaften sowie Mathematik. Manche Kurse und Seminare führen zu einer beruflichen Qualifikation oder irgendeinem anderen Abschluß.
- *Kreative oder künstlerische Fähigkeiten:* Zeichnen, Malen, Bildhauerei, Modedesign, kreatives Schreiben.
- *Handwerkliche und praktische Fähigkeiten:* Holzbearbeitung, Silberschmiedekurse, Kochen, Sticken, Töpfern.
- *Bewegung und Körpertraining:* Traditionelle und moderne Tanzstile, Ausdruckstanz, Fitnesstraining und zahlreiche Sportarten.
- *Musik und Theater:* Erlernen eines bestimmten Instruments, Musiktheorie und Komposition, Schauspielerei, Stimmausbildung und mimischer Ausdruck.
- *Berufsbildung und Umschulung:* Computer-, Buchführungs- und Verwaltungskurse, die teilweise zur Erlangung einer beruflichen Qualifikation führen.

Wagen Sie den Absprung
Lassen Sie sich nicht beirren: Wofür Sie sich auch interessieren – irgendwo gibt es garantiert einen passenden Kurs oder ein Seminar, das Ihren Bedürfnissen entspricht.

Kurse an Universitäten

Universitäten bieten die verschiedensten Kurse an, die auch Nichtstudenten besuchen können und die oft in den Semesterferien stattfinden. Die vielleicht interessanteste Möglichkeit stellen Kurse im Ausland dar. Insbesondere die Sprachkurse, aber auch Kurse in Kunst- oder Naturgeschichte erfreuen sich größter Beliebtheit, da sie die Chance bieten, direkt im kulturellen Umfeld eines fremden Landes und unter der Leitung von Muttersprachlern neues Wissen zu erwerben.

Fernkurse

Für Leute, die sich ihre Zeit frei einteilen möchten oder in ihrer näheren Umgebung keinen passenden Kurs finden, könnte eventuell ein Fernkursus eine Alternative sein. Hierzu ist allerdings ein hohes Maß an Motivation und Disziplin erforderlich, weil die Kursteilnehmer ihre Arbeit selbst organisieren und planen müssen. Manche Kurse sind insofern flexibel gestaltet, als die Teilnehmer ihr Lerntempo selbst bestimmen können; andere hingegen sind an einen festen Zeitplan gebunden. Zu diesen Kursen gehören meist schriftliche Hausaufgaben; einige Institute bieten auch eine persönliche Betreuung der Teilnehmer an. Viele Kurse führen zum Erwerb einer beruflichen Qualifikation oder eines Schulabschlusses.

Jürgen beispielsweise, ein junger Polizeibeamter, beschloß eines Tages, endlich den Schulabschluß nachzuholen, den er während seiner Schulzeit versäumt hatte. Nachdem er in Abendkursen in zwei Fächern gute Ergebnisse erzielt hatte, schrieb er sich für den Fernkurs einer Universität ein; dies ermöglichte es ihm, seinen Beruf auszuüben und sich in seiner Freizeit weiterzubilden. Seine verbesserte Qualifikation, seine erweiterten Fähigkeiten und sein daraus resultierendes größeres Selbstvertrauen wirkten sich auch bald positiv auf seine Karriere aus und förderten seinen beruflichen Aufstieg.

Tage der Besinnung

Wir leben in einer lauten, schnellebigen und von Stress geprägten Welt. Mitunter sehnen wir uns deshalb nach ein wenig Abstand von all den Anforderungen, die im Beruf, zu Hause und in der Familie an uns gestellt werden, von den Problemen in Politik, Gesellschaft und Umwelt, die sich scheinbar unserer Kontrolle entziehen, und vom ständigen Lärm des heutigen Alltags – von lauter Musik, Autoabgasen und dem Klingeln des Telefons. Ab und zu brauchen wir Ruhe, um unseren inneren Frieden wiederzufinden und uns die Zeit zu nehmen, über unser Leben nachzudenken.

Eine Möglichkeit, eine Pause vom Alltag zu machen und das alles für einen gewissen Zeitraum hinter uns zu lassen, wäre das, was man in der Kirche als Exerzitien oder Einkehrtage bezeichnet. Nicht nur religiöse Orden, sondern auch konfessionell ungebundene spirituelle Zentren öffnen ihre Türen für all jene, die Gelegenheit suchen, ihr Innenleben und ihre spirituellen Überzeugungen zu erforschen oder einfach eine Ruhepause von den Anforderungen des Alltagslebens zu genießen.

Innere Einkehr
Der Hauptgrund für die Entscheidung, sich für ein paar Tage von der Welt zurückzuziehen, besteht in der Regel im Bedürfnis, das eigene Innenleben zu ergründen, um sich selbst und seine Gefühle besser kennenzulernen. Gleichgültig, ob Sie einer bestimmten Glaubensgemeinschaft angehören oder Ihren eigenen spirituellen Weg finden möchten, indem Sie sich vorübergehend von Ihren Freunden, Ihrer Familie, Ihrer Arbeit und den ständigen Ablenkungen zurückziehen, schaffen Sie Raum für ein neues Bewußtsein.

Ruhe und Stille können Ihnen helfen, Ihre eigenen Antworten auf philosophische Fragen zur Natur des Lebens und des Kosmos und nach Ihrem Platz in dieser Welt zu finden. Bei Exerzitien und ähnlichen Einkehrtagen sind deshalb in der Regel Phasen absoluter Stille vorgesehen, während bei anderen die Teilnehmer gezielt zu bestimmten Aktivitäten animiert werden. Im ersten Augenblick wird Sie das Fehlen von Lärm womöglich irritieren; Sie können sich jedoch allmählich an die Stille gewöhnen, indem Sie eine allenfalls mit ruhigen Bewegungen verbundene, das Nachdenken fördernde Tätigkeit wie Spazierengehen, Nähen oder Malen ausüben.

Es gibt zahlreiche Angebote für solche Tage der Besinnung. Jeder Ort hat seine eigenen Regeln etwa bezüglich der Frage, ob Sie einem bestimmten Glauben angehören müssen, wie lange Sie bleiben können und ob Sie zu bestimmten Zeiten zum Schweigen verpflichtet sind. In einigen Fällen wird Ihnen vielleicht die Möglichkeit eingeräumt, länger zu bleiben als nur für einen kurzen Besuch. Informationen erhalten sie über die Hilfsorganisationen der Kirchen oder Glaubensgemeinschaften und über Selbsterfahrungs- und Meditationszentren. Wenn Sie einen Ort im Ausland suchen, kann Ihnen zum Beispiel *The Good Retreat Guide* von Stafford Whiteaker weiterhelfen, der Einzelheiten über Einkehrtage in Großbritannien, Irland und Frankreich enthält. Im folgenden sollen einige Beispiele für solche Rückzugsmöglichkeiten aufgeführt werden.

Tage der Stille: Bei dieser Art innerer Einkehr wird wenig oder gar nicht gesprochen; unter Umständen können Sie bestimmte Techniken erlernen, die Ihnen helfen, sich an das Fehlen von Lärm und sonstigen Ablenkungen zu gewöhnen.

Wochenend-Veranstaltungen: Diese sehr beliebte Form der Besinnung setzt überwiegend auf Schweigen, doch kann auch eine Diskussion in der Gruppe oder ein Gespräch mit dem Leiter der entsprechenden Institution vorgesehen sein. Neben ausreichend Zeit zum Spazierengehen, Lesen und Nachdenken wird vielfach auch Gelegenheit zum Gebet, zur Meditation oder zur Teilnahme an einer religiösen Veranstaltung geboten.

Natur- oder Gebetstage: Diese betonen die Verbindung zwischen dem Ich und der Natur sowie die Einheit aller Dinge in der Schöpfung – eine Vorstellung, die auch der Philosophie des Buddhismus und der New-Age-Bewegung zugrundeliegt. Es handelt sich hierbei um eine aktive innere Einkehr in dem Sinne, daß viel Zeit damit verbracht wird, die Natur zu beobachten, um deren Vielfalt und Reichtum wieder einmal völlig neu zu erleben.

Tage der Genesung: Diese Veranstaltungen werden meist von christlichen Gemeinden oder spirituellen Zentren organisiert. Aus christlicher Sicht erfordert sowohl ein seelischer als auch ein körperlicher Heilungsprozeß die belebende Kraft des Heiligen Geistes. Spirituelle Zentren setzen häufig Techniken der Meditation und der Visualisierung ein, um die innere Selbstheilungskraft der Teilnehmer zu aktivieren.

Christliche Einkehrtage oder Exerzitien: Diese häufig in Klöstern angebotenen Veranstaltungen fördern den Gedankenaustausch und laden zum Gebet in der Gruppe ein. An den Nachmittagen werden in der Regel Spaziergänge in der Umgebung gemacht.

Buddhistische Orte der Besinnung: In einem buddhistischen Zentrum oder Kloster erwarten Sie neben Zeiten des Schweigens auch solche der förmlichen Meditation, in denen die Teilnehmer Instruktionen erhalten sowie Diskussionen in der Gruppe über buddhistische Glaubenshaltungen und Formen der Meditation stattfinden.

Gruppenfreizeiten: Neben der Möglichkeit, als Einzelperson irgendwo zu innerer Einkehr zu finden, gibt es auch vergleichbare Veranstaltungen für Gruppen; diese orientieren sich oft an einem einzelnen Thema und können ebensogut für eine Gruppe von Menschen aus einer Kirchengemeinde als auch für Leute gedacht sein, die einander zuvor nie gesehen haben.

Bei allen Arten der inneren Einkehr werden Sie Stille und Frieden finden und Gelegenheit erhalten, mit Ihren Gedanken allein zu sein, um über Ihr Leben und dessen spirituelle Dimensionen nachzudenken.

Eine Quelle innerer Kraft
Wenn der Lärm und die Hektik des modernen Lebens Sie nicht mehr zur Ruhe kommen lassen, kann der Rückzug an einen Ort der Stille Ihnen helfen, die Verbindung zu Ihrem eigentlichen Wesen wiederzufinden.

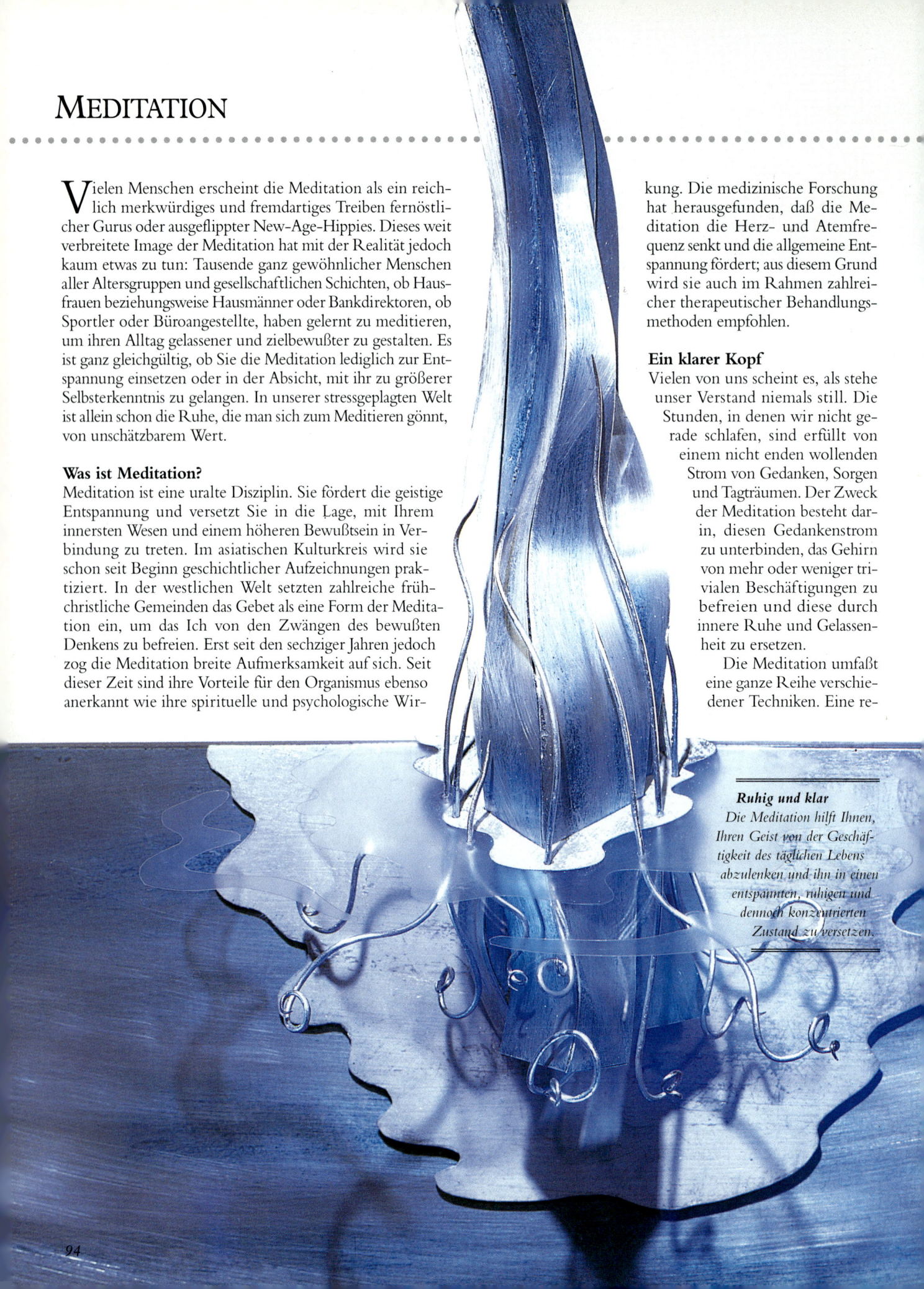

MEDITATION

Vielen Menschen erscheint die Meditation als ein reichlich merkwürdiges und fremdartiges Treiben fernöstlicher Gurus oder ausgeflippter New-Age-Hippies. Dieses weit verbreitete Image der Meditation hat mit der Realität jedoch kaum etwas zu tun: Tausende ganz gewöhnlicher Menschen aller Altersgruppen und gesellschaftlichen Schichten, ob Hausfrauen beziehungsweise Hausmänner oder Bankdirektoren, ob Sportler oder Büroangestellte, haben gelernt zu meditieren, um ihren Alltag gelassener und zielbewußter zu gestalten. Es ist ganz gleichgültig, ob Sie die Meditation lediglich zur Entspannung einsetzen oder in der Absicht, mit ihr zu größerer Selbsterkenntnis zu gelangen. In unserer stressgeplagten Welt ist allein schon die Ruhe, die man sich zum Meditieren gönnt, von unschätzbarem Wert.

Was ist Meditation?

Meditation ist eine uralte Disziplin. Sie fördert die geistige Entspannung und versetzt Sie in die Lage, mit Ihrem innersten Wesen und einem höheren Bewußtsein in Verbindung zu treten. Im asiatischen Kulturkreis wird sie schon seit Beginn geschichtlicher Aufzeichnungen praktiziert. In der westlichen Welt setzten zahlreiche frühchristliche Gemeinden das Gebet als eine Form der Meditation ein, um das Ich von den Zwängen des bewußten Denkens zu befreien. Erst seit den sechziger Jahren jedoch zog die Meditation breite Aufmerksamkeit auf sich. Seit dieser Zeit sind ihre Vorteile für den Organismus ebenso anerkannt wie ihre spirituelle und psychologische Wirkung. Die medizinische Forschung hat herausgefunden, daß die Meditation die Herz- und Atemfrequenz senkt und die allgemeine Entspannung fördert; aus diesem Grund wird sie auch im Rahmen zahlreicher therapeutischer Behandlungsmethoden empfohlen.

Ein klarer Kopf

Vielen von uns scheint es, als stehe unser Verstand niemals still. Die Stunden, in denen wir nicht gerade schlafen, sind erfüllt von einem nicht enden wollenden Strom von Gedanken, Sorgen und Tagträumen. Der Zweck der Meditation besteht darin, diesen Gedankenstrom zu unterbinden, das Gehirn von mehr oder weniger trivialen Beschäftigungen zu befreien und diese durch innere Ruhe und Gelassenheit zu ersetzen.

Die Meditation umfaßt eine ganze Reihe verschiedener Techniken. Eine re-

Ruhig und klar
Die Meditation hilft Ihnen, Ihren Geist von der Geschäftigkeit des täglichen Lebens abzulenken und ihn in einen entspannten, ruhigen und dennoch konzentrierten Zustand zu versetzen.

lativ einfache Methode finden Sie im Kasten rechts; vielleicht ziehen Sie es aber auch vor, sich als Anfänger von einem erfahrenen Lehrer anleiten zu lassen. Jeder muß für sich selbst herausfinden, welche Art der Meditation ihm am ehesten liegt, so daß es sich lohnt, sich nach den verschiedenen Möglichkeiten zu erkundigen, um das Passende für Sie zu finden. Während manche zum Meditieren am liebsten ein bestimmtes Wort oder eine kurze Formel – ein sogenanntes Mantra – wiederholen, ziehen andere es vor, sich ein bestimmtes Bild vor Augen zu führen. Eine Möglichkeit wäre beispielsweise, eine Kerze anzuzünden, die Flamme zu beobachten und sich immer tiefer in ihr flackerndes Inneres hineinziehen zu lassen. Eine andere Methode besteht darin, sich im Geiste auf ein bestimmtes Bild zu konzentrieren – auf einen wunderschönen, mächtigen Baum etwa oder das glasklare Wasser eines malerisch gelegenen Sees –, während man ganz bewußt weiteratmet. Unabhängig von der jeweiligen Methode ist in jedem Fall regelmäßiges Üben sehr zu empfehlen; wenn Sie keine 20 Minuten täglich erübrigen können, sollten Sie zumindest versuchen, jeden zweiten Tag zu meditieren. Nach Beendigung Ihrer Sitzung sollten Sie nicht abrupt aufspringen; lassen Sie sich ein paar Minuten Zeit, um sich allmählich wieder auf Ihre unmittelbare Umgebung einzustellen. Versuchen Sie, so lange wie möglich ruhig und konzentriert zu bleiben.

Für welche Methode Sie sich auch entscheiden – der größte Vorteil der Meditation ist die Entdeckung eines Zentrums der Ruhe in Ihrem Innern, von dem aus Sie Ihr Leben auf eine zielbewußtere und befriedigendere Weise gestalten können.

SCHRITTE ZUR INNEREN RUHE

Suchen Sie sich einen ruhigen Raum aus, in dem Sie 20 Minuten lang garantiert ungestört sind. Vielleicht müssen Sie das Telephonkabel aus der Dose ziehen oder die Tür schließen, um eventuell Haustiere fernzuhalten.
• Stellen Sie die Beleuchtung so ein, daß sie nicht grell ist; viele Leute meditieren am liebsten bei Kerzenlicht.
• Ziehen Sie Ihre Schuhe aus, und öffnen Sie allzu eng sitzende Kleidungsstücke.
• Setzen Sie sich bequem hin, vielleicht auf Kissen auf dem Boden oder auf ein Sofa, oder lehnen Sie sich entspannt zurück. Sich flach hinzulegen ist nicht zu empfehlen, weil die Gefahr des Einschlafens besteht. Der Zweck der Übung besteht darin, ganz ruhig und entspannt, aber zugleich hellwach und konzentriert zu bleiben.
• Schließen Sie die Augen. Konzentrieren Sie sich dabei nacheinander auf jeden einzelnen Körperteil, und lassen Sie jeden schlaff werden. Stellen Sie sich vor, wie jegliche Anspannung einfach aus Ihrem Körper fließt, und versuchen Sie, vollständig zu entspannen.
• Konzentrieren Sie sich nun auf Ihre Atmung: Atmen Sie langsam und gleichmäßig durch; fühlen Sie, wie Ihre Brust sich hebt und senkt, während die Luft in Ihren Körper hinein- und wieder aus ihm herausströmt.
• Viele Menschen meditieren gern mit Hilfe eines Mantra – einer Silbe oder eines Wortes, auf das sie sich konzentrieren und das sie unablässig wiederholen. Dieses Wort muß nicht eine konkrete Bedeutung haben; wenn Sie möchten, können Sie beispielsweise das Wort „Friede" oder „Stille" nehmen oder einfach die Zahl „eins".
• Wiederholen Sie das Wort still im Kopf im Rhythmus Ihrer Atmung, und lassen Sie sich immer tiefer in einen Zustand der Entspannung gleiten.
• Gedanken, Gefühle, Farben und Bilder dürfen dabei zwar in Ihnen hochkommen, doch sollten Sie sich von ihnen nicht zu sehr ablenken lassen. Nehmen Sie sie einfach wahr, um sie dann sanft beiseitezuschieben oder zu ignorieren; konzentrieren Sie sich wieder auf das Aufsagen Ihres Mantra sowie auf Ihre Atmung.

Kreativtherapie

Ist Ihnen schon einmal aufgefallen, wie eine Melodie, eine Farbe oder ein flüchtiges Bild unmittelbar Ihr Herz berührt, starke Emotionen ausgelöst und Erinnerungen aus der Kindheit in Ihnen wachgerufen hat? Unsere tiefsten Instinkte und Gefühle sind nonverbaler Natur, und verschiedene Kreativtherapien auf der Basis von Malerei oder Bildhauerei, Schauspielerei, Tanz und Musik nutzen dies als wirksames Mittel, um uns zu helfen, unsere Persönlichkeit auszudrücken und unterdrückte Emotionen freizusetzen.

Ihre Blütezeit hatte die Kreativtherapie in den sechziger und siebziger Jahren. Auch heute noch wird sie gelegentlich in Schulen, Krankenhäusern, Strafanstalten und Gemeindezentren sowie in privaten Institutionen angeboten, um psychische oder emotionale Probleme sowie Lernschwierigkeiten und Verhaltensstörungen zu behandeln oder ganz einfach den Teilnehmern zu helfen, sich selbst freier auszudrücken. Besonders wirksam ist die Kreativtherapie bei der Bekämpfung von Stress, beim Freisetzen verdrängter Gefühle oder wenn es darum geht, Menschen darin zu unterstützen, ungehemmter miteinander zu kommunizieren.

Die Kreativtherapie kann auf institutioneller Basis als eine Einzel- oder Gruppentherapie durchgeführt werden, aber auch ebensogut allein oder mit Freunden; allerdings ist es ratsam, wenn intensive Emotionen ins Spiel kommen mit einem ausgebildeten Therapeuten zusammenzuarbeiten.

Es folgt eine Auflistung der wichtigsten Arten von Kreativtherapien, die häufig in verschiedenen Kombinationen eingesetzt werden. Jede Beschreibung enthält einen Abschnitt mit dem Titel „Praktische Umsetzung", in dem Beispiele derjenigen Arten von Übungen aufgeführt werden, die Ihnen bei einer Sitzung begegnen oder die Sie auch selbständig zu Hause ausführen könnten.

Kunsttherapie
Bilder können auf sehr vielsagende Weise unsere Sehnsüchte, unsere Emotionen und unser Selbstverständnis ausdrücken. Wir müssen keine perfekten Künstler sein, um uns auf diese Weise zu äußern – der einfachste Strich, Farbklecks oder Farbton kann Ihre Gefühle unter Umständen besser wiedergeben als tausend Worte. Bilder zu schaffen, die unserer Wahrnehmung der Welt entsprechen, ist ein wichtiger Bestandteil unserer Entwicklung und sagt eine Menge über uns aus. Kleine Kinder beispielsweise setzen Farben ein, um Gegenstände voneinander zu unterscheiden, und sie malen schon lange, bevor sie sich mit Worten klar ausdrücken können. In Workshops und individualtherapeutischen Sitzungen helfen ausgebildete Therapeuten dabei, die Bilder zu interpretieren, die der Klient malt oder zeichnet; dies kann die Selbsterkenntnis fördern und das Verhältnis zwischen der inneren Welt eines Menschen und seiner Umwelt verbessern helfen.

Praktische Umsetzung:
• Versuchen Sie, Ihre Träume in eine visuelle Form zu bringen.
• Dreidimensionale Betätigungen mit den Händen, etwa Töpfern, Bildhauern oder Modellieren mit Ton, stellen ein anderes Ventil für Ihre Ausdrucksfähigkeit dar. Solch „schmutzige" Tätigkeiten können gerade für Menschen, die im Alltag übermäßig penibel sind, sehr wertvoll und befreiend sein.
• Collagen aus ausgeschnittenen Bildern sind ein weniger problematisches Ausdrucksmittel für Leute, die sich einreden, nicht zeichnen oder malen zu können.
• Zeichnen Sie sich selbst als Baum. Wie sieht das aus? Wirkt der Baum stark und mächtig, aber vielleicht allzu steif und starr? Trägt er Blüten oder Früchte? Was scheint er über Sie auszusagen? Ist Ihnen dieser Baum sympathisch? Versuchen Sie dies auch mit anderen Bildern – stellen Sie beispielsweise Ihr Familienleben als Haus dar, ihre Sehnsüchte als Landschaft.
• Selbst gedankenloses Kritzeln in einem Augenblick des Müßiggangs kann therapeutische Wirkung haben; warten Sie einfach ab, was dabei herauskommt.
• Fertigen Sie ein Selbstporträt in irgendeinem Ausdrucksmittel; versuchen Sie, ein Gefühl Ihrer Persönlichkeit zu vermitteln statt einer möglichst starken äußeren Ähnlichkeit.
• Arbeiten Sie paarweise zusammen, und fügen Sie Ihren Zeichnungen gegenseitig etwas hinzu, um Ihre Zusammenarbeit mit anderen zu verbessern.

Dramatische Therapie und Psychodrama
Tag für Tag sind wir bewußte – oder unbewußte – Akteure in einem unablässigen Strom mehr oder minder dramatischer Ereignisse, wenn die verschiedensten Menschen unseren Weg kreuzen und bestimmte Ereignisse uns zwingen, alle möglichen Rollen zu spielen. Aber verstehen wir überhaupt, inwieweit die Rollen, die wir spielen, unser eigenes Verhalten und das anderer Menschen beeinflussen? Und schaffen wir es, unsere Gedanken und Gefühle den anderen nahezubringen?

Dramatische Therapeuten setzen gezielt die verschiedenen Elemente der Schauspielerei ein, um die Probleme ihrer Klienten zu erkennen und ihnen zu helfen, ihre Phantasie weiterzuentwickeln. Bei der meist in Gruppenarbeit durchgeführten Therapie werden die einzelnen Teilnehmer aufgefordert, verschiedene Rollen auszuprobieren, damit sie verstehen lernen, wie sich verschiedene Verhaltensweisen auf andere auswirken.

Das Psychodrama, das in den zwanziger Jahren von dem in Österreich und später in den USA arbeitenden Psychiater J. L. Moreno entwickelt wurde, ist eine spezielle Form der Dramatischen Therapie. Jede Darstellung hat drei Hauptstadien:

1. Erwärmung: Die Mitglieder der Gruppe versuchen, mit Hilfe verschiedener Einstimm- und Lockerungsübungen ihre eigenen Gefühle zu ergründen und sich den anderen Mitgliedern des „Ensembles" gegenüber zu öffnen. Die Gruppe wählt dann einen „Hauptdarsteller" – jemanden, dessen spezielle Situation dargestellt werden soll. Der Hauptdarsteller kann sich selbst spielen, und andere Gruppenmitglieder übernehmen die übrigen Rollen im persönlichen Drama des Protagonisten.

2. Handlung: Das Psychodrama beginnt in Form einer Reise, die in der Gegenwart oder der jüngeren Vergangenheit anfängt, zu einem wichtigen Punkt in der Vergangenheit zurückgeht und dann erneut in die Gegenwart führt.

3. Gedankenaustausch und Abschluß: Die gesamte Gruppe tauscht ihre Gedanken und Gefühle aus.

Praktische Umsetzung:
- Stellen Sie vor dem Spiegel eine einzelne Handlung dar; wischen Sie sich beispielsweise eine Haarsträhne aus dem Gesicht, und zwar in völlig unterschiedlichen Rollen – verführerisch, faul, gelangweilt, irritiert und so weiter. Wie fühlen Sie sich innerlich bei jeder Darstellung? Was sagt jede Darstellung darüber aus, wie Sie in Ihrem wahren Leben agieren und reagieren?
- Sagen Sie einen einfachen Satz aus der Position mehrerer unterschiedlicher Charaktere auf.
- Spielen Sie, wenn Sie gerade mit einem ganz bestimmten Dilemma zu kämpfen haben, die verschiedenen Rollen, die sich aus dieser speziellen Situation ergeben, oder auch die Rollen der anderen Beteiligten. In einer Gruppe können andere diese Rollen übernehmen; Sie können die einzelnen Probleme gemeinsam szenisch darstellen und anschließend Ihre Gedanken austauschen.
- Spielen Sie Spiele wie das hier vorgestellte, das Ihnen Ihre eigene körperliche Gegenwart und die der anderen bewußter machen wird. Bringen Sie eine Gruppe von Leuten dazu, sich in einem Kreis zusammenzusetzen. In der Mitte des Kreises sitzt eine Person mit verbundenen Augen. Diese Person spielt ein Ungeheuer, das einen wertvollen Schatz bewacht, der in Form eines Schlüssels vor ihm liegt. Das Ungeheuer ist zwar blind, verfügt aber über ein äußerst scharfes Gehör. Die anderen Teilnehmer versuchen, sich den Schlüssel zu schnappen, ohne daß das Ungeheuer es merkt und sie berühren kann. Wenn es Ihnen gelingt, den Schlüssel an sich zu bringen, ohne dabei berührt zu werden, sind Sie selbst an der Reihe, das Ungeheuer zu spielen.

GEMEINSAME BASIS

Die Kreativtherapie hat in der Regel folgende Ziele:
- Ihre Kommunikationsfähigkeit zu verbessern und Ihnen zu helfen, mit sich selbst und anderen in Verbindung zu treten.
- Ihre Individualität frei und unbefangen auszudrücken.
- In Ihnen die Freude an der ungehemmten Äußerung Ihrer Gefühle wiederzuerwecken, die auch Sie vermutlich als Kind empfunden haben.
- Ihnen die Chance zu geben, aus der beschränkten Erfahrungswelt Ihres Alltags auszubrechen, die sich weitgehend auf rein verbale Formen der Kommunikation stützt.
- Ihnen die Möglichkeit zu bieten, in einer Atmosphäre der Sicherheit, Geborgenheit und gegenseitigen Unterstützung ohne die Gefahr, daß Ihre Darbietung von anderen kritisch beurteilt oder gar verhöhnt wird, mit neuen Vorgehensweisen zu experimentieren.
- Von Ihnen den Druck zu nehmen, kreative Tätigkeiten unbedingt absolut fachmännisch ausführen zu müssen.
- Ihnen das Ausdrücken gesellschaftlich nicht akzeptabler Gefühle wie Angst, Wut, Haß oder Eifersucht in einer „sicheren" Situation zu ermöglichen.
- Eine Alternative zu den eher konservativ orientierten Möglichkeiten des kreativen Ausdrucks zu bieten, wie sie ansonsten in unserer Gesellschaft gefördert werden, etwa zum Malen traditioneller Landschaftsbilder oder der Vorstellung, daß lediglich eine kleine Gruppe von Auserwählten als „Künstler" bezeichnet werden kann.

Musik-, Stimm- und Klangtherapie

Die meisten von uns empfinden beim gemeinsamen Singen oder Musizieren ein einzigartiges Gefühl der Zusammengehörigkeit; die Musiktherapie sowie die Entdeckung der Schönheit vieler unterschiedlicher Arten von Musik – zum Beispiel Chorlieder, Orchestermusik, Rock oder Jazz – verhilft uns zu einem besseren Umgang miteinander. Im Gegensatz zu Sportlern, die um den Sieg kämpfen, treten Mitglieder einer Musikgruppe nicht gegeneinander an; statt dessen konzentrieren sie sich voll und ganz auf ihre gemeinsame Tätigkeit in einer entspannten, in keiner Weise bedrohlichen Atmosphäre.

Klänge und Rhythmen erreichen etwas tief in unserem Inneren Verborgenes – was man schon daran erkennt, wie Marschmusik manche von uns munter werden läßt, während Totenmessen uns traurig stimmen, sowie daran, wie wir instinktiv mit Füßen oder Fingern den Rhythmus trommeln. Viele Kreativtherapeuten glauben auch, daß infolge der Schwingungen in verschiedenen Frequenzen, die alle Materie aufweist, die Arbeit mit der Stimme oder mit einem Instrument in einer bestimmten Tonlage mit der körpereigenen Resonanz einer Person harmoniert und somit deren seelische wie körperliche Gesundheit verbessert.

Praktische Umsetzung:

• Singen Sie gemeinsam ein irgendwie anrührendes oder mitreißendes, allen Teilnehmern bekanntes Lied.
• Arbeiten Sie paarweise zusammen, und halten Sie eine „singende Konversation" miteinander ab.
• Spielen Sie unter Verwendung einfacher Schlaginstrumente wie Glocken oder Trommeln ganz nach Lust und Laune. Nehmen Sie, wenn Sie dies im Rahmen einer Gruppe tun, die Rhythmen anderer Spieler auf, und schmücken Sie diese weiter aus, oder halten Sie „musikalische Konversationen" ab.
• Hören Sie sich verschiedene Musikstücke an, und beschreiben Sie hinterher, welche Wirkung diese auf Sie hatten.
• Nehmen Sie einen Ton auf, und summen Sie diesen vor sich hin. Variieren Sie nach Belieben die Tonhöhe, um zu testen, welche Emotionen die verschiedenen Töne in Ihnen wachrufen und welche Schwingungen das Summen in Ihrem Körper auslöst. Arbeiten Sie paar- oder gruppenweise zusammen, um Resonanzen bei anderen Teilnehmern zu entdecken.
• Sitzen Sie still, atmen Sie gleichmäßig, und summen oder singen Sie in monotonem Tonfall, um ein tiefes Gefühl von Frieden und Konzentration zu entwickeln – ein Gefühl, völlig „im Einklang" mit sich selbst und Ihrem Körper zu stehen.
• Setzen Sie sich neben ein großes Musikinstrument, während jemand auf diesem spielt, um zu testen, ob Sie seine Schwingungen spüren können.
• Singen Sie paar- oder gruppenweise einen Ton, während Sie einen Gegenstand, etwa einen Apfel oder ein Wollknäuel, aneinander weiterreichen; wechseln Sie dabei die Tonlage.

Tanz- und Bewegungstherapie

Über Bewegungen zu musikalischer Begleitung soll die Tanztherapie die harmonische Wechselbeziehung von Geist und Körper fördern. Besonders wirksam ist sie zum Abbau von Stress, zur geistigen und körperlichen Entspannung sowie ganz einfach zum Fitbleiben. Einer der Vorteile der Tanztherapie ist eine Steigerung des Körperbewußtseins – infolge einer verbesserten Koordination und eines flüssigeren Bewegungsablaufs verbessert sich auch Ihre innere Einstellung zu Ihrem Körper – sowie eine Erweiterung Ihrer körperlichen Ausdrucksmöglichkeiten und Ihrer spontanen Fähigkeit, diese zur Geltung zu bringen.

Schlüsselfiguren der Tanztherapie in den vierziger und fünfziger Jahren waren die amerikanische Tanzlehrerin Marian Chace, die entdeckte, wie Bewegung dazu beitragen kann, schwere Fälle von Schizophrenie von ihren negativen Verhaltensmustern zu befreien, sowie der österreichisch-ungarische Choreograph Rudolf von Laban (1879–1958), der an einen starken Zusammenhang zwischen den Bewegungen eines Menschen und seinen Gefühlen glaubte. Laban ermutigte Therapeuten, das von ihm so genannte Spiegeln zu praktizieren – die Wiederholung der Bewegungen einer anderen Person bis in die kleinsten Gesten mit dem Ziel, in diese Person einzutauchen und so ihre emotionalen und körperlichen Probleme besser zu verstehen. Zahlreiche Tanztherapeuten verwenden dieses Vorgehen noch heute und weisen dabei ihre Klienten auf alle Gesten oder Bewegungen hin, die sie für besonders aufschlußreich halten. Das Umfeld für die Sitzungen sollte ein Gefühl der Sicherheit und Geborgenheit vermitteln, damit die Teilnehmer sich gehen lassen und sich ungehemmt ausdrücken können. Die Beziehung Therapeut–Klient ist bei dieser Art von Therapie meist besonders eng.

Praktische Umsetzung:
- Arbeiten Sie paar- oder gruppenweise zusammen, und imitieren Sie spiegelbildlich die Bewegungen des anderen. Eine Person beginnt, sich zur Musik zu bewegen, während die anderen sie nachahmen, oder zwei Personen arbeiten einander gegenübersitzend.
- Spielen Sie Gruppenspiele. Beispiel: Springen Sie in die Luft, und nennen Sie Ihren Namen, wenn Sie wieder auf dem Boden landen; bauen Sie auf diese Weise komplexe Muster von Bewegungen und Wörtern auf.
- Spielen Sie in paarweiser Zusammenarbeit tänzerisch die Rollen von „Marionette" und „Puppenspieler" oder von „Töpfer" und „Ton"; lenken oder formen Sie einander abwechselnd, und bewegen Sie sich dann in der Art einer Marionette oder einer Skulptur durch den Raum.
- Erzählen Sie eine einfache Geschichte, oder beschreiben Sie ein Gefühl ohne Worte. Vermitteln Sie verschiedene Gefühle durch die Art und Weise Ihrer Bewegungen sowie durch Ihre Gestik und Mimik.

Eine Frage der Selbsteinschätzung

Wie wollen Sie wissen, welche Spielart von Kreativtherapie Ihnen am ehesten entspricht? Um dies herauszufinden, müssen Sie zunächst darüber nachdenken, wie Sie sich selbst einschätzen – darüber, wie Sie heute sind und wie Sie gern wären. Setzen Sie sich dazu an einen ruhigen, bequemen Ort, und atmen Sie gleichmäßig durch. Schließen Sie die Augen, und fragen Sie sich:
- Was mag ich an mir?
- Was mag ich an mir nicht?
- Welche Begabungen habe ich?
- Was sind meine charakteristischen Eigenschaften?
- Warum schätzen mich andere als Freund?
- Welche geheimen Träume und Sehnsüchte habe ich?
- Wenn ich eine Sache an mir ändern könnte, wofür würde ich mich dann entscheiden?

Denken Sie zuerst über Ihre Antworten nach, und schreiben Sie diese dann in möglichst knappen Worten auf. Versuchen Sie nun, Ihre Antworten nacheinander als Musik oder Klang, als visuelles Bild, als Bewegung und als Person in einem Bühnenstück auszudrücken. Vielleicht stellen Sie auch fest, daß Ihnen auf ganz natürliche Weise Bilder und Klänge zu Bewußtsein kommen, wenn Sie den Versuch machen, sich Ihr ideales Ich vorzustellen.

Experimentieren Sie mit einer Kombination dieser Methoden und Vorgehensweisen, bis Sie ein gewisses Gefühl dafür entwickelt haben, welche Form des kreativen Ausdrucks Ihnen am meisten liegt. Selbst wenn Sie bereits wissen sollten, daß Sie beispielsweise eher der visuelle Typ sind, sollten Sie jedoch nicht unbedingt davon ausgehen, daß dies automatisch die beste Lösung für Sie wäre; möglicherweise finden Sie eine Ihnen weniger geläufige Ausdrucksform, an die Sie nicht so hohe Erwartungen knüpfen, als besonders befreiend.

Tagebuch- und Traum-Workshops

Die Seiten eines persönlichen Tagebuchs und die häufig rätselhaften Bilder, die Ihnen im Traum durch den Kopf gehen, haben eine wichtige gemeinsame Eigenschaft. Natürlich entstammen Träume dem Unbewußten, während man das, was man in sein Tagebuch aufnimmt, ganz bewußt auswählt; dennoch sagen beide eine ganze Menge über Ihr bewegtes Innenleben aus – über all die Hoffnungen, Ängste, Antriebskräfte und kreativen Impulse, die in Ihrer Persönlichkeit verborgen liegen. Indem Sie lernen, diese Botschaften zu entschlüsseln, verschaffen Sie sich Zugang zu einem wahren Schatz von Erkenntnissen, die Ihnen einen Anreiz bieten werden, neue Ziele und Herausforderungen ins Auge zu fassen.

Organisierte Traum- oder Tagebuchgruppen oder entsprechende Workshops, die meist von einem Psychotherapeuten geleitet werden, bieten die Chance, von den Erkenntnissen und der Erfahrung anderer zu profitieren; viele solche Gruppen verwenden die Techniken der Kreativtherapie, die auf den Seiten 96 bis 99 beschrieben sind. Einige Therapeuten setzen diese Techniken auch bei der Arbeit mit Klienten in der Einzeltherapie ein. Als Alternative zu offiziellen Gruppen können auch lockere Zusammenkünfte mit Freunden durchaus interessant und produktiv sein. In jedem Fall geht es darum, zusammen mit anderen Menschen eine Seite von sich selbst zu erforschen, die sonst häufig im Verborgenen bleibt.

Die Arbeit mit Tagebüchern

Die Teilnehmer an Tagebuch-Workshops werden aufgefordert, alles aufzuzeichnen, was sie bewegt, und zwar gewöhnlich auf eine der beiden folgenden Arten:
- In einem **konventionellen Tagebuch**, in das Sie Ereignisse, Gedanken und Gefühle aufnehmen.
- In einem **sporadisch**, also nicht regelmäßig, geführten Tagebuch, in das Sie denkwürdige Worte oder Gedanken aufnehmen oder, je nach Lust und Laune, auch einmal eine Zeichnung. Dies könnte Sie zur „freien Assoziation" führen, bei der Sie beispielsweise das erste Wort, das Ihnen in den Sinn kommt, als Ausgangspunkt nehmen und abwarten, wohin es Sie führt, und zwar sowohl in Ihrem Tagebuch als auch in einer offenen Diskussion.
- In einem **gegliederten** Tagebuch, das auf bestimmte Aspekte Ihres Lebens ausgerichtet ist; so könnten Sie beispielsweise zu Beginn einer jeden Woche persönliche und berufliche Ziele notieren, um dann nach Ablauf der Woche eine schriftliche Einschätzung Ihrer Fortschritte einzutragen.
- In einem **gezeichneten** Tagebuch, in dem Sie alles, was Sie denken und fühlen, in visueller Form festhalten. Sie müssen sich nicht auf Zeichnungen beschränken; Sie können auch Collagen, Stoff- oder Papierfetzen in auffälligen Farben, ein Flaschenetikett oder sonst irgendetwas Visuelles einbeziehen, das Ihnen zusagt.
- In einem **Traumtagebuch**, das Träume faßbarer macht und sie in die reale Welt überführt. Die meisten Traum-Workshops verwenden solche Tagebücher als Grundlagen für Gespräche über die Träume der Teilnehmer. Solche Aufzeichnungen können Ihnen helfen, bestimmte Themen oder Elemente zu entdecken, die sich wie ein roter Faden durch Ihre Träume ziehen (siehe Kasten rechts).

Träumen Sie weiter…

Viele Traum-Workshops arbeiten mit einer von den Gestalttherapeuten entwickelten Technik (siehe S. 40–41). Sie schlagen Ihnen nicht nur vor, ein Tagebuch zu führen, sondern ermuntern Sie auch, Ihren Traum zu „spielen". Dazu müssen Sie sich mit einem bestimmten Gegenstand oder einer bestimmten Person in Ihrem Traum identifizieren, oder vielleicht auch mit verschiedenen Objekten oder Menschen nacheinander. Sie können beispielsweise beschreiben, was für ein Gefühl es ist, der betreffende Gegenstand oder die entsprechende Person zu sein, Sie können einen gesprochenen Dialog spielen, indem Sie gleich mehrere Rollen verkörpern, oder andere bitten, bestimmte Rollen in Ihrem Traum zu übernehmen und mit Ihnen gemeinsam diesen Traum aufzuführen. Wenn Sie zum Beispiel einen immer wiederkehrenden Alptraum haben, in dem eine Ihnen feindselig gesinnte oder monsterhafte Figur vorkommt, könnten Sie einen Ihrer Mitspieler bitten, diese Figur zu spielen und ihm Fragen stellen, wie etwa „Was willst du von mir?" oder „Was willst du mir sagen?" Indem Sie solche Figuren durch imaginative Dialoge vermenschlichen, können Sie Ängste vertreiben und Aufschluß darüber gewinnen, worauf Ihr Traum zurückgeht.

Eine andere Perspektive
Träume sind wie Fenster, die Ihnen einen Einblick in Ihr reichhaltiges unbewußtes Leben eröffnen und häufig zu einer Quelle der Erkenntnis und der Inspiration werden können.

DEUTEN SIE IHRE TRÄUME

Die folgenden Richtlinien, die sich weitgehend auf David Fontanas Buch *Die geheime Sprache der Träume* stützen, können Ihnen als geeigneter Ausgangspunkt für die Interpretation Ihrer Träume dienen:

- Rufen Sie sich Träume ins Gedächtnis, die Ihr Leben irgendwie beeinflußt haben, und fragen Sie sich, warum dies der Fall war.
- Bemühen Sie sich konsequent, sich an Ihre Träume zu erinnern. Halten Sie neben Ihrem Bett immer ein Tagebuch bereit, um sofort nach dem Aufwachen sämtliche Träume oder flüchtigen Bilder zu notieren.
- Suchen Sie nach immer wiederkehrenden Schemata: nach Träumen, die sich wiederholen, durchgängigen Themen oder Bildern. Notieren Sie, wie Sie sich während des Traums fühlten, was darin geschah und wie Sie sich nach dem Aufwachen fühlten.
- Versuchen Sie, mit mehreren Träumen gleichzeitig zu arbeiten statt immer nur mit einem, um eventuelle Strukturen oder Gesetzmäßigkeiten zu erkennen.
- Glauben Sie nicht, sich an eine ganz bestimmte Art der Interpretation halten zu müssen; bleiben Sie für alles offen, und versuchen Sie, so ehrlich wie möglich zu sich selbst zu sein – und versuchen Sie vor allen Dingen gar nicht erst, allzu „logisch" sein zu wollen.
- Beginnen Sie mit den grundlegenden Aspekten Ihrer Träume, und fragen Sie sich zunächst, was im Traum geschah und wie Sie sich dabei fühlten – freudig erregt, verängstigt oder verwirrt. Analysieren Sie dann den eventuellen Symbolgehalt Ihrer Träume, der Ihnen womöglich enthüllt, was tief in Ihnen verborgen liegt.
- Sind die Symbole in Ihren Träumen nur für Sie allein relevant, oder sind sie universeller Natur und somit auch für andere verständlich? Glauben Sie jedoch nicht, um jeden Preis Symbole aufspüren zu müssen, oder gar, daß diese immer die gleiche Bedeutung haben.
- Trennen Sie die eher banalen Träume von denen, die mehr zu bedeuten haben. Denken Sie über die Bilder, Geräusche und Farben nach, die eine starke Wirkung auf Sie ausüben.
- Seien Sie geduldig. Kommen Sie später wieder auf einen Traum zurück, falls er Ihnen zunächst nichts sagt.
- Seien Sie kreativ – versuchen Sie, einzelne Aspekte Ihres Traums zu zeichnen, zu spielen oder auch zu singen (siehe S. 96–99).
- Versuchen Sie, eine Art Tabelle zu zeichnen, in der Sie die Häufigkeit der Wiederkehr einzelner Aspekte und Ereignisse notieren.
- Gehen Sie grundsätzlich davon aus, daß Ihre Träume, so banal oder bizarr sie auch sein mögen, immer etwas über Sie aussagen. Sie erhellen die vielen Aspekte Ihrer komplexen Persönlichkeit, von denen jeder eine Facette dessen ausdrückt, was Sie sind oder sein könnten.

Stellen Sie die richtigen Fragen

Eine wirkungsvolle Technik, die in solchen Workshops zur Anwendung kommt, ist das Frage-und-Antwort-Spiel. Ein Mitglied der Gruppe fragt Sie beispielsweise „Warum nehmen Sie an diesem Workshop teil?", und Sie antworten darauf „Um mehr über mich selbst zu erfahren". Dadurch, daß auf jede Aussage von Ihnen die Frage „Warum?" folgt, werden Sie ermutigt, sich Ihrer verdrängten Gefühle und Ihrer verborgenen Motive besser bewußt zu werden, und profitieren von einer Vielzahl unterschiedlichster Erkenntnisse.

SELBSTBEHAUPTUNGS-TRAINING

SIND SIE IN DER LAGE, zu bekommen, was Sie wollen? Können Sie sich durchsetzen? Oder geben Sie oft einfach nach, um sich dann wie ein Fußabstreifer behandelt zu fühlen? Vielleicht meinen Sie auch, andere Menschen drangsalieren oder beschwatzen oder mit ihnen schmollen zu müssen, um sie zu bewegen, das zu tun, was Sie gern hätten. Falls Sie häufiger nicht bekommen, was Sie wollen, sollten Sie lernen, sich besser zu behaupten. Auch wenn Durchsetzungsfähigkeit oft irrtümlich mit Aggressivität und Egoismus gleichgesetzt wird, versetzt die Fähigkeit, sich selbst zu behaupten, Sie in Wahrheit in die Lage, anderen Ihre Bedürfnisse, Wünsche und Gefühle auf eine eindeutige Weise mitzuteilen. Wahre Durchsetzungsfähigkeit ist gekennzeichnet durch Vernunft, Fairness und Selbstwertgefühl. Sie hat nichts mit Arroganz zu tun oder damit, sich als Opfer zu fühlen (oder so zu tun als ob); statt dessen steht sie für ein Verhalten, das man als „praktiziertes Selbstvertrauen" bezeichnen könnte.

Grundlegende Fähigkeiten
Um sich selbst zu behaupten, müssen Sie eine gewisse Hartnäckigkeit entwickeln. Sie sollten in Ruhe so lange *wiederholen*, was Sie wollen oder wie Sie über eine Sache denken, bis

---

SIND SIE DURCHSETZUNGSFÄHIG?

Falls eine der folgenden Beschreibungen auf Ihr normales Verhalten zutrifft, fällt es Ihnen wahrscheinlich schwer, sich zu behaupten, weil Sie zu wenig Selbstachtung haben.

• *Passives Verhalten:* Wenn Sie ängstlich sind oder Hemmungen haben, Ihre Rechte einzufordern, kann es leicht geschehen, daß andere Ihre Schüchternheit ausnutzen, um Sie zu übervorteilen. Dies hat dann womöglich zur Folge, daß Sie gereizt, frustriert und wütend reagieren – Gefühle, die dazu führen, daß Sie entweder in Tränen ausbrechen oder Ihren Ärger „in sich hineinfressen", was zur Entstehung stressbedingter Krankheiten beitragen kann.

• *Manipulatives Verhalten:* Statt offen und ehrlich ihren Standpunkt zu vertreten, greifen viele Menschen auf indirekten Druck oder Täuschungsmanöver zurück. Dies ist auch der Fall, wenn jemand das arme Opfer oder den Märtyrer spielt – „Kümmer Dich nicht um mich. Geh ruhig und mach Dir einen schönen Abend. Ich komme schon allein zurecht" – oder versucht, die Verantwortung für die eigenen Gefühle auf den anderen abzuschieben: „Du schaffst es immer, daß ich mich schuldig fühle..."

• *Aggressives Verhalten:* Körperlicher und/oder verbaler Mißbrauch ist ein Herumtrampeln auf den Rechten und Gefühlen des anderen; bei diesem Verhalten bleibt niemals Raum für Verhandlungen.

Wie würden Sie reagieren?
Der Unterschied zwischen passivem, aggressivem und selbstbewußtem Verhalten soll im folgenden Szenario illustriert werden. Es ist 17.30 Uhr, und Sie arbeiten gerade an einem wichtigen Projekt. Ihr Chef kommt hereingestürmt und erklärt Ihnen, daß für dieses Projekt ein weiterer Bericht erforderlich sei. Er sagt, es sei dringend, und erwartet von Ihnen, daß Sie sich sofort an die Arbeit machen. Sie wissen, daß Sie mit dieser zusätzlichen Arbeit mindestens bis 18.45 Uhr beschäftigt sein werden – obwohl Sie sich doch nach der Arbeit um 18 Uhr mit einem Freund zum Essen treffen wollen, bevor Sie ins Theater gehen. Welche der folgenden Reaktionen würden Sie sich am ehesten zutrauen?

a) *„Aber natürlich, tut mir leid, ich dachte nur, ich sollte mit dieser anderen Arbeit bis morgen fertig sein. Ich kann das gleich erledigen, wenn Sie möchten, ich habe heute Abend sowieso nichts furchtbar Wichtiges vor."*

Körpersprache: Blick nach unten gerichtet, hängende Schultern, nervöse oder unkontrollierte Gesten wie Händeringen, eine zögerliche oder weinerliche Stimme sowie unentschlossene oder entschuldigende Erklärungen deuten allesamt auf Schüchternheit und mangelnde Durchsetzungsfähigkeit hin.

Passive Reaktion: Wenn Sie immer Ihre eigenen Bedürfnisse vernachlässigen, werden Sie nur in den seltensten Fällen bekommen, was Sie wollen. Und wenn Sie versuchen, Ihren Chef durch unehrliche oder selbstschädigende Bemerkungen zu bewegen, seine Bitte zurückzunehmen, werden Sie garantiert nur eines erreichen – daß Sie nämlich den Respekt Ihres Gegenübers ebenso verlieren wie Ihren letzten Rest an Selbstwertgefühl.

Ihr Gegenüber Sie endlich verstanden hat – und dann entweder nachgibt oder mit Ihnen einen Kompromiß aushandelt. Hartnäckigkeit kann nützlich sein, wenn es mit Ihrem Selbstvertrauen nicht zum Besten bestellt ist oder Sie das Gefühl haben, daß Sie von geschickt formulierten, aber unsinnigen Argumenten eingeschüchtert werden sollen; dennoch sollten Sie Ihre Hartnäckigkeit dosiert und diplomatisch einsetzen.

Auch die Fähigkeit zu *verhandeln* ist sehr wichtig. Grundlage eines jeden Verhandelns ist es, die Ansichten, Rechte und Gefühle seines Gegenübers anzuerkennen und zu versuchen, diese zu verstehen. Um erfolgreich zu verhandeln, müssen Sie ruhig bleiben, Ihren Standpunkt verdeutlichen und immer Ihr eigentliches Ziel im Blick haben. Ein guter Verhandlungspartner muß weder stur noch übermäßig eindringlich, sondern vielmehr bestrebt sein, zu einer für beide Seiten akzeptablen Lösung zu gelangen.

Ein Selbstbehauptungstraining wird im allgemeinen im Rahmen einer Gruppe angeboten, zum Beispiel von Therapiezentren oder in der Erwachsenenbildung. Bei den meisten Kursen werden auch Rollenspiele veranstaltet, so daß Sie relevante Situationen probieren können. Außerdem hält der Markt Selbsthilfebücher zu diesem Thema bereit.

b) *„Das kommt ja überhaupt nicht in Frage! Sie glauben wohl, mit mir können Sie sich alles erlauben. Da suchen Sie sich aber besser eine(n) Dümmere(n). Ich hab' nämlich für heute abend schon was vor, und ich sag' Ihnen: Schlag sechs bin ich verschwunden!*

Körpersprache: Die der Situation unangemessene und unkontrollierte Feindseligkeit wird durch funkelnde Augen, ausgestreckten Zeigefinger, überlaute Stimme sowie einen aggressiven Tonfall vermittelt. Auch seinem Gegenüber körperlich zu nahe zu kommen kann sehr bedrohlich wirken.

Aggressive Reaktion: Wenn man zum Angriff übergeht oder sich so verhält, als sei man selbst angegriffen worden, steigert das nur die Spannung. Die andere Person reagiert dann gewöhnlich entweder defensiv oder ebenfalls aggressiv, und keiner ist bereit nachzugeben. In dieser Situation läßt sich nur sehr schwer ein für beide Seiten akzeptabler Kompromiß erzielen.

c) *„Ich weiß, daß es wichtig ist, aber ich habe um sechs eine Verabredung, so daß ich es heute nicht mehr machen kann. Ich bin mir aber sicher, daß wir es morgen im Lauf des Vormittags schaffen. Ich komm' besonders früh, damit es klappt.*

Körpersprache: Direkter Blickkontakt, aufrechte Körperhaltung, angemessene, weder zu nachdrückliche noch übertrieben häufige Gesten und eine ruhige, kräftige Stimme strahlen Selbstvertrauen aus.

Durchsetzungsfähige Reaktion: Indem Sie deutlich Ihren Standpunkt vertreten, ohne Verärgerung zu zeigen, und zudem Alternativen vorschlagen, machen Sie Ihrem Chef klar, daß Sie an einer einvernehmlichen Lösung des Problems interessiert, aber nicht bereit sind, sich schikanieren zu lassen. Zudem läßt ein solches Auftreten Ihnen beiden die Möglichkeit, ohne Gesichtsverlust zu einem Kompromiß zu gelangen. Auch die Verwendung von Wörtern und Formulierungen wie „wir" oder „Lassen Sie uns doch..." fördert eine vernünftige Zusammenarbeit.

104

KAPITEL FÜNF

DIE ERSTEN SCHRITTE

WAS TUN SIE ALS NÄCHSTES, sobald Sie erkannt haben, daß Sie dringend Hilfe brauchen? Vielleicht kommt es Ihnen so vor, als sei der Beginn einer Therapie ein gewaltiger Schritt, der Ihr Leben dramatisch verändert und sich Ihrer bewußten Kontrolle entzieht. Sehr viel leichter wird es für Sie jedoch, wenn Sie erst einmal mehr über den Therapieprozeß in Erfahrung gebracht haben – darüber, was alles dazugehört und wie man eventuellen Fallgruben aus dem Weg gehen kann. Auch wenn es natürlich unmöglich ist, genau vorherzusagen, wie Sie auf eine bestimmte Therapie reagieren werden, kann Ihnen doch ein besseres Wissen über die praktischen Details einer solchen Therapie zu der Erkenntnis verhelfen, daß es auch für Sie ratsam sein könnte, therapeutische Hilfe in Anspruch zu nehmen.

Damit Sie besser entscheiden können, ob der Zeitpunkt für den Beginn einer Therapie günstig ist, steht am Beginn dieses Kapitels ein Fragebogen mit dem Titel „Sind Sie bereit?" (S. 106–107). Es gibt jedoch zahlreiche bewußte und unbewußte Prozesse, die Sie unter Umständen davon abhalten können, Hilfe zu suchen. Auf den Seiten 108–109 geht es um genau diese Hemmungen, sich einer Therapie anzuvertrauen.

Bevor man die richtige Form der Hilfe findet, können sich einige Schwierigkeiten auftun (S. 110–111). Doch wenn Sie erst einmal wissen, wie Sie einen geeigneten Therapeuten ausfindig machen, wohin Sie sich wenden können und wonach Sie suchen müssen, werden Sie auch in der Lage sein, die erforderlichen Schritte einzuleiten, wenn für Sie der richtige Zeitpunkt gekommen ist.

Oft ist es nicht leicht zu erkennen, welche Art von Hilfe zu welchem Zeitpunkt die geeignete ist. Die Ausführungen auf den Seiten 112–113 werden Ihnen bei der Entscheidung behilflich sein, ob Sie gerade zum gegenwärtigen Zeitpunkt eine therapeutische Behandlung in Anspruch nehmen sollten. Des weiteren befaßt sich dieser Abschnitt mit den verschiedenen Stadien Ihres Lebens und denjenigen Arten von schwierigen Wendepunkten im Leben, mit denen Sie am ehesten zu rechnen haben.

Eine Therapie kann allerdings auch Probleme aufwerfen, über die man besser im voraus Bescheid wissen sollte. Es gilt, praktische Erwägungen anzustellen (S. 114–115) und Risiken zu vermeiden (S. 122–123). Diese Abschnitte handeln von den Kosten einzelner Therapien, von zeitlichen Zwängen und anderen potentiellen Schwierigkeiten.

Was im einzelnen in einer Therapie abläuft, erscheint Ihnen womöglich ein wenig mysteriös, falls Sie es nie zuvor erlebt haben. „Der Therapieprozeß" (S. 116–119) beschreibt den Verlauf, den eine Therapie nehmen kann, und befaßt sich unter anderem damit, wie Sie sich vor der ersten Sitzung fühlen.

Selbst bei einem überaus erfolgreichen Therapieverlauf kann es vorkommen, daß Sie verunsichert sind bezüglich der Kernfrage, ob diese Therapie Ihnen noch immer hilft. Möglicherweise sind Sie sich auch nicht klar darüber, was geschehen muß, bevor Sie bereit sind, die Therapie zu beenden. Die Ausführungen zur Wirkung der Therapie (S. 128–129) und zum Zeitpunkt ihres Endes (S. 130–131) befassen sich mit diesem problematischen Bereich und bieten Ratschläge dazu an.

KLARHEIT DARÜBER, WELCHE THERAPIE FÜR SIE DIE RICHTIGE IST
UND WAS SIE VON IHR ERWARTEN, IST VORAUSSETZUNG DAFÜR,
DASS SIE DIESE HILFE AUF BESTMÖGLICHE WEISE NUTZEN KÖNNEN.

Sind Sie bereit?

Um therapeutische Hilfe in Anspruch zu nehmen, genügt es nicht zu wissen, welche Art von Hilfe Sie brauchen, obwohl dies natürlich ein sehr wichtiger Punkt ist. Die meisten Therapeuten betrachten die Motivation ihrer potentiellen Klienten als den entscheidenden Faktor, wenn es darum geht zu entscheiden, ob jemand für eine Therapie bereit ist. Die Tatsache, daß Sie womöglich im Augenblick nicht allzu motiviert sind oder die Vorstellung, eine Therapie zu machen, eher mit gemischten Gefühlen betrachten, bedeutet jedoch nicht, daß der richtige Zeitpunkt dazu niemals kommen wird. Im Zweifelsfall ist es auf lange Sicht immer besser, sich einzugestehen, daß Sie für eine Therapie noch nicht reif sind, als sich dazu zwingen zu wollen, solange Sie nicht hundertprozentig dahinterstehen und von der Notwendigkeit einer solchen Behandlung überzeugt sind. Andererseits neigen manche Menschen zu allen möglichen Ausreden und Rechtfertigungen, um der Wahrheit nicht ins Gesicht sehen zu müssen; oft scheint es sicherer, sich an das zu halten, was wir kennen, statt sich in gefährliches Fahrwasser zu begeben und unangenehme Emotionen aufzuwühlen.

Der nun folgende Fragebogen soll Ihnen helfen zu entscheiden, ob Sie auch tatsächlich innerlich bereit sind, therapeutische Hilfe in Anspruch zu nehmen. Wählen Sie jeweils diejenige Antwort, die Ihren Ansichten am nächsten kommt, zählen Sie dann Ihre **a**-, **b**- und **c**-Antworten zusammen, und schlagen Sie die Seite 140 auf.

1. Wie lange haben Sie schon das Gefühl, Hilfe zu brauchen?
a) Weniger als ein halbes Jahr.
b) Seit einem halben bis einem Jahr.
c) Ein Jahr oder länger.

2. Tritt Ihr spezielles Problem nur hin und wieder auf?
a) Ja; wenn das Problem gerade nicht akut ist, komme ich klar.
b) Ja, aber in letzter Zeit immer häufiger.
c) Nein, es ist immer da.

3. Haben Sie Freunde oder Verwandte, die schon einmal irgendeine Form von Therapie hatten?
a) Nein, ich kenne niemanden, auf den das zutreffen würde.
b) Nein, aber ich habe viel darüber gelesen.
c) Ja, und ich habe von ihren Erfahrungen gehört.

4. Wie gehen Sie normalerweise vor, wenn Sie das Gefühl haben, Hilfe zu benötigen?
a) Ich mache die Sache am liebsten mit mir allein ab.
b) Ich versuche, allein klarzukommen, aber wenn es wirklich sein muß, nehme ich auch fremde Hilfe an.
c) Ich nehme gern fremde Hilfe in Anspruch, wenn ich merke, daß ich sie brauche.

5. Was bedeutet es für Sie, ein Problem zu haben, das Sie nicht allein lösen können?
a) Ich habe das Gefühl, irgendwie versagt zu haben.
b) Ich fühle mich frustriert und hilflos.
c) Ich möchte es ja gern selbst lösen, merke aber, daß ich das nicht kann.

6. Sie möchten am liebsten zu einer Therapeutin und können nur an Mittwochabenden zu Sitzungen kommen. Sie werden aber an einen männlichen Kollegen überwiesen, der nur an Montagen um die Mittagszeit noch Termine für Sie frei hat. Was tun Sie?
a) Sie sagen ab, weil es sich nicht mit Ihren Bedürfnissen deckt.
b) Sie erklären sich einverstanden, sind aber ziemlich verärgert.
c) Sie bitten um eine neue Überweisung.

7. Welche dieser Aussagen trifft am ehesten auf Sie zu?
a) Ich bin nicht sehr geduldig und möchte möglichst schnell Ergebnisse sehen.
b) Ich bin bereit, auf Ergebnisse zu warten, wenn es nicht allzulange dauert.
c) Ich bin geduldig genug, um abzuwarten, wie sich die Dinge entwickeln.

8. Was glauben Sie, welche der folgenden Dinge Ihre Probleme am ehesten lösen würden?
a) Geld, eine bessere Wohnung, eine bessere Arbeit usw.
b) Eine glückliche, liebevolle Beziehung.
c) Ich weiß nicht recht…

9. Welche Art von Hilfe ist Ihnen am sympathischsten?
a) Wenn mir jemand sagt, was ich zu tun habe.
b) Wenn jemand mir zuhört und mich versteht.
c) Wenn ich mit jemandem gemeinsam an meinem Problem arbeiten kann.

10. Angenommen, Sie müßten zugunsten einer Therapie irgend etwas aufgeben – worauf könnten Sie am schwersten verzichten?
a) Auf das Geld, das Sie für Alkohol, Zigaretten und Ähnliches ausgeben.
b) Auf Ihre Freizeit.
c) Da gibt es gar nichts, denn Sie würden alles tun, um Hilfe zu bekommen.

11. Warum möchten Sie gerade jetzt therapeutische Hilfe in Anspruch nehmen?
a) Ich habe das ständige Genörgel, ich solle mich ändern, satt.
b) Ich möchte eine Therapie versuchen, um zu sehen, wie das ist.
c) Ich bin völlig durcheinander, unglücklich oder verzweifelt.

12. Hat jemand anderes Ihnen vorgeschlagen, irgendeine Art von therapeutischer Hilfe in Anspruch zu nehmen?
a) Ja, mein Partner oder meine Familie.
b) Ein Freund meinte, daß mir das gut tun könnte.
c) Nein – das war voll und ganz meine eigene Entscheidung.

13. Welche der folgenden Aussagen entspricht am ehesten Ihrer eigenen Lebenseinstellung?
a) Immer Kopf hoch und immer das Positive sehen.
b) Es hat keinen Sinn, sich über Fehler der Vergangenheit den Kopf zu zerbrechen.
c) Man bekommt nur soviel, wie man vorher investiert hat.

14. Welches Gefühl hätten Sie, wenn Sie vor der Entscheidung stünden, Ihren Angehörigen und Freunden Ihren Entschluß für eine Therapie mitzuteilen?
a) Ich würde es lieber für mich behalten.
b) Ich würde es nur denen erzählen, die mir sehr nahestehen, aber keinesfalls jedem.
c) Wenn das Gespräch gerade darauf käme, würde ich auch darüber sprechen.

Zeit für Veränderungen?
Sich zu irgendeiner Form von Therapie zu entschließen, ist eine schwerwiegende Entscheidung; es ist deshalb wichtig, daß Sie bereit und ausreichend motiviert sind, um das Beste daraus zu machen.

WAS HINDERT SIE NOCH?

Nachdem Sie eingesehen haben, daß Sie Hilfe brauchen, fällt Ihnen vielleicht der nächste Schritt schwerer als erwartet. Vielleicht haben Sie erste, halbherzige Erkundigungen über eine psychologische Beratung eingezogen, doch die Broschüren liegen noch ungelesen herum. Falls Ihnen dies bekannt vorkommt, müssen Sie herausfinden, was Sie eigentlich davon abhält, wirklich Hilfe in Anspruch zu nehmen. Während Sie zum Beispiel annehmen mögen, daß Ihr „wahres" Problem Ihre Ängstlichkeit oder Ihr Mangel an Durchsetzungsfähigkeit ist, könnte es in Wirklichkeit so sein, daß Sie sich festgefahren haben und nun nicht mehr in der Lage sind, selbst die entscheidenden Schritte zur Veränderung Ihrer Situation zu unternehmen.

Festgefahren?
Schon das Eingeständnis, daß Ihr Leben sich im Kreis dreht, kann ein befreiender Schritt auf dem Weg zur Veränderung sein.

Ich will mich verändern – will ich es wirklich?
Viele Menschen neigen gelegentlich dazu, Dinge auf die lange Bank zu schieben, doch wenn Sie Ängste oder Hemmungen haben, sich helfen zu lassen, stellt Ihre Zögerlichkeit wahrscheinlich ein schwerwiegenderes Problem dar, als wenn Sie lediglich Ihre Hausarbeit oder ein Telephongespräch vor sich herschieben. Die Therapeuten haben erkannt, daß auch viele Leute, die sich helfen lassen möchten – und selbst solche, die verzweifelt nach Hilfe suchen und hochmotiviert sind – etwas in sich haben, das sich Veränderungen widersetzt. Andere wiederum bitten oft bewußt um Hilfe, ohne wirklich die Absicht zu haben, sich zu verändern; was man kennt, vermittelt ein Gefühl der Sicherheit, auch wenn dieses unangenehm sein mag.

Eine Veränderung bedeutet immer, sich in unsicheres Fahrwasser zu begeben, und wie viele andere plagt möglicherweise auch Sie eine bewußte oder unbewußte Angst davor, daß Veränderung mehr bedeuten könnte, als einfach nur destruktive Verhaltensweisen aufzugeben, die Sie an der Entfaltung Ihrer Persönlichkeit hindern: Veränderung bedeutet beispielsweise oft auch, einiges zu verlieren, was Sie immer sehr geschätzt haben. Doch obwohl Sie womöglich fürchten, die Unterstützung durch einen Partner, Freunde und Angehörige zu verlieren, kann es in Wirklichkeit ebensogut sein, daß diese Personen ausgesprochen froh darüber wären, wenn Sie endlich die Verantwortung für Ihre Probleme übernehmen würden. Was, glauben Sie, wird geschehen, wenn Sie sich und Ihre Situation verändern? Sich darüber Gedanken zu machen, ist der erste Schritt zu konkreten Verbesserungen in Ihrem Leben.

Hemmschwellen
Neben der allgemeinen Angst vor Veränderungen gibt es noch etliche weitere Stolpersteine, die auf Ihrem Weg liegen könnten, bevor Sie die Hilfe bekommen, die Sie brauchen. Die beste Art, mit solchen Komplikationen fertig zu werden, ist absolute Ehrlichkeit sich selbst gegenüber. Fragen Sie sich deshalb beim Lesen der nun folgenden Auflistung, ob womöglich das eine oder andere Hindernis (oder gar alle) Sie davon abhalten könnte, therapeutische Hilfe in Anspruch zu nehmen.

• *Die Unfähigkeit zuzugeben, daß Sie Hilfe brauchen.* Trotz allem, was Sie sich selbst und anderen sagen mögen, halten Sie es möglicherweise für Schwäche, die eigenen Probleme nicht ohne fremde Hilfe lösen zu können. Sie sollten sich einmal Ihre Vorurteile gegenüber Leuten bewußt machen, die auf Hilfe angewiesen sind. Glauben Sie vielleicht, das Eingeständnis, daß auch Sie Hilfe brauchen, könnte bedeuten, daß Sie ein Versager sind oder die Kontrolle über Ihr Leben verloren haben?

• *Die Unfähigkeit, anderen zu vertrauen.* Vielleicht können Sie ja zugeben, daß Sie Hilfe brauchen, glauben aber, daß niemand in der Lage sein wird, Ihnen wirklich zu helfen. In diesem Fall wird es schwer sein, die nötige Motivation zu finden, um Hilfe in Anspruch zu nehmen, weil Sie das tiefverwurzelte, aber uneingestandene Gefühl plagt, daß sowieso alles vergeblich ist. Vielleicht haben Sie ja immer dann, wenn Sie sich auf andere verlassen haben, so schlechte Erfahrungen gemacht, daß Sie davon überzeugt sind, künftig nur noch sich selbst vertrauen zu können. Wenn Sie jedoch entschlossen sind, niemandem mehr zu trauen, verzichten Sie auf die Hilfe von Menschen, die entsprechend ausgebildet sind und Ihnen wichtige Erkenntnisse vermitteln sowie Trost und Hilfe spenden könnten.

• *Schuldgefühle.* Falls Sie glauben, gar nicht zu verdienen, sich besser zu fühlen, wird es schwer für Sie werden, Hilfe zu finden. Vielleicht fühlen Sie sich auch grundsätzlich schuldig, wenn Sie etwas für sich selbst tun – Ihre niedrige Selbstachtung könnte Sie zu der Befürchtung veranlassen, allzu nachgiebig gegen sich selbst zu sein, wenn Sie Zeit und Geld darauf verwenden, Ihre Probleme zu lösen. Denken Sie immer daran, daß Sie nicht nur das Recht haben, sondern es auch verdienen, sich bei Ihrem Versuch helfen zu lassen, Ihre Persönlichkeit weiterzuentwickeln und sich zu ändern.

• *Tiefsitzende Wut.* Vielleicht sind Sie wütend auf die Tatsache, daß Sie überhaupt Hilfe nötig haben oder daß diese Ihnen nicht automatisch angeboten wird – oder Sie sind wütend auf diejenigen Personen, die Ihre Probleme verursacht haben, und halten deshalb unbewußt an Ihrem Wunsch fest, diesen Leuten die Schuld an Ihren Problemen zu geben und sie dafür zu bestrafen. Wenn Sie dies jedoch tun, bestrafen Sie in Wirklichkeit nur sich selbst. Bevor Sie jemandem vergeben oder sich von einer leidvollen Vergangenheit freimachen können, müssen Sie erst einmal lernen, sich selbst besser zu verstehen.

• *Verzweiflung und Hoffnungslosigkeit.* Vielleicht haben Sie auch das Gefühl, nichts für Ihre Heilung tun zu können. Manche Leute gefallen sich offenbar sogar in ihrer Überzeugung, vom Schicksal benachteiligt zu sein, weil sie sich auf diese Weise wenigstens vom „gewöhnlichen Volk" abheben: Wenn ihr Leben schon nicht perfekt verläuft, möchten sie – so scheint es – wenigstens die Chance nutzen, ihr Unglück möglichst eindrucksvoll zu dramatisieren.

Was bringt es Ihnen?

Vielleicht haben Sie sich ja auch mit der Tatsache arrangiert, daß Sie aus Ihren Problemen trotz all des Leidensdrucks, den sie verursachen, einen gewissen Nutzen ziehen. Dieses Phänomen bezeichnet man als „sekundären Gewinn". So könnte Sie beispielsweise Ihre Angst davon abhalten, bestimmte Ziele zu verfolgen oder enge Beziehungen einzugehen, aber vielleicht benutzen Sie Ihre Probleme auch nur als Ausrede dafür, daß Sie andere Dinge meiden, die noch furchteinflößender oder problematischer wären. Womöglich sind Ihre Symptome in idealer Weise geeignet, tiefersitzende Probleme zu verdecken, oder Sie genießen das Mitgefühl oder das Bedauern, das Ihnen aufgrund Ihrer Probleme sicher ist. Wenn Sie erst einmal wissen, was Sie daran hindert, sich helfen zu lassen, sind Sie vielleicht in einer besseren Position, Hilfe zu suchen – und damit selbst die Verantwortung für die Veränderungen in Ihrem Leben zu übernehmen.

Die Hilfe finden, die Sie brauchen

NACHDEM SIE NUN beim Lesen dieses Buches schon so weit fortgeschritten sind, haben Sie vielleicht eine klarere Vorstellung davon, welche Art von Problem Sie zuerst in Angriff nehmen möchten. Beispielsweise könnte Ihnen klar geworden sein, daß Sie zu Hause ebenso wie in der Arbeit von einer besseren Durchsetzungsfähigkeit profitieren würden, und so suchen Sie nun nach einem entsprechenden Kurs, der Ihnen dabei helfen soll. Vielleicht aber haben Sie auch herausgefunden, daß Ihre Situation komplizierter ist; Sie wissen, daß mit Ihnen etwas nicht stimmt, sind sich jedoch nicht klar darüber, wo genau Ihr Problem liegt und was Sie dagegen unternehmen könnten.

Wenn Sie unter seelischen Problemen leiden, kann es leicht geschehen, daß Ihre Gefühle Ihr Urteilsvermögen trüben und Ihre Fähigkeit zu klarem Denken ausschalten. Therapeutische Hilfe zu suchen kann dann wie eine kaum zu bewältigende Aufgabe erscheinen, und Sie fühlen sich abwechselnd hilflos, wütend oder frustriert – vor allem, wenn Sie einige Zeit auf einen Termin bei einem psychologischen Berater oder Therapeuten warten müssen. Vielleicht frustriert es Sie auch, über Gefühle sprechen zu sollen, die nur sehr schwer in Worte zu fassen sind. In Ihrem Zustand der Verwirrung und der Angst neigen Sie dann womöglich dazu, ganz aufzugeben – oder gleich beim erstbesten Hilfsangebot, das sich Ihnen bietet, zuzugreifen.

Die ersten Schritte
Um wirklich die therapeutische Behandlung zu finden, die Sie brauchen, müssen Sie sich vor allem genügend Zeit nehmen. Wenn Sie nicht gerade unbedingt sofortige Hilfe benötigen, weil Sie beispielsweise kurz vor dem Zusammenbruch stehen oder sich gar mit Selbstmordgedanken tragen, sollten Sie jegliche Entscheidung so lange hinauszögern, bis Sie genügend Erkundigungen eingezogen haben.

Bevor Sie irgendwelche Schritte einleiten, um geistig-seelische Probleme zu behandeln, dürfte es ratsam sein, erst einmal mit Ihrem Hausarzt zu reden. Viele Menschen vergessen gern, daß Körper und Seele einander gegenseitig beeinflussen; eine körperliche Krankheit kann beispielsweise zu Depressionen führen, während andersherum Depressionen sich mitunter in körperlichen Symptomen wie Erschöpfungszuständen oder psychosomatischen Krankheiten äußern. Versuchen Sie, mit Ihrem Arzt über Ihre Sorgen zu sprechen. Obwohl Ihr Hausarzt kaum die Zeit haben dürfte, sich eingehend mit Ihren Problemen zu befassen oder alle Ihre Fragen zu beantworten, werden Sie doch höchstwahrscheinlich auf Ihre körperliche Gesundheit untersucht und gegebenenfalls an einen Kollegen oder eine Organisation verwiesen, die Ihnen die Hilfe zukommen lassen, die Sie brauchen. Unter Umständen wird Ihr Hausarzt Ihnen auch ein Medikament verschreiben, sofern es ihm angebracht erscheint.

Was funktioniert bei Ihnen?
Verschiedene Arten von Problemen erfordern unterschiedliche Lösungsansätze. Nehmen Sie sich die Zeit herauszufinden, welche Form der Hilfe für Sie am geeignetsten ist.

DIE ERSTEN SCHRITTE / DIE HILFE FINDEN, DIE SIE BRAUCHEN

Machen Sie Ihre Hausaufgaben
Je mehr Sie über Ihr Problem herausfinden können, desto besser. Mit Ihrer Suche nach entsprechenden Informationen könnten Sie beispielsweise in der nächsten Bibliothek oder Buchhandlung (evt. in einer Psychologischen Fachbuchhandlung) beginnen; in Büchern, die sich mit seelischen Problemen befassen, sind in der Regel Symptome und Behandlungsarten beschrieben sowie andere Bücher erwähnt, die sich mit der gleichen Problematik auseinandersetzen. Meist werden auch Organisationen aufgeführt, die Ratschläge oder konkrete Hilfe anbieten.

Bei Ihrer Krankenkasse oder der Kassenärztlichen Vereinigung finden Sie ein Verzeichnis der Vertragsärzte mit entsprechender Fachrichtung; der Medizinische Dienst der Krankenkassen kann bei speziellen Problemen zu Rate gezogen werden und Vertragsbehandler nennen. Fachärzte für Psychiatrie arbeiten mit Therapeuten für alle möglichen psychischen Probleme zusammen. Falls Sie mit einem Problem wie beispielsweise einer Eßstörung oder dem erst kurze Zeit zurückliegenden Tod eines geliebten Menschen zu kämpfen haben und mit jemandem sprechen möchten, der Ihnen vielleicht helfen kann, mit all dem fertig zu werden, können Sie sich an die Sozialdienste der Kommunen, Kirchen und Wohlfahrtsverbände oder an Selbsthilfezentren wenden, die Sie über die Service-Rubriken von Tages- und Stadtteilzeitungen und das Telefonbuch finden können. Diese Organisationen werden Ihnen Informationen und Broschüren zusenden; viele von ihnen verfügen über Beratungs- und Betreuungseinrichtungen oder können Ihnen Namen und Adressen von Personen und Institutionen geben,

NÜTZLICHE FRUSTRATIONEN?

Können Frustrationen überhaupt etwas Positives bewirken, wenn Sie verzweifelt nach Hilfe suchen, um Ihre Probleme zu lösen? Merkwürdigerweise kann die Antwort durchaus ja lauten. In seinem Buch *Tactics for Changing Your Life* meint der Psychotherapeut Dr. Antony Kidman, daß es ein heilsamer Lernprozeß sein kann, wenn man versucht, die eigene Tendenz, allzu fordernd zu sein oder immer eine schnelle Lösung zu suchen, unter Kotrolle zu halten. Wenn es Ihnen gelingt, Ihre Neigung zu überwinden, sich allzuschnell von Stimmungen, Bedürfnissen oder Launen beherrschen zu lassen, haben Sie sich selbst auch besser im Griff, was sich wiederum positiv auf Ihre Selbstachtung auswirkt: Sie dürfen stolz auf sich sein, daß Sie eine schwierige Situation bewältigt haben.

an die Sie sich wenden können, wenn Sie weitere Informationen brauchen. Insbesondere die Sozialpsychiatrischen Dienste kümmern sich um Menschen mit psychischen Problemen.

Eine weitere Möglichkeit, einen Psychologen oder Psychotherapeuten zu finden, ist das Branchentelefonbuch. Machen Sie aber erst einen Termin aus, nachdem Sie sich gründlich nach der Qualifikation des Betreffenden, seiner Behandlungsmethode, dem Zeitplan sowie den Kosten einer Therapie erkundigt haben.

Was halten andere davon?
Auch eine persönliche Empfehlung von jemandem, den Sie kennen und der schon einmal selbst von einer Therapie oder psychologischen Beratung profitiert hat, könnte Sie in die richtige Richtung weisen. Seien Sie sich jedoch immer darüber im klaren, daß Sie ein Individuum sind und Ihre Bedürfnisse, Erwartungen und Probleme sich deshalb nie vollständig mit denen irgendeines anderen Menschen decken werden. In seelischer Not neigen Menschen dazu, sich an allem festzuklammern, was ihnen helfen könnte – unabhängig davon, ob es in ihrem Fall angemessen ist oder nicht. Nur weil Ihr bester Freund irgendwann einmal von einer intensiven Psychotherapie profitiert hat, muß eine solche Therapie noch lange nicht das sein, was Sie brauchen. Ebenso läßt sich beispielsweise aus der Tatsache, daß Ihre Schwester von einer Verhaltenstherapie sehr wenig hatte, keineswegs zwingend schließen, daß diese Methode auch für Sie ungeeignet wäre.

Versuchen Sie zu vermeiden, sich bei Ihrer Entscheidung durch Druck von außen beeinflussen zu lassen. Viele wohlmeinende Partner oder Freunde versuchen zu helfen, indem sie eine bestimmte Art der Behandlung empfehlen oder gar drohen, der betroffenen Person ihre Zuneigung zu entziehen oder sie zu verlassen, falls sie gegen ihre Situation nicht endlich etwas unternimmt. Jemand, der aus diesem Grund Hilfe sucht, bleibt meist nicht lange dabei. Der Entschluß, sich helfen zu lassen, sollte aus freien Stücken kommen – und nicht nur gefaßt werden, um einem anderen einen Gefallen zu tun.

RICHTIGE THERAPIE – RICHTIGE ZEIT

Vielleicht läuft momentan in Ihrem Leben ja alles recht glatt – aber wären Sie auch in der Lage, tiefgreifende Veränderungen Ihrer Lebensumstände zu bewältigen? Möglicherweise sind Sie stolz auf Ihre Selbstgenügsamkeit und Ihre sonstigen Fähigkeiten, doch fällt es Ihnen schwer zu erkennen, wann Sie auf Hilfe angewiesen sind – und noch viel schwerer, andere konkret um Hilfe zu bitten. Früher oder später müssen wir alle begreifen, daß wir es im Leben immer wieder mit Veränderungen zu tun haben und daß Veränderungen mit irgendeiner Art von Verlust verbunden sind. Wir hängen an Menschen, die uns plötzlich verlassen oder gar sterben; unsere Kinder gehen aus dem Haus, und das Altern macht uns zu schaffen.

Außerdem gibt es die „trivialen" täglichen Ereignisse, die in Wirklichkeit sehr wichtig für uns sind. Wir hängen nämlich nicht nur an unseren Angehörigen, guten Freunden und Bekannten, sondern auch an unserem Hab und Gut sowie an der Regelmäßigkeit bestimmter Abläufe. Wenn dann irgend etwas schiefläuft, kann es geschehen, daß wir darauf sehr heftig reagieren. Es ist deshalb wichtig zu begreifen, daß Veränderungen im Leben immer eine Kombination aus mehr oder weniger vorhersehbaren und gänzlich unerwarteten Ereignissen sind und daß es im Leben Zeiten gibt, in denen eine bestimmte Form der psychologischen Beratung durchaus dazu beitragen kann, eine schwierige Lebensphase zu überstehen.

Wo liegt das Problem?

Die einzige Gewißheit, die das Leben bietet, ist seine Unvorhersehbarkeit, und manche unerwarteten Ereignisse führen zu Streß, der sich in Form körperlicher Krankheiten oder seelischer Probleme äußert. Ärzte und Psychologen wissen, daß Menschen nach einem schweren Verlust oder einer tiefgreifenden Veränderung – selbst einer positiven – stärker für körperliche Krankheiten anfällig sind.

Mitunter läßt sich ein Problem auf ein konkretes Ereignis wie etwa einen Trauerfall oder Arbeitslosigkeit zurückführen; in einem solchen Fall könnte Ihnen zur Bewältigung Ihrer Schwierigkeiten eine kürzere psychologische Beratung genügen. Zu anderen Zeiten hingegen, wenn sich das jeweilige Problem nicht genau definieren läßt – wenn Sie beispielsweise monatelang nur traurig und völlig lethargisch sind, ohne zu wissen, warum –, benötigen Sie womöglich eine intensivere oder längere Therapie, um herauszufinden, was hinter Ihren Symptomen steckt.

Es ist nichts Außergewöhnliches, daß ein äußeres Ereignis eine unvorhersehbar heftige oder unangemessene Reaktion auslöst; dies ist gewöhnlich dann der Fall, wenn es ein grundsätzliches Problem gibt, das ganz bewußt verdrängt oder einfach nicht wahrgenommen worden ist. Wenn beispielsweise jemandem eine verdiente Beförderung verweigert wird und der oder die Betreffende daraufhin in tiefe oder langanhaltende Depressionen abgleitet, kann es sein, daß er oder sie unter einer chronisch niedrigen Selbstachtung oder ungelösten Konflikten mit den eigenen Eltern leidet; im gegenteiligen Fall kann aber auch eine Beförderung starke Ängste auslösen und bewirken, daß ein unbewußtes Gefühl des Selbsthasses sich in selbstschädigendem Verhalten äußert und schließlich zu einem „Unfall" führt. In jedem Fall kann eine längerfristige und intensivere Therapie erforderlich werden.

Lebensabschnitte

Wir alle durchlaufen beim Älterwerden zahlreiche Stadien der Entwicklung unserer Persönlichkeit. Bestimmte Phasen – insbesondere die Jugend, die Ehe, die Geburt des ersten Kindes und die Versetzung in den Ruhestand – bringen ganz besondere emotionale Herausforderungen mit sich und erfordern psychische Anpassungsfähigkeit. Während viele Menschen fähig sind, ohne größere Probleme die Veränderungen in Ihrem Leben zu bewältigen, kann für andere eine passende Therapie im Hinblick auf ihre Zukunft sehr hilfreich sein. Verschiedene Lebensstadien erfordern unter Umständen unterschiedliche therapeutische Vorgehensweisen; zu wissen, was zu welchem Zeitpunkt angemessen ist, könnte Ihnen dabei helfen zu entscheiden, ob Sie therapeutische Hilfe in Anspruch nehmen sollen oder nicht. Ein Jugendlicher beispielsweise, der gerade unter Spannungen zu seinen Eltern und Geschwistern leidet, hat möglicherweise von einer Einzeltherapie wesentlich mehr als von einer Familientherapie, da derartige Konflikte häufig aus dem Streben nach größerer Unabhängigkeit erwachsen sowie aus dem Bedürfnis, sich von der Familie abzunabeln. Auch manche junge Erwachsene sind durch ernsthafte geistige oder seelische Probleme gefährdet. Der Zwang, ein Examen bestehen oder eine berufliche Qualifikation erwerben zu müssen, finanziell endlich unabhängig zu werden und reifere Beziehungen aufzubauen, kann ihre Persönlichkeit und ihre vielfach noch sehr zerbrechliche Selbstachtung

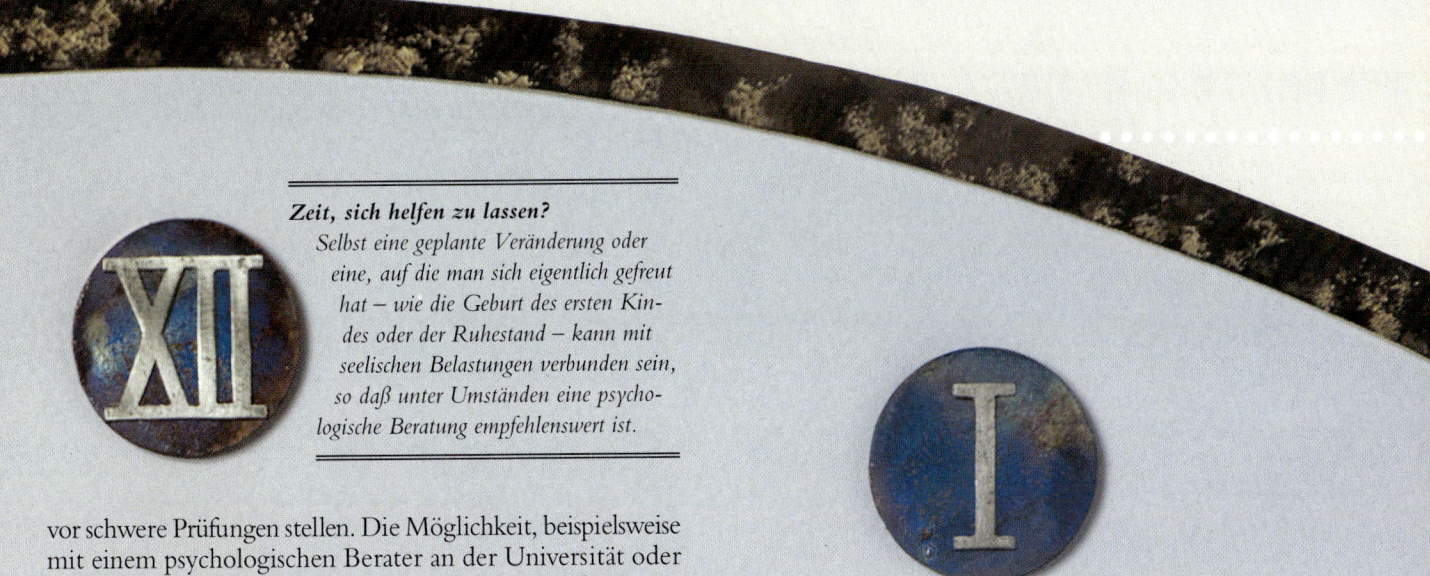

DIE ERSTEN SCHRITTE / DIE HILFE FINDEN, DIE SIE BRAUCHEN

Zeit, sich helfen zu lassen?
Selbst eine geplante Veränderung oder eine, auf die man sich eigentlich gefreut hat – wie die Geburt des ersten Kindes oder der Ruhestand – kann mit seelischen Belastungen verbunden sein, so daß unter Umständen eine psychologische Beratung empfehlenswert ist.

vor schwere Prüfungen stellen. Die Möglichkeit, beispielsweise mit einem psychologischen Berater an der Universität oder auch mit einem älteren Verwandten oder Freund der Familie über diese Gefühle zu sprechen, kann einem betroffenen Jugendlichen unter Umständen große Erleichterung bringen.

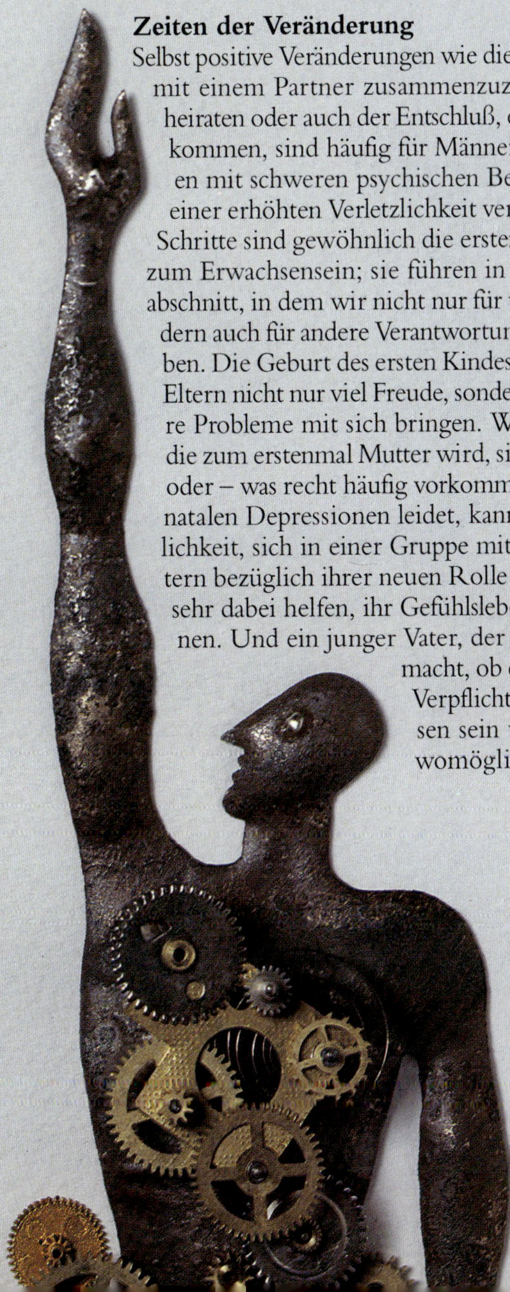

Zeiten der Veränderung

Selbst positive Veränderungen wie die Entscheidung, mit einem Partner zusammenzuziehen oder zu heiraten oder auch der Entschluß, ein Kind zu bekommen, sind häufig für Männer wie für Frauen mit schweren psychischen Belastungen und einer erhöhten Verletzlichkeit verbunden. Diese Schritte sind gewöhnlich die ersten auf dem Weg zum Erwachsensein; sie führen in einen Lebensabschnitt, in dem wir nicht nur für uns selbst, sondern auch für andere Verantwortung zu tragen haben. Die Geburt des ersten Kindes kann für beide Eltern nicht nur viel Freude, sondern auch größere Probleme mit sich bringen. Wenn eine Frau, die zum erstenmal Mutter wird, sich einsam fühlt oder – was recht häufig vorkommt – unter postnatalen Depressionen leidet, kann ihr die Möglichkeit, sich in einer Gruppe mit anderen Müttern bezüglich ihrer neuen Rolle auszutauschen, sehr dabei helfen, ihr Gefühlsleben neu zu ordnen. Und ein junger Vater, der sich Gedanken macht, ob er seinen neuen Verpflichtungen gewachsen sein wird, oder der womöglich nur schwer den Gedanken ertragen kann, von nun an seine Partnerin mit einer dritten Person teilen zu müssen, kann durchaus von der Teilnahme an einer Männergruppe profitieren.

Auch die Lebensmitte stellt für manche Menschen ein recht schwieriges Stadium dar, das oft geprägt ist vom Bedauern über begangene Fehler oder verpaßte Gelegenheiten oder von Neidgefühlen gegenüber der jüngeren Generation. Wer sich in dieser Situation dazu durchringen kann, andere um Hilfe zu bitten, hat bessere Chancen, mit derart deprimierenden Gedanken fertig zu werden; oft erweist sich eine intensivere Psychotherapie als sehr bereichernd, da die Bandbreite und die emotionale Tiefe der eigenen Erfahrungen eine nicht zu unterschätzende Quelle von Lebensweisheit sein kann.

Menschen, die vor nicht allzulanger Zeit in den Ruhestand versetzt worden sind, empfinden häufig geradezu einen Zwang, auf andere einen fröhlichen Eindruck zu machen, da sie sich doch einen Großteil ihres Lebens auf ihre „Freiheit" gefreut haben. In Wirklichkeit aber fühlen sie sich oft deprimiert, abgeschoben, einsam und ohne Hoffnung – vor allem dann, wenn sie ihr Selbstwertgefühl und ihre Identität weitgehend aus ihrer Arbeit bezogen haben. Eine Kurztherapie oder die Teilnahme an Unterstützungs- und Selbsthilfegruppen kann in solchen Fällen sehr hilfreich sein.

Wann Sie keine Hilfe in Anspruch nehmen sollten

Wenn Sie stark verunsichert sind, ob Sie nun fremde Hilfe in Anspruch nehmen sollen oder nicht, oder das Gefühl haben, nicht hundertprozentig hinter einer Therapie stehen zu können, dann sollten Sie vorerst auch nicht auf derartige Hilfsangebote zurückgreifen. Für viele Menschen stellt es einen gewaltigen Schritt dar, andere um Hilfe zu bitten, und vielleicht brauchen ja auch Sie eine gewisse Zeit, bis Sie dafür innerlich bereit sind. Mitunter können schon Gespräche mit einem guten Freund oder Partner, eine Urlaubsreise, ein neuer Beruf oder eine Luftveränderung Hilfe und Heilung bringen. Auch die Zeit heilt, wie es richtig heißt, viele Wunden. Vielleicht müssen Sie nur ein wenig Geduld aufbringen und das aussitzen, was gerade in Ihnen vorgeht. Wenn Sie sich in ein paar Monaten noch nicht besser fühlen, sollten Sie jedoch nicht länger zögern, eines der zahlreichen Hilfsangebote zu nutzen.

Praktische Erwägungen

Der Entschluß, sich einer Therapie zu unterziehen, ist manchmal ein so schwerwiegender Schritt, daß man dazu neigt, die unumgänglichen praktischen Erwägungen in den Hintergrund zu drängen. An erster Stelle steht hierbei natürlich die finanzielle Belastung. Wenn durch einen Facharzt (Neurologen oder Psychiater) die medizinische Notwendigkeit einer Psychotherapie festgestellt ist, kommt Ihre Krankenkasse für die Kosten auf. Im anderen Falle müssen Sie das Honorar für den Therapeuten selbst bezahlen. Ein weiterer Gesichtspunkt ist der zeitliche Aufwand für die Sitzungen (sowie für den Hin- und Rückweg). Oft sind sich potentielle Klienten nicht nur über diese Aspekte einer Therapie im unklaren, sondern fürchten auch noch, als besonders schwierig oder unkooperativ zu erscheinen, wenn sie dem Therapeuten eine ganze Reihe von Fragen stellen. Mitunter kommt es auch vor, daß jemand aus dem Gefühl heraus, ganz dringend Hilfe zu brauchen, sich mit Konditionen einverstanden erklärt, die er, wie sich hinterher herausstellt, nicht erfüllen kann. Wenn der Betroffene dann nicht den Mut hat, die Angelegenheit noch einmal durchzusprechen, wirft er oft schon vor Beginn der Behandlung die Flinte ins Korn oder beginnt die Therapie nur unter größten inneren Vorbehalten – eine Reaktion, die un-

Eins nach dem andern
Wenn Sie rechtzeitig im voraus die praktischen Aspekte einer Therapie abklären, können Sie mögliche spätere Probleme weitestgehend vermeiden.

Der Kluge baut vor

Je genauer Sie über die praktischen Begleiterscheinungen einer Therapie Bescheid wissen, desto besser. Im folgenden finden Sie eine Zusammenfassung der wichtigsten Gesichtspunkte, die Sie unbedingt im voraus abklären sollten.

• **Geld.** Sie sollten realistisch ausrechnen, wieviel Sie für eine Therapie ausgeben können (falls nicht Ihre Krankenkasse die Kosten übernimmt). Informieren Sie sich deshalb schon vor der ersten Sitzung, wie hoch das Honorar des Therapeuten ist, und kalkulieren Sie diesen Betrag in Ihre Gesamtausgaben mit ein.

Falls Sie das Honorar, das der Therapeut verlangt, nicht aufbringen können, sollten Sie dies lieber gleich sagen, um sich nicht finanziell zu übernehmen. Andererseits dürfen Sie nie vergessen, daß Sie im Begriff sind, etwas für Sie sehr Wichtiges zu tun; versuchen Sie deshalb, eher bei anderen Dingen – etwa bei Kinobesuchen oder beim Kleiderkauf – zu sparen, was sicherlich ein akzeptables Opfer darstellen dürfte. Fragen Sie unbedingt nach, ob Sie auch für diejenigen Sitzungen bezahlen müssen, an denen teilzunehmen Sie aus irgendwelchen Gründen verhindert sind.

• **Zeit.** Wieviel Zeit steht Ihnen zur Verfügung? Vergessen Sie nicht, die Zeit für Hin- und Rückweg hinzuzurechnen. Falls Sie eine intensive Therapie beginnen, werden Sie mindestens dreimal wöchentlich einen Termin haben. Bei anderen Arten von Therapie kann eine Sitzung pro Woche ausreichend sein.

Wenn Sie ganztags arbeiten, sollten Sie sich im voraus Gedanken darüber machen, welche Zeit für Ihre Besuche beim Therapeuten am günstigsten ist. Nach Feierabend herrscht meist Hochbetrieb, so daß es zu überlegen wäre, ob Sie sich vielleicht Termine in der Mittagspause geben lassen könnten oder – vorausgesetzt die Praxis ist dann schon geöffnet – am frühen Morgen.

• **Arbeit.** Falls Sie wegen Ihrer Therapie zu einem ungünstigen Zeitpunkt Ihren Arbeitsplatz verlassen müssen, sollten Sie sich überlegen, ob Sie Ihrem Arbeitgeber erklären wollen, daß Sie eine therapeutische oder sonstige Behandlung benötigen. Wenn Sie das Gefühl haben, daß er dafür Verständnis aufbringen wird, sollten Sie in jedem Fall ehrlich sein und anbieten, die verlorene Arbeitszeit nach Feierabend oder in der Mittagspause nachzuholen. Falls Sie es aber vorziehen sollten, ihn nicht zu informieren, können Sie immer noch angeben, wegen eines körperlichen Leidens in Behandlung zu müssen. Versuchen Sie keinesfalls, sich ohne Erklärung einfach davonzustehlen; dies würde für Sie nicht befriedigend sein und könnte böse Folgen haben.

ter Umständen jeden Fortschritt verhindern. Wenn derartige praktische Angelegenheiten nicht schon zu Beginn so geregelt werden, daß Sie und Ihr Therapeut zu einer für beide Seiten zufriedenstellenden Einigung gelangen, kommt es während der Therapie fast unweigerlich zu Problemen. Es ist kontraproduktiv, Konditionen zuzustimmen, die für Sie ungeeignet sind, da dies zwangsläufig Ihre Motivation beeinträchtigen oder Ihr Verhältnis zum Therapeuten trüben würde. Wenn Sie hingegen die praktischen Gesichtspunkte unmißverständlich klären, können Sie sich auf Ihre Behandlung konzentrieren – und aus Ihrer Zusammenarbeit mit dem Therapeuten das Beste machen.

Sie sollten wissen, was Sie wollen

Um unnötige Komplikationen zu vermeiden, die Ihre Behandlung behindern könnten, sollten Sie sich schon im voraus Gedanken darüber machen, was Sie wollen und was nicht und welchen Aufwand an Zeit, Geld und so weiter Sie zu investieren bereit sind. Falls Sie bestimmte Fragen stellen wollen, können Sie diese zur Gedächtnisstütze niederschreiben (wie später auch die Antworten des Therapeuten). Und falls Sie eine erste Konsultation vereinbaren möchten, um herauszufinden, ob Sie mit dem betreffenden Therapeuten zusammenarbeiten wollen, sollten Sie gleich klären, ob für dieses erste Treffen bereits ein Honorar fällig wird. Wenn Ihnen dann der Therapeut bestimmte Konditionen nennt und Sie nicht gleich sicher sind, ob Sie diese akzeptieren können, dann sagen Sie einfach, daß Sie sich die Sache noch einmal in Ruhe überlegen möchten.

Können Sie Ihren Verpflichtungen nachkommen?

Die wenigsten denken darüber nach, welche Verpflichtungen sie eingehen, wenn sie sich zu einer Therapie entschließen. Meist gibt es nicht allzu viele Regeln zu beachten, doch selbst die grundlegendsten – pünktliches Eintreffen, Teilnahme an allen Sitzungen, regelmäßige Bezahlung des Honorars – können zum Problem werden, wenn Sie sich nicht genau überlegt haben, wie Sie all das in Ihren Tagesablauf integrieren wollen. Falls Sie merken, daß Sie etwas vereinbart haben, das Sie gar nicht einhalten können, sollten Sie so bald wie möglich mit dem Therapeuten darüber sprechen, statt es für sich zu behalten. In jedem Fall sollten Sie sich über die praktischen Gesichtspunkte einer Therapie hundertprozentig im klaren sein; andernfalls besteht nämlich die Gefahr, daß Sie eventuelle Probleme in diesem Bereich irgendwann zum Vorwand nehmen, die Therapie abzubrechen, sobald Sie mit unangenehmen oder schmerzhaften Gefühlen konfrontiert werden.

DER THERAPIEPROZESS

KEINE ZWEI MENSCHEN sind genau gleich, und so macht auch jeder seine ganz individuellen Erfahrungen mit einer Therapie. Neben Ihrer Persönlichkeit und den Themenbereichen, an denen Sie arbeiten möchten, spielen auch andere Faktoren für den Erfolg Ihrer Therapie eine Rolle, wie etwa die Ausbildung, der Hintergrund und die Persönlichkeit des Therapeuten oder auch die Frage, ob es sich um eine kürzere oder eine längerfristige Therapie handeln soll. Doch ganz unabhängig von der theoretischen Grundlage der Therapie oder der bevorzugten Vorgehensweise des jeweiligen Therapeuten weist jeder Therapieprozeß immer gewisse gemeinsame Charakteristika auf.

Hohe Erwartungen?
Ihre Therapie beginnt schon lange, bevor Sie erstmals mit Ihrem Therapeuten zusammentreffen. Parallel zu Ihrer Erkenntnis, daß Sie ein Problem haben und sich ändern müssen, haben sich bei Ihnen Gedanken, Erwartungen und Ängste in bezug auf die Therapie sowie die Person aufgebaut, die Ihnen helfen soll. Schon bei Ihrer ersten, möglicherweise telephonischen Kontaktaufnahme werden Sie aus der Sprechweise und dem Tonfall seiner oder ihrer Stimme erste Eindrücke gewinnen: Klingt er oder sie mitfühlend und interessiert – oder eher distanziert und gleichgültig? Glauben Sie, gut mit dieser Person zusammenarbeiten zu können?

Man sollte sich auch darüber klar sein, daß trotz all unserer Rationalität in uns immer ein Kind steckt, das die Hoffnung hegt, der Therapeut möge uns alle unsere Verletzungen und schmerzhaften Gefühle quasi „wegzaubern" und uns glücklich machen. Natürlich kann keine Therapie dies leisten, noch kann sie die Vergangenheit ungeschehen machen. Sie kann Ihnen jedoch helfen, Ihre Gedanken und Gefühle besser zu verstehen, damit Sie schädliche Verhaltensmuster ablegen und die Person werden können, die Sie sein möchten.

Aller Anfang ist schwer
Vor Ihrer ersten Sitzung werden Sie bestimmt ein wenig Angst haben; ist dies nicht der Fall, könnte es leicht sein, daß Sie sich selbst oder dem Therapeuten nur etwas vormachen. Sich zu überwinden, mit einem Fremden über die eigenen Ängste und Sorgen zu reden, ist ein großer Schritt; gehen Sie deshalb nicht zu hart mit sich ins Gericht, falls Sie nervös sein sollten.

Welches Gefühl Sie Ihrem Therapeuten gegenüber haben, ist zwar wichtig, doch sollten Sie auf keinen Fall Ihre Suche nach Hilfe gleich aufgeben, falls Sie mit ihm nicht sofort warm werden. Vielleicht haben Sie ja auf eine tröstende Person gehofft, um dann mit einem leicht unterkühlten Helfer konfrontiert zu werden. In einem solchen Fall mögen Sie sich vielleicht zunächst sagen „Einem solchen Menschen könnte ich nie mein Gefühlsleben anvertrauen!" Tatsächlich passen manche Menschen einfach nicht zusammen, doch sagt eine derartige Reaktion vermutlich mehr über Ihre Erwartungen an die Therapie aus als darüber, wie der Therapieprozeß sich tatsächlich entwickeln wird. Dennoch liefern Ihre Erwartungen gewisse Hinweise auf Ihre inneren Bedürfnisse, weshalb Sie sie nicht einfach als unwichtig abtun sollten. Vielleicht verlassen Sie Ihre erste Sitzung mit einem Gefühl der Erleichterung, der Besorgnis oder der Enttäuschung. Falls die Fragen

DIE ERSTEN SCHRITTE / DER THERAPIEPROZESS

Der Weg nach vorn
Wenn Sie mit einer Therapie beginnen, fühlen Sie sich möglicherweise so von Problemen bedrängt, daß Sie zunächst keinen Ausweg sehen.

des Therapeuten intensive Emotionen wachgerufen haben, dann haben Sie bereits einen Vorgeschmack auf das bekommen, was Sie erwartet. Die Anfangsphase Ihrer Therapie verbringen Sie mit dem Versuch, sich an diese einzigartige Beziehung zu gewöhnen, während der Sie dem Therapeuten immer offener und immer vertrauensvoller begegnen. Zu Beginn werden Sie es vielleicht ein wenig merkwürdig finden, immer nur über sich selbst zu reden, statt auch einmal etwas über Ihr Gegenüber zu erfahren, doch Sie werden sehen: Je normaler es Ihnen im Lauf der Zeit erscheint, über sich und Ihr Innenleben zu reden, desto leichter kommen Sie auch an Ihre tieferen Gefühle heran. Während Ihrer Arbeit mit dem Therapeuten werden Sie allmählich lernen, potentiell unangenehme Gefühle besser zu verstehen, und Erkenntnisse gewinnen, die Sie mit neuer Hoffnung erfüllen.

Lernen Sie, sich auszudrücken

In den ersten Wochen werden Sie mitunter das Gefühl haben, Sie hätten gar nichts mitzuteilen. Dann fordert der Therapeut Sie vielleicht auf, einfach nur über das zu reden, was Ihnen so in den Sinn kommt, oder darüber, wie es ist, wenn einem die passenden Worte fehlen. Doch auch dies ändert sich mit der Zeit, wenngleich Gefühle des Unbehagens unter Umständen über mehrere Monate kommen und gehen können.

Eine andere weitverbreitete Sorge läuft darauf hinaus, daß der Therapeut nicht wirklich an Ihrem Wohlergehen interessiert ist und im Grunde nur zuhört, weil Sie ein zahlender Kunde sind; vielleicht hilft es Ihnen ja, sich mit dieser Angst auseinanderzusetzen, da sie häufig aus Erfahrungen der Vergangenheit erwächst, die in Ihnen das quälende Gefühl ausgelöst haben, daß ein Ihnen nahestehender Mensch auf Ihre Gegenwart oder Bedürfnisse mit Gleichgültigkeit reagierte.

Zu all den Zweifeln, die dieses frühe Stadium begleiten, kommt häufig noch ein kompensatorisches Bedürfnis, den Therapeuten zu idealisieren. Vielleicht glauben ja auch Sie, daß diese Person sämtliche Geheimnisse des Lebens und des Glücks in der Hand hält. Die Hoffnung und das Bedürfnis, sich helfen zu lassen, können in diesem Stadium sehr stark sein, so daß eine solche Idealisierung womöglich dazu dient, Ihr Engagement für die Therapie aufrechtzuerhalten.

SINNVOLLE ÜBERLEGUNGEN

Im folgenden sind ein paar Punkte aufgeführt, über die Sie einmal in Ruhe nachdenken sollten, sowie Fragen, die Sie bei Ihrem ersten Treffen mit Ihrem potentiellen Therapeuten vielleicht stellen möchten:
• Scheint der Therapeut Sie zu verstehen und es Ihnen leichter zu machen, über Ihre Probleme zu sprechen sowie über Ihre Gründe, Hilfe zu suchen?
• Haben Sie mit ihm die Probleme besprochen, um die es Ihnen geht, und dabei eine Übereinkunft erzielt?
• Wirkt der Therapeut professionell, aufrichtig und sensibel? Oder scheint er überängstlich, nervös oder angespannt?
• Äußert sich der Therapeut auf entsprechende Fragen offen über seine Qualifikationen, seine Ausbildung, seine Berufserfahrung und seine persönliche Art der Therapie?
• Beantwortet er Ihre Fragen – sei es über Ihre eigenen Belange oder über den Therapieprozeß selbst – auf zufriedenstellende Art und Weise?
• Haben Sie vertragliche Arrangements getroffen, die – beispielsweise hinsichtlich des Honorars und des Zeitplans der vereinbarten Sitzungen – Ihren Vorstellungen entsprechen?

Die mittlere Phase

Diese Phase, die meist rund ein Jahr nach Beginn der Therapie beginnt, kündigt sich häufig durch eine veränderte Einstellung zum Therapeuten an, den Sie nun weniger idealisieren oder als ganz normalen, mit Fehlern behafteten Menschen erkennen. Vielleicht gab es inzwischen Zeiten (zum Beispiel Urlaube), in denen Sie den Therapeuten nicht sehen konnten, und Sie wurden sich der Tatsache bewußt, daß er auch noch ein Privatleben ohne Klienten hat. Vor allem dürften Sie erkannt haben, daß Sie sich nicht über Nacht ändern werden. Dies kann ein schwerer Schock sein, der unter Umständen große Wut und Enttäuschung auslöst und Sie vielleicht erwägen läßt, die Therapie abzubrechen.

In dieser Phase werden Sie möglicherweise anfangen, Ihre Verärgerung und Frustration am Therapeuten auszulassen. Wenn Sie solche Gefühle nicht direkt zum Ausdruck bringen, äußern sie sich vielleicht auf andere Art und Weise – indem Sie beispielsweise zu spät zu Ihren Sitzungen kommen, mit Verzögerung Ihr Honorar bezahlen oder dem Therapeuten gegenüber immer weniger aus sich herausgehen.

Das Gefühl, „schlechter drauf" zu sein als zuvor

Vielleicht haben Sie sogar das Gefühl, in einer schlechteren psychischen Verfassung zu sein als vor Beginn der Behandlung, und Sie machen sich Sorgen, daß Ihnen die Therapie womöglich eher schadet. Dieses Gefühl kann sich noch intensivieren, wenn Ihnen nahestehende Menschen Ihre Entscheidung, sich therapieren zu lassen, ablehnen und Sie nun zum Aussteigen überreden wollen. In Wirklichkeit aber ist nichts anderes geschehen, als daß Ihre gewohnte Art, mit Schwierigkeiten umzugehen, immer weniger funktioniert und Sie mit Ihren wahren Gefühlen konfrontiert werden. Manche dieser Gefühle sind unangenehm und sogar erschreckend, wie etwa Wut oder Verzweiflung. Wenn Sie diese Art von Gefühlen bislang immer überspielt oder verdrängt haben, kommt es Ihnen jetzt vielleicht so vor, als ob der Therapeut Sie dazu bringen wolle, sich mit Fragen auseinanderzusetzen, die Ihnen schaden und von denen Sie deshalb besser die Finger lassen sollten.

In einer solchen Situation können Gefühle des Verlusts und des Verlassenseins, der Isolation und der Trauer zum Vorschein kommen, gepaart mit einer tiefen Verärgerung darüber, daß der Therapeut Ihnen nicht immer zur Verfügung steht, wenn Sie ihn gerade bräuchten. Obgleich sich diese Gefühle gegen den Therapeuten wenden, spiegeln sie häufig eine frühere Lebensphase wider, in der beispielsweise der Vater oder die Mutter Ihnen nicht genügend Aufmerksamkeit entgegenbrachte, die Familie verlassen hat oder gar gestorben ist, so daß Sie sich in dieser Lage unter Umständen besonders verletzbar fühlen. Wenn Sie dabei sind, Verletzungen der Vergangenheit aufzuarbeiten, können Ihnen Tage, an denen der Therapeut nicht zur Verfügung steht, äußerst schwer zu schaffen machen.

Die Endphase

In dieser letzten Phase, die womöglich erst Jahre nach Antritt einer Langzeittherapie beginnt, haben Sie sich gewöhnlich schon durch zahlreiche tiefsitzende Konflikte und Schwierigkeiten gearbeitet, und Ihr äußeres Leben hat sich im Verlauf dieses Prozesses möglicherweise gravierend verändert. Wahrscheinlich sind Sie mittlerweile auch dankbar für die Hilfe, die Sie erfahren haben, und empfinden Schuldgefühle wegen Ihrer früheren Anfälle von Wut und Feindseligkeit. Nachdem Sie gelernt haben, dem Therapeuten zu vertrauen und zu akzeptieren, daß er um Ihr seelisches Wohlbefinden besorgt ist und möchte, daß Sie ein fröhlicher und glücklicher Mensch werden, hindert Sie nichts mehr daran, künftig eine tiefere, vertrauensvollere Beziehung zu ihm zu unterhalten.

Das Ende in Sicht?
Sie werden auf Ihrem therapeutischen Weg weite Strecken zurücklegen, ohne genau zu wissen, wo die Reise schließlich endet.

WIDERSETZEN SIE SICH DER HILFE?

Wenn Sie mit Ihrer Therapie nicht mehr glücklich sind, könnten Sie auf den Gedanken kommen, dies liege daran, daß Sie und Ihr Therapeut einfach „nicht miteinander können". Das mag zwar tatsächlich der Fall sein, doch häufig ist es nur ein Zeichen inneren Widerstands, der vielleicht auf Ihre Angst vor Veränderungen zurückzuführen ist oder davor, mit unangenehmen Gefühlen konfrontiert zu werden. Ihr Widerstand gegen die Therapie könnte sich beispielsweise immer dann verstärken, wenn der Therapeut Probleme aufzugreifen scheint, die Sie verdrängt haben. Dann möchten Sie womöglich gar die Therapie abbrechen, eine Sitzung „vergessen", in der problematische Themen angesprochen werden könnten, oder so tun, als würden Sie nichts empfinden, wenn in Wahrheit alarmierende oder unangenehme Vorstellungen an die Oberfläche drängen. Die folgenden Anzeichen signalisieren, wann es sich vermutlich um innere Widerstände gegen den Therapeuten oder die Therapie handelt:

• Erst ließ sich die Therapie gut an, doch dann schien plötzlich alles schiefzulaufen.
• Sie waren schon bei mehreren Therapeuten und haben immer die gleichen Probleme oder Beschwerden.
• Diese Probleme ähneln jenen, die Sie in bezug auf andere wichtige Menschen in Ihrem Leben haben.
• Ihre Einstellung zur Therapie ändert sich plötzlich, und Sie finden, daß sie zu teuer oder ziemlich wirkungslos ist.
• Der scheinbare Druck anderer Tätigkeiten führt dazu, daß Sie Therapiesitzungen absagen oder „vergessen".
• Sie enthalten dem Therapeuten wichtige und relevante Informationen über Ihr Leben vor (wobei Sie sich vielleicht selbst einreden, daß diese belanglos sind).
• Sie erwägen, Ihre Therapie schon lange vor deren geplantem Ende abzubrechen.
Falls Sie einen oder mehrere dieser Punkte bei sich selbst erkennen, wäre es angebracht, sie mit Ihrem Therapeuten durchzusprechen.

Zeit zum Abschiednehmen

Der Schmerz und die Traurigkeit, die sich in der Endphase einer Therapie einstellen, gelten als entscheidender Bestandteil des Therapieprozesses. Die meisten von uns haben Schwierigkeiten, mit Trennung und Verlust fertig zu werden; deshalb sollten Sie niemals eine Therapie deshalb vorzeitig abbrechen, um sich diesen Schmerz zu ersparen. Dies ist eine wichtige Zeit für Sie und den Therapeuten – eine Zeit, in der Sie lernen, die Unvermeidlichkeit des Abschieds zu akzeptieren. Er ist häufig eine Wiederholung eines früheren Verlusts, und so wäre es verständlich, wenn Sie Schmerz und Wut empfinden würden. Falls sich die meisten Ihrer Probleme aus einem Trauma ergeben haben, das eine oder mehrere vorausgegangene Trennungen von anderen Menschen bei Ihnen hinterlassen haben, kann dies eine Zeit intensiver Arbeit und großer Kreativität sein. Sich nun von diesem Menschen zu verabschieden, dem Sie zu vertrauen gelernt haben, auf den Sie sich verlassen und der Sie womöglich besser kennt als irgend jemand sonst, kann sehr schwer werden. Die Entdeckung Ihrer eigenen Stärke wirkt jedoch häufig außerordentlich befreiend, und so werden wohl auch Sie die Erfahrung machen, daß der Abschluß einer Therapie durchaus ein Anlaß ist, mit Stolz auf die schwerverdiente Selbstachtung zu blicken.

Kurztherapie oder Langzeittherapie?

Was kann eine jahrelange Therapie bewirken, das nicht ebensogut auch in sechs Sitzungen zu schaffen wäre? Die Antwort lautet, daß Kurztherapien und Langzeittherapien sich gleich in verschiedener Hinsicht unterscheiden. Die Frage kann schon deshalb gar nicht lauten, welche Art von Therapie die bessere oder effektivere ist, weil beide Formen der Therapie ganz unterschiedliche Vorgehensweisen zur Bewältigung unterschiedlicher Probleme sind.

Der zeitliche Rahmen

Eine Kurztherapie kann von einer oder zwei Sitzungen bis zu einem halben oder einem ganzen Jahr dauern. Wie viele Sitzungen Sie brauchen, wird von Ihrem jeweiligen Problem abhängen sowie vom Therapeuten, an den Sie sich wenden. Die meisten Verhaltens- und Kognitivtherapeuten bieten eine feste Anzahl von Sitzungen an, beispielsweise zwischen sechs und zehn; andere psychologische Berater schlagen in der Regel eine Behandlungsdauer zwischen sechs Monaten und einem Jahr vor, wobei eine Verlängerung möglich ist. Auch Ehe- oder Sexualtherapeuten werden vermutlich eine feste Stundenzahl über einen vergleichbaren Zeitraum anbieten.

Die intensiveren Einzeltherapien sind im allgemeinen zeitlich nicht begrenzt, weil es schlicht unmöglich ist, schon zu Beginn einer solchen Behandlung deren voraussichtliches Ende festzulegen. Dies trifft auch auf eine Reihe von Gruppentherapien zu. Manche Menschen empfinden es als tröstlich und erleichternd zu wissen, daß sie so lange weitermachen können wie erforderlich; andere hingegen – vor allem mißtrauische Menschen oder solche, die fürchten, von anderen abhängig zu werden – finden eine derartige Aussicht eher erschreckend. Die Angst, „für immer" therapiert werden zu müssen, ist weit verbreitet. In Wirklichkeit zielt aber jede Therapie darauf ab, Ihnen zu helfen, möglichst bald wieder gesund und unabhängig zu werden.

Langzeittherapie

Falls Sie an einer Langzeittherapie interessiert sind, sollten Sie sich auf einen Zeitraum von mindestens zwei Jahren – wahrscheinlich sogar mehr – einrichten. Diese Art Therapie ist nicht für Leute geeignet, die nach schnellen Lösungen ihrer Probleme suchen. Sie ist vielmehr ein intensiver, sehr in die Tiefe gehender Versuch, sich selbst wirklich zu verstehen – ein Unterfangen, das häufig eine detaillierte Erforschung der Vergangenheit und Ihrer Beziehungen zu Eltern und Geschwi-

---

Was ist das Richtige für Sie?

Ziehen Sie eine Kurztherapie in Betracht, falls:
- Ihr Problem eine ganz bestimmte, klar einzugrenzende Ursache hat, wie einen Trauerfall, Beziehungsprobleme und ähnliches.
- Sie einen bestimmten Grund haben, sich gerade zu diesem Zeitpunkt um therapeutische Hilfe zu bemühen.
- Sie *jetzt* etwas gegen dieses Problem unternehmen möchten und deshalb Hilfe suchen.
- Sie nur über begrenzte finanzielle Mittel verfügen.
- Ihnen für eine Therapie nur ein relativ kurzer Zeitraum zur Verfügung steht.
- Sie hochmotiviert sind, sich zu verändern.
- Sie keine Probleme haben, Ihre Gefühle offen auszudrücken.
- Sie von Freunden und Angehörigen ausreichend seelische Unterstützung erhalten.
- Sie nicht recht wissen, was bei einer Therapie im einzelnen abläuft, und deshalb erst mehr darüber erfahren möchten, bevor Sie sich möglicherweise zu einer Langzeittherapie entschließen.

Ziehen Sie eine Langzeittherapie in Betracht, falls:
- Sie eine ganze Reihe von Problemen oder Schwierigkeiten haben, die Ihrer Ansicht nach sehr kompliziert oder sehr tief verwurzelt sind.
- Sie nicht verstehen, warum Sie so unglücklich oder durcheinander oder warum Ihre Beziehungen anscheinend immer zum Scheitern verurteilt sind.
- Sie sich schon seit über einem halben Jahr ausgesprochen unglücklich fühlen.
- Dieses Gefühl, unglücklich zu sein, nicht unbedingt durch ein spezifisches Ereignis ausgelöst wurde.
- Sie sich und die Motive Ihres Handelns auf einer tiefer reichenden Ebene verstehen möchten.
- Nichts Sie daran hindert, sich auf eine langwierige Therapie einzulassen.
- Sie genügend Zeit und Geld haben.
- Sie daran interessiert sind herauszufinden, warum Sie so sind, wie Sie sind.
- Sie hochmotiviert sind, sich besser zu verstehen, auch wenn der Lernprozeß schmerzhaft und frustrierend ist.

stern, Freunden und Partner sowie zum Therapeuten voraussetzt. Der Grund dafür, daß dieser Prozeß so lange dauert, ist darin zu sehen, daß jeder von uns sich nach und nach mit einer aus mehreren Lagen bestehenden schützenden Schicht umgeben hat, die wir allmählich durchdringen müssen, wenn wir an unsere wahren Gefühle herankommen wollen.

Ein Problem, das viele Menschen hinsichtlich einer Langzeittherapie haben, ist die Überzeugung, daß es irgendwie Nachgiebigkeit gegen sich selbst und deshalb „falsch" sei, viele Stunden lang über die eigenen Probleme zu sprechen und dafür auch noch Geld zu bezahlen. In Wahrheit aber zieht diese Art von Therapie weitreichende positive Auswirkungen nach sich, wenngleich sie zweifellos ein hohes Maß an Geduld und Durchhaltevermögen sowie die Fähigkeit erfordert, seelischen Schmerz und Frustrationen zu ertragen. Und aus rein praktischer Sicht setzt eine Langzeittherapie ein regelmäßiges Einkommen sowie eine halbwegs stabile Lebensweise voraus.

Kurztherapie
Falls Sie ein spezifisches Problem haben und beispielsweise unter dem Verlust eines geliebten Menschen, unter einer Krankheit, Angstzuständen oder Eßstörungen leiden, könnte eher eine Kurztherapie oder psychologische Beratung angemessen sein. Diese Art von Therapie erfordert allerdings eine starke Motivation, da Sie über einen kürzeren Zeitraum hart und intensiv mit dem Therapeuten zusammenarbeiten müssen. Erwarten Sie vom Therapeuten nicht, daß er Sie „behandelt" wie einen passiven Patienten; er wird Ihnen eine Menge abverlangen, doch wird der Erfolg alle Ihre Mühen wert sein.

Bei den meisten Kurztherapien tauchen Sie gar nicht erst in die ferne Vergangenheit ein. Ein Großteil Ihrer Arbeit an sich selbst wird sich auf die jüngere Vergangenheit beziehen (warum suchen Sie gerade jetzt nach Hilfe?) sowie auf die nahe Zukunft (was möchten Sie mit dieser anfangen?). Aus diesem Grund wird eine Kurztherapie auch Ihre tiefsitzenden Konflikte und Probleme nicht lösen – vor allem nicht, wenn diese in der Vergangenheit verwurzelt sind.

Dennoch kann eine Kurztherapie vielen Menschen durchaus über schwierige Lebensabschnitte hinweghelfen, und häufig gibt sie ihnen auch einen Vorgeschmack dessen, was sie im Fall einer intensiveren, längerfristig angelegten Therapie in etwa zu erwarten haben. Für viele Menschen bietet eine Kurztherapie oder eine psychologische Beratung die Chance, erstmals über sich selbst und ihr Leben nachzudenken.

Wie lange wird es wohl dauern?
Ganz spezifische, klar einzugrenzende Probleme lassen sich mit Hilfe einer Kurztherapie durchaus lösen; um allerdings komplexere Themen anzugehen, müssen Sie unter Umständen über einen längeren Zeitraum intensiv mit einem Therapeuten zusammenarbeiten.

VERMEIDEN SIE RISIKEN

WENN ES DARUM GEHT, ob man eines der zahlreichen verfügbaren Hilfsangebote in Anspruch nehmen soll, hegen viele Menschen verständlicherweise Bedenken, ob die Person, der sie sich anvertrauen, ihnen nicht eher schaden als nutzen wird. Sich in dieser Hinsicht abzusichern ist vor allem dann besonders schwierig, wenn Sie sich gerade in großer seelischer Not befinden; aus diesem Grund sollten Sie rechtzeitig alles in Ihrer Macht Stehende tun, um eine unnötige Enttäuschung zu vermeiden.

Einer der Gründe dafür, daß die Menschen heute so verletzbar sind, besteht darin, daß wir uns in Kindheit und Jugend immer dann, wenn wir Schmerzen empfanden, an Autoritätsfiguren wie unsere Eltern wenden konnten. Wenn wir dann als Erwachsene nach Hilfe suchen, kommt es uns so vor, als würden wir uns in unserer Not erneut an Menschen wenden, die Autorität und Macht über uns haben. Ob wir diese nun als potentiell hilfreich betrachten oder nicht und ob wir glauben können, daß sie die geeigneten Helfer sind, hängt zum großen Teil von unseren früheren Erfahrungen ab.

Vertrauen Sie nur denen, die Ihr Vertrauen verdienen

Wenn Sie von Ängsten geplagt werden oder in seelischer Not sind, erhöht sich das Risiko, daß Sie gleich das erstbeste Hilfsangebot annehmen, ohne vernünftig darüber nachzudenken oder Fragen zu denjenigen Punkten zu stellen, über die Sie Gewißheit haben möchten. Aus diesem Grund ist es normalerweise ratsam, mit einer Therapie zu beginnen, indem Sie sich an einen Fachmann wenden, den Sie bereits kennen und dem Sie vertrauen, wie beispielsweise an Ihren Hausarzt. Wenn dieser Sie anschließend an einen anderen Arzt oder sonstigen Experten überweist, dürfen Sie getrost davon ausgehen, daß der Betreffende die erforderliche Qualifikation und die nötige Erfahrung mitbringen wird.

Dennoch haben Sie in jedem Fall das Recht, sich für diejenige Form von Behandlung und denjenigen Therapeuten zu entscheiden, von der oder dem Sie sich am meisten versprechen. Falls Sie intuitiv das Gefühl haben, daß mit der Person, an die Sie überwiesen wurden, keine vertrauensvolle Zusammenarbeit möglich ist, sollten Sie um eine Überweisung an jemand anderen bitten. In diesem Fall müssen Sie natürlich davon ausgehen, daß der Arzt, der die ursprüngliche Überweisung veranlaßt hat, nicht gerade begeistert sein wird, wenn Sie nicht wenigstens halbwegs nachvollziehbare Gründe für Ihre Entscheidung nennen können. Einfach nur zu sagen: „Ich glaube nicht, daß ich mit dieser Person zusammenarbeiten kann", wird kaum jemanden zufriedenstellen; unter Umständen wird man Sie schon um eine detailliertere Begründung bitten. Dies hat durchaus gute Gründe, da Ihre anfänglichen Reaktionen – sei es ganz einfach Mißtrauen, eine konkrete Abneigung gegen die betreffende Person oder lediglich ein unbestimmtes Gefühl des Unbehagens – ebensogut auf die ganz normalen Ängste zu Beginn einer Behandlung zurückzuführen sein könnten. Und was noch wichtiger ist: Eventuelle Vorbehalte Ihrerseits gegen eine Therapie oder einen Therapeuten zeigen oft schon, welche Bereiche Ihres Seelenlebens ganz besondere Aufmerksamkeit erfordern.

Erkundigen Sie sich

Eventuelle Probleme können leicht noch größer werden, wenn Sie Hilfe von jemandem erwarten, von dem Sie überhaupt nichts wissen und an den Sie auch nicht von einem anderen Fachmann überwiesen worden sind. Manche praktizieren als Psychotherapeuten oder psychologische Berater ohne die dafür nötige Ausbildung oder Erfahrung; leider gibt es schwarze Schafe, die eigentlich kein Recht hätten, die entsprechenden Titel oder Berufsbezeichnungen zu führen. Falls Sie durch einen Handzettel, einen vagen Hinweis oder ähnliche Quellen auf den Namen eines Therapeuten gestoßen sind, sollten Sie deshalb unbedingt versuchen, mehr über die Qualifikation der betreffenden Person herauszufinden; wenn sie Ihnen dann erklärt, an einem „Zentrum für wahre Gesundheit" ausgebildet worden zu sein und schon seit fünf Jahren auf diesem Fachgebiet zu arbeiten, müssen Sie sich erkundigen, womit man sich in dieser Institution befaßt und was man dort über Ihren potentiellen Therapeuten weiß.

Vertraulichkeit

Sie haben das Recht zu erfahren, an wen und wohin schriftliche Aufzeichnungen über Ihre Person gehen und wer davon erfahren könnte, daß Sie sich in Behandlung befinden. Falls Ihr Hausarzt oder ein anderer Arzt Sie überwiesen hat, werden wie bei jeder medizinischen Leistung entsprechende Daten an Ihre Krankenkasse weitergegeben. Manche private Therapeuten werden Ihren Hausarzt informieren, während andere die Entscheidung darüber Ihnen überlassen.

Möglicherweise arbeitet Ihr Therapeut oder sonstiger Helfer mit einem erfahreneren Kollegen zusammen, den er in Ihrem Fall konsultiert. Dies sollten Sie durchaus positiv sehen: Es bedeutet keinesfalls, daß der Betreffende nicht fähig wäre, selbständig zu arbeiten, oder gar, daß alle möglichen Leute von Ihrem Problem erfahren werden. Vielmehr bedeutet es, daß die Arbeit Ihres Therapeuten mit Ihnen noch einmal von einem Kollegen überprüft wird. Es kommt vor, daß selbst sehr erfahrene Therapeuten diese Möglichkeit nutzen. Ihre persönlichen Daten werden dabei zum Schutz Ihrer Privatsphäre immer unkenntlich gemacht; sprechen Sie darüber gegebenenfalls mit Ihrem Therapeuten.

Die richtigen Schritte machen
Bei der Suche nach therapeutischer
Hilfe können Sie leicht Probleme
vermeiden, wenn Sie genau wissen,
wie Sie am besten vorgehen.

LANGSAM, ABER SICHER

Wenn Sie psychotherapeutische Hilfe suchen, sollten Sie mit der größten Sorgfalt vorgehen und die folgenden Ratschläge beachten:
• Lassen Sie sich nach Möglichkeit von Ihrem Hausarzt oder einem Facharzt eine Überweisung geben.
• Haben Sie keine Angst davor, gegebenenfalls eine Überweisung abzulehnen und um eine neue zu bitten.
• Wenden Sie sich an Ihre Krankenkasse oder die Kassenärztliche Vereinigung; in deren Ärztelisten finden Sie Fachärzte, die Psychotherapien durchführen oder mit Therapeuten zusammenarbeiten.
• Nehmen Sie Kontakt zu bundesweiten Dachorganisationen auf, die Sie an Unterorganisationen oder Einzelpersonen in Ihrer Nähe verweisen können.
• Verlassen Sie sich nicht nur auf Empfehlungen von Angehörigen oder Freunden, und gehen Sie nicht nur deshalb zum selben Therapeuten, weil auch diese hingehen.
• Überprüfen Sie Ausbildung, Qualifikation und Berufserfahrung der in Frage kommenden Therapeuten.
• Sagen Sie nicht zu schnell ja; nehmen Sie sich genügend Zeit zum Nachdenken, und treffen Sie keine Vereinbarungen, die Sie nicht hundertprozentig überzeugen.
• Erkundigen Sie sich ausführlich über die vertrauliche Behandlung Ihrer persönlichen Daten, die Dauer der Behandlung und die Kosten (falls sie nicht von Ihrer Krankenkasse übernommen werden) sowie die finanzielle Regelung für Sitzungen, an denen Sie eventuell aus irgendeinem Grund nicht teilnehmen können.
• Scheuen Sie nicht davor zurück, Fragen zu stellen, so trivial oder gar dumm sie Ihnen vorkommen mögen.
• Brechen Sie die Behandlung ab, wenn Sie das Gefühl haben sollten, daß die betreffende Person Ihnen nicht helfen kann oder Ihnen womöglich gar schaden könnte.

AUSWIRKUNGEN IHRER THERAPIE AUF ANDERE

Wann immer wir in unserem Leben etwas verändern, wirkt sich dies auch auf die Menschen in unserem unmittelbaren Umfeld aus. Falls Sie sich entschieden haben, therapeutische Hilfe in Anspruch zu nehmen, gehen Sie vielleicht davon aus, daß Ihr Partner, Ihre Angehörigen und Ihre Freunde Sie unterstützen werden – schließlich werden Sie ja auch viel umgänglicher und leichter zu ertragen sein, wenn Sie erst einmal glücklicher sind und weniger Probleme haben. Doch manchmal kann es geschehen, daß ausgerechnet die Menschen, die Sie lieben und sich um Sie sorgen und Sie womöglich sogar ermutigt haben, Hilfe zu suchen, sich auf einmal benehmen, als hätten Sie sie enttäuscht oder etwas falsch gemacht.

Unsere engsten Beziehungen

Die meisten engen persönlichen Beziehungen durchleben ihre Höhen und Tiefen und passen sich dabei gewissermaßen von selbst Veränderungen an. Vielfach aber empfinden wir Abneigung gegen oder gar Angst vor Veränderungen in uns selbst und in anderen und versuchen deshalb instinktiv, uns an das zu halten, was wir kennen und für einigermaßen vorhersehbar halten. Dies trifft in besonderem Maße auch auf unsere zwischenmenschlichen Beziehungen zu, die uns selbst dann noch ein Gefühl der Sicherheit vermitteln, wenn sie längst nicht mehr funktionieren. Falls Sie dann anfangen, sich zu verändern, stellt sich bei Ihren Mitmenschen Verunsicherung ein.

Hilfe von außen

Bei der Suche nach fremder Hilfe bekommen selbst alleinstehende, unabhängige Menschen manchmal ein schlechtes Gewissen, weil sie glauben, diejenigen, die ihnen am nächsten sind, gewissermaßen zu verraten, indem sie Hilfe von außen suchen. Oft scheut man davor zurück, irgend etwas „Schlechtes" über die Menschen im eigenen Umfeld zu sagen, auch wenn Informationen darüber, wie man sich fühlt, für den Erfolg einer Therapie von größter Wichtigkeit sind. Mitunter kommt man sich dabei wie ein Verräter vor. Zuweilen werden diese völlig irrationalen, aber verbreiteten Ängste scheinbar noch bestätigt durch die Reaktionen der Menschen aus dem persönlichen Umfeld, wenn diese sich beleidigt, feindselig oder abweisend verhalten. Falls Sie auf solche Reaktionen nicht gefaßt sind oder meinen, sie nicht zu ertragen, könnten Sie leicht auf die Idee kommen, Ihre Therapie unter irgendwelchen Vorwänden oder Ausreden abzubrechen.

Man verändert sich nie allein
Ihre Probleme sind zwar zunächst Ihre Angelegenheit, doch wird jede Lösung, die Sie anstreben, unweigerlich auch Menschen in Ihrem Umfeld berühren.

Ein unausgesprochener Pakt

Wenn zwei oder mehr Menschen einen unbewußten „Pakt" schließen, in einer ganz bestimmten Weise miteinander umzugehen, bezeichnet man dieses Verhalten als Kollusion. Hierzu kommt es, weil jeder Beteiligte bestimmte Bedürfnisse hat, die der andere befriedigen kann; einige Fachleute gehen davon aus, daß dies häufig der Hauptgrund dafür ist, warum wir uns zu bestimmten Personen hingezogen fühlen. Sabine beispielsweise übte ständig Druck auf Robert aus, sich wegen seines exzessiven Alkoholkonsums in Behandlung zu begeben. Als er tatsächlich mit einer Therapie begann, schien Sabine ihm gegenüber noch kritischer zu werden. Ohne sich dessen bewußt zu sein, hatten sie eine Beziehung aufgebaut, in der Robert sich selbstschädigend und kindlich verhielt (indem er sich weigerte, selbst die Verantwortung für sein Leben zu übernehmen), während Sabine gewissermaßen als Elternfigur die Rolle der „Retterin" übernehmen konnte. Als Robert durch die Therapie allmählich begann, seine alte Rolle abzulegen, hatte dies auch zur Folge, daß Sabine ihre Rolle nicht mehr spielen konnte, wodurch ihr Selbstwertgefühl einen Knacks erhielt. Sie mußte lernen, in ihrer Beziehung eine weniger dominante Rolle zu übernehmen und daran arbeiten, auf andere Weise ihre Selbstachtung wiederzugewinnen. Kollusives Verhalten ist schwer zu erkennen, weil es nicht bewußt geschieht; oft tritt es erst zutage, wenn einer der Beteiligten von diesem Verhalten genug hat und mehr oder weniger deutlich zu verstehen gibt, daß er nicht mehr bereit ist, mitzuspielen. Geschieht dies, reagiert der andere „Mitspieler" oft verärgert und irritiert; beharrt aber sein Partner auf dem Vorsatz, sich zum Besseren zu verändern, ermutigt er damit auch den anderen, das gleiche zu tun. Am Ende müssen sich entweder beide verändern, weil ihre Beziehung nun auf einer anderen Grundlage steht, oder sie fühlen sich durch die anstehenden Veränderungen derart bedroht, daß sie irgendwie versuchen, ihre Beziehung zu beenden.

Verborgene Ängste

Wenn jemand sich in psychotherapeutische Behandlung begibt, empfinden die Menschen in seinem Umfeld meist die unterschiedlichsten Gefühle, die zwischen Erleichterung und Angst schwanken können. In einer Beziehung, in der ein Partner sich therapieren läßt, kann es auch geschehen, daß der andere sich ausgeschlossen fühlt und befürchtet, zurückgewiesen zu werden, falls sein Partner sich allzusehr verändert. Marion beispielsweise war seit zwei Monaten in Therapie, und ihr Mann Stefan fragte sich ständig, was sie denn so alles mit ihrer Therapeutin zu besprechen hatte: Breitete sie vor ihr womöglich ihr gesamtes Sexualleben aus? Würde sie vielleicht am Ende zu dem Ergebnis kommen, daß alles seine Schuld war? Wenn er versuchte, Fragen zu stellen, schien Marion abwehrend zu reagieren. Marion ihrerseits liebte Stefan zwar, wollte aber ganz für sich allein über einige der Themen nachdenken, die im Verlauf der Therapie zur Sprache kamen.

Die Beziehung zwischen Therapeut und Klient ist eine so persönliche, daß es für die Menschen, die Ihnen am nächsten stehen, fast unmöglich ist, sich *nicht* ängstlich zu fragen, über was Sie sich mit Ihrem Therapeuten unterhalten. Deshalb kann es leicht geschehen, daß Ihr Partner oder Ihre Angehörigen ein wenig ängstlich oder verärgert reagieren oder sich irgendwie übergangen fühlen. Dies spiegelt unsere Erfahrungen als Kinder wider, als wir uns unseren Eltern bei bestimmten Aktivitäten und Ereignissen nicht anschließen durften, und so kann das Gefühl, ausgeschlossen zu sein, naturgemäß sehr intensive Emotionen hervorrufen.

Versetzen Sie sich in die Lage der anderen

Eine Möglichkeit, mit dieser Verärgerung und Frustration umzugehen, ist die Einsicht, daß dies alles einer – meist unbewußten – Angst vor Veränderungen entspringt. Ihre Therapie wird von Ihren Mitmenschen häufig als Bedrohung betrachtet; wenn Sie sich verändern, dann werden Sie sich womöglich von dem einen oder anderen abwenden oder jedenfalls nicht mehr der Mensch sein, den man kennen und lieben gelernt hat. Die Menschen in Ihrem Umfeld fühlen sich von dieser Situation unter Umständen überfordert; wenn Sie jedoch Verständnis aufbringen, können Sie mit derartigen Gefühlen besser umgehen. Oft genügt es schon, die Emotionen der anderen zu akzeptieren und ihnen zu erklären, daß Sie sie nach wie vor lieben; dies wird Ihren Angehörigen und Freunden helfen, sich an die Veränderungen zu gewöhnen. Ihr besseres Verständnis für Ihr eigenes Innenleben wird letztlich dazu führen, daß Sie mit sich selbst zufriedener sind und Ihre Beziehungen zu den anderen offener und intensiver werden.

WIE MAN ANDEREN HELFEN KANN

WENN JEMAND, DEN SIE LIEBEN und der Ihnen sehr nahe steht, unter seelischen Schmerzen leidet, kann dies auch für Sie sehr deprimierend sein – zumal, wenn Sie sich völlig ohnmächtig fühlen, dem oder der Betreffenden zu helfen. Während die meisten bei körperlichen Beschwerden nicht lange zögern, fremde Hilfe in Anspruch zu nehmen, lassen viele sich bei seelischen Problemen nur ungern Ratschläge erteilen – sofern sie überhaupt bereit sind, sich das Vorhandensein solcher Probleme einzugestehen.

Wenn man einen Partner, Angehörigen oder guten Freund hat, der unter einem schweren psychischen Problem leidet, ist man leicht versucht, der betreffenden Person alle möglichen guten Ratschläge zu erteilen, um irgendwie die eigenen Ohnmachtsgefühle zu verdrängen. Dies ist jedoch vielfach nicht unbedingt das ideale Vorgehen, denn der Betroffene könnte leicht Ihre guten Ratschläge in den Wind schlagen – vor allem dann, wenn er das Bedürfnis hat, sich immer stark zu fühlen und die Situation voll im Griff zu haben.

Reden und Zuhören

Wenn Sie glauben, daß jemand in Ihrem unmittelbaren Umfeld in seelischen Nöten ist, sollten Sie die betreffende Person ermutigen, darüber zu reden, ohne jedoch zu großen Druck auszuüben. Sie könnten beispielsweise sagen „Du wirkst in letzter Zeit irgendwie niedergeschlagen" oder „Ich habe gehört, daß es mit dem Job, für den du dich beworben hast, nicht geklappt hat". Versuchen Sie, Ihre Aussagen oder Fragen so offen zu formulieren, daß der Betreffende nicht einfach mit ja oder nein antworten kann. Wenn er nicht mit Ihnen sprechen möchte, sollten Sie sich nicht aufdrängen, sondern nur Ihre Besorgnis ausdrücken, etwa: „Ich mache mir ein bißchen Sorgen um dich; du weißt doch, daß ich dich mag. Denk bitte daran, daß ich immer für dich da bin, falls du mit jemandem reden möchtest."

Manche Menschen fühlen sich an einem neutralen, öffentlichen Ort wohler, so daß Sie beispielsweise vorschlagen könnten, gemeinsam irgendwo einen Kaffee zu trinken oder essen zu gehen. Sehr häufig wollen die Betroffenen durchaus über das reden, was sie bedrückt – sofern es Ihnen gelingt, Ihr Interesse zu bekunden, ohne dabei den Eindruck zu erwecken, als seien Sie nur scharf darauf, in den Gedanken der jeweiligen Person herumzuschnüffeln. Nutzen Sie Ihr Urteilsvermögen und Ihre Sensibilität dazu, Ihre Besorgnis zu vermitteln, ohne gleich Therapeut spielen zu wollen.

Warum wollen Sie helfen?

Sind Sie der geborene „Helfertyp", der sich immer nur um andere kümmert und dabei anscheinend nie an sich selbst denkt? Obschon das Helfen eine sehr positive Erfahrung darstellen kann, sind unsere Gründe dafür nicht immer ganz altruistisch. Versuchen Sie damit etwa, ein früheres Fehlverhalten in anderen Situationen zu kompensieren oder sich Schuldgefühle vom Hals zu schaffen? Hilft Ihnen das Helfen vielleicht dabei, die eigenen Probleme zu verdrängen? Oder fühlen Sie sich womöglich relativ stark oder gar überlegen, wenn Sie in Gesellschaft von Menschen sind, die bis zum Hals in Problemen stecken? Versuchen Sie in Ihrem eigenen Interesse, sich über die Motive für Ihre Hilfsbereitschaft klarzuwerden, um nicht am Ende mehr Schaden anzurichten als Gutes zu tun.

Wenn Hilfe sinnlos wäre

Mitunter scheint es, als würden manche Leute lieber mit ihren Problemen weiterleben, als sich wirklich zu verändern. Womöglich haben sie die Erfahrung gemacht, daß sie das Mitgefühl und die Aufmerksamkeit anderer erregen, indem sie keine Verantwortung für sich selbst übernehmen und sich pas-

Einfach zuhören

Es ist mit das Beste, was Sie tun können, wenn Sie einem Freund, der in seelischer Not ist, Gelegenheit geben, sich auszusprechen, und dabei ein geduldiger Zuhörer sind.

WAS MAN TUN UND WAS MAN LASSEN SOLLTE

So sehr Sie auch jemandem helfen möchten, der Ihnen nahesteht, ist dies doch nicht immer möglich – oder auch unter Umständen gar nicht empfehlenswert. Manchmal kann es sogar die Entschlossenheit der betreffenden Person, sich gegen Hilfe von außen zu sperren, noch verstärken. Wenn Sie sich jedoch der Bedürfnisse des oder der Betroffenen ebenso wie Ihrer eigenen bewußt sind, können Sie eine Menge tun.

- **Hören Sie** aufmerksam zu. Dies ist eine vielfach unterschätzte Form von Hilfe und Trost für Menschen, die innerlich aufgewühlt, in seelischer Not oder wütend sind. Wichtig ist, ganz einfach für sie da zu sein.
- **Versuchen Sie nicht**, die Probleme des anderen zu diagnostizieren. Es mag ja manchmal verführerisch sein, den Arzt oder Therapeuten zu spielen, doch kann dies Gefahren bergen – vor allem bei einem wirklich schwerwiegenden Problem.
- **Machen Sie** sich klar, aus welchem Grund Sie helfen möchten; tun Sie es wirklich für die Betroffenen – oder womöglich nur, um sich als ehrenwerter, starker oder aufopferungsvoller Mitmensch zu präsentieren?
- **Ermutigen Sie** die betreffende Person, ihren Hausarzt aufzusuchen; dies könnte sie beruhigen oder ihr die Möglichkeit verschaffen, um eine Überweisung zu bitten, falls zusätzliche Hilfe erforderlich werden sollte.
- **Üben Sie nicht** Druck auf die betreffende Person aus, und drohen Sie ihr nicht. Ein Ultimatum wirkt selten; der Betroffene muß sich aus freien Stücken helfen lassen.
- **Seien Sie** geduldig. Es kann sehr lange dauern, bis sich jemand endlich entschließt, Hilfe zu suchen; im allgemeinen ist dies eher der Fall, wenn Sie dem Betroffenen Gelegenheit geben, selbst diese Entscheidung zu treffen.
- **Versuchen Sie nicht**, das Problem der betreffenden Person im Alleingang zu lösen. Wenn Sie sich wegen deren seelischen Verfassung Sorgen machen, können Sie zunächst Ihren Hausarzt um Rat fragen. Falls andere mit von diesem Problem betroffen sind, sollten Sie auch mit ihnen sprechen.
- **Seien Sie** ehrlich. Falls Sie das Gefühl haben, daß die betreffende Person versucht, Sie zu manipulieren oder ihre eigene Situation zu verdrängen, sollten Sie ihr dies offen, aber ohne Feindseligkeit sagen. Seien Sie auch absolut ehrlich, was die Vertraulichkeit Ihrer Gespräche mit ihr anbelangt. Falls Sie meinen, mit jemand anderem über die Problematik sprechen zu müssen, sollte dies der Betroffene vorher wissen.
- **Greifen Sie**, falls erforderlich, auf die Notdienste zurück. Falls die betreffende Person Wahnvorstellungen hat, selbstmordgefährdet oder potentiell gewalttätig ist, sollten Sie einen Arzt rufen bzw. eine der bekannten Notrufnummern wählen.

siver und hilfloser geben, als sie es tatsächlich sind. Oft ist sich die betreffende Person gar nicht bewußt, daß sie dies tut – möglicherweise ebensowenig wie Sie. Doch wenn solche Menschen sich beharrlich weigern, selbst etwas gegen ihre Probleme zu unternehmen, sollten Sie einen Augenblick nachdenken. Vielleicht müssen Sie sich der Tatsache stellen, daß Sie jemandem, der sich so verhält, eben gerade *nicht* helfen, wenn Sie dieses „Spiel" mitspielen. Weigern Sie sich deshalb, sich Schuldgefühle einreden zu lassen, und führen Sie ein offenes Gespräch. Selbst wenn die betroffene Person verärgert, gereizt oder abwehrend reagiert, ist dies doch immer noch besser, als im alten Trott weiterzumachen. Unter Umständen kann ein derart konsequentes Verhalten Ihrerseits sogar eine wirkliche Veränderung auslösen. Mit am schwersten zu akzeptieren ist, daß Sie niemanden zwingen können, Hilfe anzunehmen. Falls Sie meinen, alles getan zu haben, was in Ihrer Macht steht, und die betreffende Person sich noch immer nicht helfen lassen möchte oder sich weiterhin weigert, die Verantwortung für das eigene Leben zu übernehmen, dann müssen Sie Ihren Versuch zu helfen aufgeben. Wenn nämlich Ihre Sorge um den anderen für Sie selbst zur schweren Belastung wird, dann geht es gleich zwei Menschen schlecht. Akzeptieren Sie also, daß auch Sie nur ein Mensch und Ihre Möglichkeiten begrenzt sind.

WIRKT DIE THERAPIE?

MITUNTER IST ES NICHT EINFACH zu beurteilen, ob die Therapie, die Sie gerade machen, Ihnen wirklich hilft oder nicht. Wie – und in welchem Tempo – Sie sich verändern und weiterentwickeln, hängt nicht nur von der Therapie selbst ab, sondern auch von Ihren Erwartungen sowie von der Art Ihres Problems. Wenn die Versuchung, alles hinzuwerfen, am größten wird, brauchen Sie Ihre Therapie möglicherweise gerade am dringendsten – aber wie können Sie wissen, ob dem so ist?

Der nun folgende Fragebogen soll Ihnen helfen zu beurteilen, ob Sie tatsächlich die Hilfe erhalten, die Sie benötigen. Falls Sie daraufhin zu dem Schluß kommen, daß dies nicht der Fall ist, sollten Sie dennoch Kurzschlußhandlungen vermeiden und vor einem eventuellen Abbruch der Therapie zunächst mit Ihrem Therapeuten über Ihre Gefühle zu diesem Thema sprechen. Wählen Sie zu jeder Frage die Antwort, die für Sie am ehesten zutrifft. Zählen Sie Ihre **a**-, **b**- und **c**-Antworten zusammen, und schlagen Sie die Seite 141 auf.

1. Wie lange nehmen Sie bereits Hilfe in Anspruch?
a) Seit weniger als einem halben Jahr.
b) Seit einem halben bis einem Jahr.
c) Seit über einem Jahr.

2. Hatten Sie, als Sie sich entschlossen, sich helfen zu lassen, bereits eine Vorstellung davon, wie lange so etwas dauern würde?
a) Nein.
b) Ungefähr.
c) Ja.

3. Glauben Sie, daß Ihr Therapeut ziemlich genau weiß, weshalb Sie fremde Hilfe in Anspruch nehmen?
a) Ja.
b) Die meiste Zeit jedenfalls.
c) Eigentlich nicht.

4. Haben Sie sich seit Beginn Ihrer Behandlung verändert?
a) Ja.
b) Nicht so sehr, wie ich gehofft hatte.
c) Nein, kein bißchen.

5. Ist Ihre allgemeine Stimmungslage anders als zu Beginn der Behandlung?
a) Etwas besser.
b) Schlechter.
c) Unverändert.

6. Haben die Menschen, die Ihnen nahestehen, das Gefühl, Sie hätten sich verändert?
a) Ja, und zwar zum Besseren.
b) Bislang hat sich noch niemand dazu geäußert.
c) Die meisten meinen, mir ginge es in mancher Hinsicht sogar schlechter.

7. Wie stehen Sie zu Ihrem Therapeuten?
a) Er/sie hilft mir die meiste Zeit tatsächlich.
b) Ich habe da gemischte Gefühle.
c) Er/sie leistet keine gute Arbeit.

8. Glauben Sie, Ihrem Therapeuten vertrauen zu können?
a) Ja.
b) Meistens schon, aber nicht immer.
c) Nein.

9. Falls dies nicht der Fall ist, warum nicht?
a) Ich vertraue grundsätzlich niemandem.
b) Ich brauche sehr lange, bis ich zu jemandem Vertrauen gefaßt habe.
c) Er/sie hat mein Vertrauen mißbraucht oder es nicht verdient.

10. Würden Sie einem Freund eine ähnliche Art von Hilfe empfehlen?
a) Ja, wahrscheinlich schon.
b) Kann sein, wenn auch unter gewissen Vorbehalten.
c) Nein.

11. Welche Erwartungen hatten Sie vor Beginn Ihrer Behandlung?
a) Ich hatte gehofft, daß es hilft, aber ich war mir darüber im klaren, daß es harte Arbeit werden würde.
b) Ich hatte große Hoffnungen, mich hinterher viel besser zu fühlen.
c) Ich dachte, ich würde mich schon bald wieder genauso fühlen wie zuvor.

12. Hat Ihr Therapeut mit Ihnen schon einmal über Ihre Fortschritte gesprochen?
a) Nein, aber ich erwarte gar nicht, daß er/sie das tut.
b) Nicht so richtig, aber ich würde schon gern mal wissen, wie es mit mir vorangeht.
c) Nein, aber ich glaube, daß er/sie das eigentlich tun sollte; ich hätte also allen Grund zum Klagen.

13. Wie würden Sie selbst Ihre Fortschritte seit Beginn Ihrer Behandlung einschätzen?
a) Mal geht's besser, mal schlechter.
b) Meist geht es mir genauso wie vorher, manchmal sogar noch schlechter.
c) Ich kann keinerlei Fortschritt erkennen.

14. Finden Sie, daß Sie und Ihr Therapeut gut zusammenpassen?
a) Ja.
b) Meistens.
c) Nein.

15. Wenn nicht, warum?
a) Wir scheinen ganz unterschiedliche Zielsetzungen zu haben.
b) Ich habe nicht das Gefühl, daß er/sie mich wirklich versteht.
c) Ich mag ihn/sie einfach nicht.

"Reparieren" Sie Ihre Vergangenheit
Hilft Ihre Therapie Ihnen dabei, alte seelische Wunden zu schließen sowie selbstschädigende Verhaltensmuster zu ändern, damit Sie sich weiterentwickeln können und glücklicher und zufriedener werden?

Ist es Zeit für den Abschied?

MIT DAS SCHWIERIGSTE an jeglicher Art von therapeutischer Behandlung ist, diese zu beenden. Wie sollen Sie wissen, wann Sie wirklich bereit sind für den Therapie-Abschluß? Wie können Sie den Unterschied feststellen zwischen einem neuen, aber gefestigten Selbstvertrauen oder optimistischer Selbstüberschätzung oder dem Verlangen, auszusteigen? Manche meinen ja, daß sowohl der Therapeut als auch der Klient es „im Gefühl" haben, wann die Zeit dafür gekommen ist. Entscheidend jedenfalls ist, daß Sie beide sich in diesem Punkt einig sind: Falls Ihr Therapeut ebenfalls glaubt, daß die Behandlung abgeschlossen ist, dürfte es tatsächlich der richtige Zeitpunkt sein; ist er hingegen anderer Meinung, sollten Sie erst einmal gründlich darüber nachdenken, warum Sie gerade jetzt die Therapie beenden möchten.

Wenn die Flitterwochen vorbei sind

Nach der „Flitterwochen"-Phase der Behandlung kann leicht eine Phase der Desillusionierung eintreten, in der Sie merken, daß Sie von Ihrem Therapeuten längst nicht all das bekommen, was Sie sich von ihm erhofft hatten. Dies kann zu Enttäuschung und Wut gegenüber Ihrem Helfer und der Therapie führen. In diesem Stadium steigen viele vorzeitig aus; weitaus besser wäre es jedoch, wenn Sie ihre Verärgerung und Frustration dem Therapeuten mitteilen würden. Ein weiterer Gefahrenpunkt ist erreicht, wenn Sie mit sehr schmerzhaften Gefühlen konfrontiert werden, die Sie womöglich seit Jahren erfolgreich verdrängt haben und denen Sie weiterhin aus dem Weg gehen möchten. Eventuell erreichen Sie irgendwann auch ein Stadium, in dem Sie resignierend glauben, daß sich nie etwas zum Besseren verändern wird. Dieses Gefühl, in einer Sackgasse angelangt zu sein, kann äußerst frustrierend sein, doch sollten Sie keinesfalls aufgeben; stehen Sie die Sache allen Widerständen zum Trotz durch.

Eine ganz natürliche Entwicklung
Eine Therapie kann Monate oder Jahre dauern, in denen sich Ihr Selbstbewußtsein und Ihre Selbstachtung immer weiter entwickeln, bis der Therapieprozeß beendet ist.

SIND SIE BEREIT?

Wenn Sie Ihre Behandlung beenden möchten, müssen Sie dies natürlich mit Ihrem Therapeuten absprechen. Doch auch die folgenden Anhaltspunkte können Ihnen helfen abzuwägen, ob Sie auch tatsächlich innerlich schon soweit sind.

Sie sind wahrscheinlich noch nicht bereit, wenn:
• **Sie sich über Ihren Therapeuten ärgern.**
Falls Sie über Ihren Therapeuten aus irgendeinem Grund verärgert sind, könnten Sie auf den Gedanken kommen, ihn zu „bestrafen", indem Sie die Behandlung abbrechen. Besser wäre es, mit Ihrem Therapeuten darüber zu sprechen.
• **Sie meinen, nicht voranzukommen, oder sich eher schlechter als besser fühlen.**
Wenn Sie keine Veränderungen erkennen oder sich schlechter fühlen als zuvor, meinen Sie vielleicht, daß die Therapie Ihnen gar nicht helfen kann; womöglich sind Sie aber einfach nur in einem wichtigen Stadium angelangt, in dem Sie mit unangenehmen oder schmerzhaften Gefühlen konfrontiert werden.
• **Menschen in Ihrem unmittelbaren Umfeld Sie zum Abbruch der Therapie überreden möchten.**
Versuchen Sie herauszufinden, warum sich die Betreffenden durch die Therapie bedroht fühlen.
• **Sie erwartet hatten, sich bis zu diesem Zeitpunkt schon wesentlich stärker zu verändern.**
Möglicherweise waren Ihre Erwartungen von vornherein zu hoch angesetzt. Sprechen Sie mit Ihrem Therapeuten darüber.
• **Sie Abschiede nicht verkraften können.**
Ihre Angst vor einer schmerzhaften Trennung könnte Sie zu einem vorzeitigen Abbruch der Therapie veranlassen, doch sollten Sie diesem Impuls keineswegs nachgeben; Sie könnten eine ganze Menge lernen, wenn Sie den schwierigeren Weg gehen.
• **Sie Angst davor haben, daß Ihr Therapeut die Behandlung zu früh beenden könnte.**
Vielleicht fühlen Sie sich von Ihrem Therapeuten abgelehnt und beschließen deshalb, selbst Schluß zu machen. Dies ist keine gute Idee! Sprechen Sie mit dem Therapeuten darüber.

Sie sind wahrscheinlich bereit, wenn:
• **Sie und Ihr Therapeut einvernehmlich meinen, daß es an der Zeit ist, die Behandlung zu beenden.**
Wichtig ist, daß Sie gemeinsam diese Entscheidung treffen.
• **Sie das Ende der Therapie verarbeiten können.**
Auch der Zeitpunkt des Therapie-Endes sollte einvernehmlich festgelegt werden, um Ihnen beiden die Chance zu geben, Ihre mit der Trennung verbundenen Gefühle aufzuarbeiten.
• **Sie das Gefühl haben, alles erreicht zu haben, was Sie im Augenblick erreichen können.**
Sie sind vermutlich realistisch genug, um zu begreifen, daß Sie nie vollkommen sein werden und sich zu einem gewissen Grad mit Ihrer Persönlichkeitsstruktur abfinden müssen.
• **Sie sich stark genug fühlen, um Ihre persönliche Weiterentwicklung selbst in die Hand zu nehmen.**
Sie haben viel dazugelernt, was Ihre Selbsteinschätzung und Ihren Umgang mit Ihren Mitmenschen anbelangt, und sind sich sicher, daß Sie nun ohne fremde Hilfe zurechtkommen.
• **Sie eine gewisse Erregung verspüren und ein wenig verängstigt sind.**
Diese Gefühle deuten – im Gegensatz zu Wut oder Verzweiflung – auf das völlig normale Bedürfnis hin, unabhängiger und selbständiger zu werden.
• **Sie Ihrem Therapeuten dankbar sind, auch wenn Sie sich nicht in jeder Hinsicht verändert haben mögen.**
Die Erkenntnis, daß Ihr Helfer weder selbst vollkommen ist noch Sie zu einem perfekten Menschen machen kann, sollte vorhanden sein, bevor Sie eine Therapie beenden.

Die Kunst des Abschiednehmens
Bei vielen Menschen verdeckt die Angst vor dem Antritt einer Therapie die noch tiefer sitzende, für viele erschreckende Gewißheit, daß ihre Behandlung eines Tages zu Ende gehen wird. Diese häufig unbewußte Angst vor dem Abschied genügt oft schon, um die Betreffenden davon abzuhalten, jemals therapeutische Hilfe in Anspruch zu nehmen.

Eines der größten Probleme, die mit dem Ende einer therapeutischen Behandlung verbunden sind, ist die Angst vor dem Schmerz, der aus Trennung und Verlust erwachsen könnte. Dennoch bringt gerade das Stadium des Abschiednehmens vielen Menschen den größten Gewinn für ihre persönliche Weiterentwicklung. Ein solcher Abschied ruft in uns die Erinnerung an die Trennungen und Abschiede wach, die wir in der Vergangenheit erfahren haben. Die Angst, die dabei aufkommen kann, ist somit nicht nur die Furcht vor dem Abschied von dieser einen Person; sie wird durch die Erinnerungen an frühere Trennungen noch zusätzlich verstärkt – und genau dies ist der Grund dafür, weshalb dieses Beenden einer Beziehung auch für Ihre Verarbeitung vergangener Erlebnisse ähnlicher Art von so entscheidender Bedeutung sein kann.

Wenn Sie und Ihr Therapeut sich darauf geeinigt haben, daß es an der Zeit ist, den Abschluß der Behandlung in Erwägung zu ziehen, dann wissen Sie, daß Sie nun guten Gewissens von sich behaupten können, gemeinsam mit Ihrem Therapeuten Ihr Bestes gegeben zu haben, und deshalb in der Lage sind, Ihren Weg allein weiterzugehen. Sie werden mit Sicherheit selbst merken, wann es soweit ist; wahrscheinlich verspüren Sie dann eine gewisse Erregung und auch Angst und möchten gern nach vorn rennen, aber dennoch die Möglichkeit haben, notfalls einen Rückzieher zu machen. Aus diesem Grund kann es auch einige Zeit dauern, bis Sie diesen Abschied, der unter Umständen mit sehr intensiven Gefühlen verknüpft ist, endgültig bewältigt haben.

GLOSSAR DER FACHAUSDRÜCKE

Abwehrmechanismus
Mittel des Selbstschutzes vor *Angst* oder seelischem Schmerz. Solche Abwehrhaltungen entstehen oft aus einer Notwendigkeit, können später jedoch Probleme verursachen – etwa im Fall eines Kindes, das sich nach dem Verlust eines Elternteils kühl und distanziert gibt, um sich gegen den Schmerz des Verlusts abzuschotten, aber später möglicherweise in seiner Fähigkeit gestört ist, enge Beziehungen einzugehen. Andere Abwehrmechanismen sind zum Beispiel *Projektion, Verdrängung* und *Verschiebung*.

Agoraphobie
Platzangst – eine *Phobie* (griech. *phobos* – Furcht), bei der die betroffene Person Angst davor hat, allein über große freie Plätze (griech. *agora* – Marktplatz) zu gehen, und deshalb solche Situationen zu vermeiden trachtet.

Ambivalenz
Widersprüchliche Gefühle gegenüber einer Person oder Sache, etwa das gleichzeitige Auftreten von Liebe und Haß, Begehren und Abscheu etc.

Angst
Meist das Gefühl einer nahenden Gefahr, die bekannt oder unbekannt sein kann. Die Ursache dieser Angst kann „objektiv" sein, wie etwa im Fall von Prüfungsangst, oder auch „subjektiv", also aus unbewußten Impulsen entstanden.

Depression
Gefühle von Niedergeschlagenheit, tiefer Traurigkeit, Hoffnungslosigkeit, Verzweiflung und Selbstzweifeln bis zum Selbsthaß. Chronische Fälle von Depression gelten als schwere psychische Erkrankungen und werden auf verschiedene Weise behandelt.

Ich
Das Ich oder Ego ist derjenige Teil unserer Persönlichkeit, der gewöhnlich mit unserer Individualität, dem Umgang mit der Realität, der Vernunft und dem gesunden Menschenverstand assoziiert wird.

Eifersucht
Die beleidigte, intolerante oder feindselige Reaktion auf die (tatsächliche oder nur eingebildete) Exklusivität einer Beziehung zwischen zwei anderen Menschen, beispielsweise die Eifersucht des Kindes auf die Beziehung seiner Eltern. Ebenso kann jemand auf die Gefühle einer Person gegenüber einer anderen eifersüchtig sein (selbst wenn diese Gefühle nicht erwidert werden).

Empathie
Einfühlungsvermögen – die Fähigkeit, sich in die Gefühle anderer Menschen hineinzuversetzen, ohne dabei Identitätsprobleme zu bekommen.

Es
Der instinktive Teil des *Unbewußten*, der sämtliche sogenannten „blinden" biologischen Impulse umfaßt, wie etwa den Trieb, den Hunger zu stillen oder Sexualpartner zu suchen. Das Es ist weitestgehend ungezähmt und kindlich und liegt in ständigem Widerstreit mit dem *Ich* und dem *Über-Ich*. So wird beispielsweise die Versuchung, etwas zu stehlen (der Es-Impuls), durch Gedanken an eine mögliche Bestrafung und moralische Schuld (Ich und Über-Ich) gebremst.

Familientherapie
Die Behandlung der gesamten Familie als Gruppe anstelle der einzelnen Familienmitglieder. (S. 58–61 und 136)

Fixierung
Von einer Fixierung spricht man, wenn jemand in einer bestimmten Entwicklungsphase stehengeblieben ist. Ein Erwachsener beispielsweise, der im Stadium des Heranwachsens „fixiert" ist, leidet höchstwahrscheinlich unter unbewältigten sexuellen Problemen.

Frühkindliche Sexualität
Eine Vorstellung Sigmund Freuds bezüglich der Fähigkeit von Kindern, deren sexuelle Wünsche und Phantasien weitestgehend *unbewußt* sind, sexuelles Verlangen zu verspüren und sexuelle Erfahrungen zu machen. Heute wird diese Vorstellung eher kritisch bewertet.

Gestalttherapie
Eine von Fritz Perls entwickelte Art der Therapie, in der zum Beispiel mit Hilfe von Rollenspielen versucht wird, abgespaltene Teile seines Ich oder Selbst wieder in die Gesamtpersönlichkeit zu integrieren. (S. 40–41 und 136)

Gruppentherapie
Eine Therapie, die im Kontext der Gruppe statt auf individueller Basis stattfindet. Eine Verbesserung des Befindens tritt zum Teil infolge der Interaktion zwischen den einzelnen Gruppenmitgliedern ein. Es gibt zahlreiche Arten von Gruppen, wie etwa Süchtigengruppen, psychotherapeutische Gruppen, Selbsthilfe- und Unterstützungsgruppen etc. (Kapitel 3 und S. 136)

Halluzination
Ein psychiatrischer Begriff, der das Phänomen einer Wahrnehmung beschreibt, ohne daß der wahrgenommene Gegenstand in der Wirklichkeit existiert. Nicht zu verwechseln mit *Illusion* oder *Wahnvorstellung*.

Humanistische Therapie
Betont die Subjektivität jeder menschlichen Erfahrung und die Notwendigkeit, die Verantwortung für die eigenen frei getroffenen Entscheidungen zu übernehmen. (S. 38–39)

Hypnotherapie
Der Einsatz eines nur vorübergehend andauernden tranceähnlichen Zustands mit dem Ziel, eine Brücke zu *unbewußten* Erinnerungen und Gefühlen zu schlagen. (S. 44–45 und 137)

Idealisierung
Das subjektive Gefühl, daß eine Person oder ein Gegenstand absolut fehlerfrei und vollkommen ist. Solche Emotionen entstehen häufig *unbewußt* und überlagern mitunter die gegenteiligen Gefühle, weil diese als zu unangenehm, erschreckend oder gefährlich erscheinen, um ihnen ins Auge zu blicken.

Identifikation
Ein *unbewußter* Prozeß, in dessen Verlauf jemand sich in seinen Gedanken, Gefühlen und/oder Verhaltensweisen mit einer anderen Person gleichsetzt, die der Betreffende als geistiges Bild verinnerlicht hat; in der *psychoanalytischen* Theorie

GLOSSAR DER FACHAUSDRÜCKE

bezieht sich der Begriff auf den Prozeß, bei dem ein Kind sich in seinem Verhalten am gleichgeschlechtlichen Elternteil orientiert.

Illusion
Die Fehldeutung einer realen Erfahrung. (Eine *Halluzination* ist dagegen die Erschaffung von etwas Irrealem, eine *Wahnvorstellung* eine nachweislich falsche Überzeugung).

Interpretation
In der *Psychoanalyse* und der Psychotherapie die Bewußtmachung des *Unbewußten* durch die Analyse von Wörtern, Bildern und Verhaltensweisen.

Klaustrophobie
Krankhafte Angst vor einem Aufenthalt in geschlossenen Räume. Siehe auch *Phobie*.

Kognition
Der geistige Prozeß des Erwerbs von Wissen. Der Begriff dient auch der Beschreibung eines bestimmten therapeutischen Ansatzes. Siehe *Kognitive Therapie*.

Kognitive Therapie
Die Neustrukturierung von Denkprozessen, insbesondere die Umwandlung negativer Vorstellungen in positive. (S. 34–35 und 137)

Kollektives Unbewußtes
Nach C. G. Jung jener Teil des *Unbewußten*, der uns allen gemeinsam und nicht nur aus der subjektiven Erfahrung eines einzelnen Individuums abgeleitet ist.

Konflikt
Die Kluft zwischen unterschiedlichen Gefühlen, Gedanken oder Instinkten innerhalb einer Person, wie zum Beispiel die Gleichzeitigkeit des Wunsches, etwas Bestimmtes zu tun, und der Angst vor diesem Handeln.

Libido
Psychoanalytische Bezeichnung für den Geschlechtstrieb, d. h. den auf sexuelles Erleben gerichteten psychischen Antrieb. Nach Sigmund Freud ist die Libido die Basis aller psychischen Impulse.

Manie
Schwere *psychische* Störung, die in der Regel mit einer freudigen Erregung einhergeht; der Betroffene leidet unter Schlaflosigkeit und Hyperaktivität und zeigt nicht selten unkontrollierte Verhaltensweisen – zum Beispiel eine Person, die hemmungslos Geld ausgibt, ohne sich das leisten zu können. Siehe auch *Manisch-depressives Irresein*.

Manisch-depressives Irresein
Eine *psychische* Störung, bei der die extremsten Formen der *Manie* und der *Depression* einander zyklisch abwechseln. Wenn ein Betroffener sich gerade am einen Ende dieses Zyklus befindet, fehlt ihm jegliches Bewußtsein und jede Erinnerung an das andere Extrem. Weniger extreme Formen der *Manie* können jedoch mit *Depressionen* auftreten, ohne daß man gleich von manisch-depressivem Irresein spricht.

Narzißmus
Selbstliebe – ein an sich normales Verhalten, das aber neurotische Züge annehmen kann, wenn es übersteigert ist oder zwanghaft wird.

Neid
Mit quälenden Empfindungen verbundene negative Gesinnung gegenüber einer anderen Person, weil diese etwas besitzt (Gut oder Eigenschaft), das der Neider gerne hätte. Häufig ist der Besitzwunsch gepaart mit dem Wunsch, daß der andere um diesen Vorzug gebracht wird. Nicht zu verwechseln mit *Eifersucht*.

Neurose
Eine geistig-seelische Störung, die Teile der Persönlichkeit betrifft, ohne die Wahrnehmung der Realität ernsthaft zu beeinträchtigen. Es gibt zahlreiche verschiedene Arten von Neurosen, die häufig durch Konflikte und Ängste charakterisiert sind; in der Regel verfügt der Betroffene nur in begrenztem Umfang über die Fähigkeit, sein Problem zu erkennen.

Paranoia
Eine *psychotische* Störung, die häufig durch extreme und anhaltende *Wahnvorstellungen* wie Verfolgungs- oder Größen-

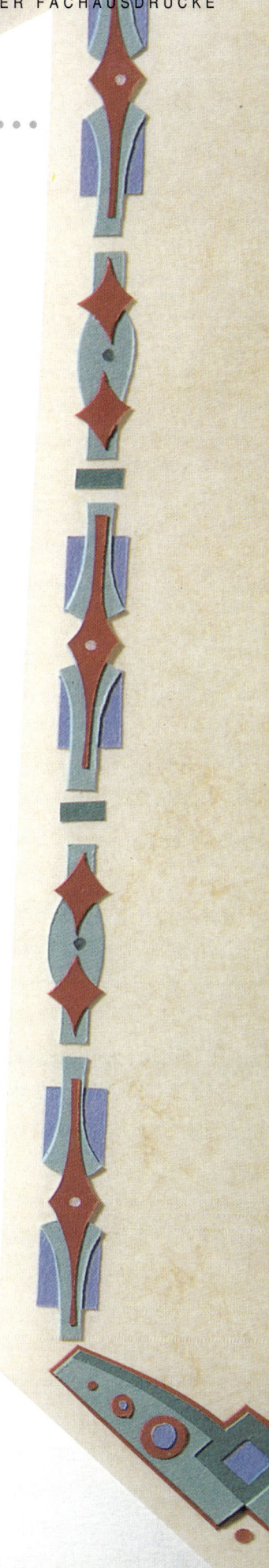

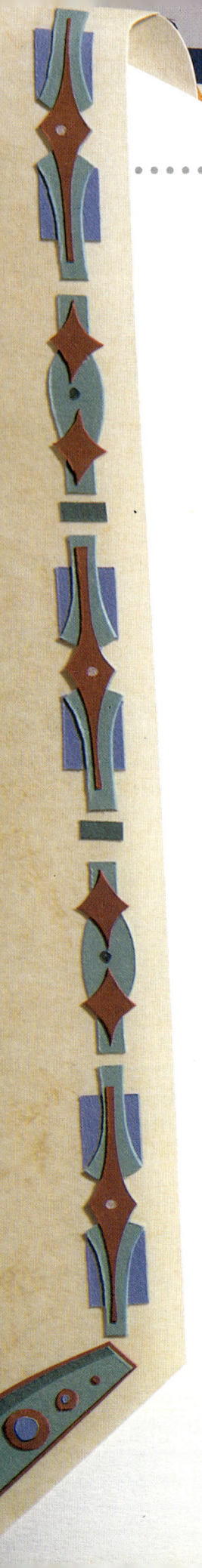

wahn charakterisiert ist. Eine abgeschwächte Form der Paranoia tritt häufig in Verbindung mit *Depressionen* auf.

Phobie
Eine unvernünftige oder unverhältnismäßig große Angst (griech. *phobos* – Furcht) vor einem bestimmten Objekt – wie zum Beispiel bei der Arachnophobie, der Angst vor Spinnen – oder vor einer bestimmten Situation, wie im Fall der *Agoraphobie*.

Primär-Integrations-Therapie
Eine unter anderem auf Arthur Janovs Primär- oder Urschreitherapie zurückgehende Therapiemethode, bei der belastende Kindheitserlebnisse durch intensives Nacherleben bewältigt werden sollen. Das ungehemmte Ausleben von Traumata aus der Kindheit, die sogenannte Katharsis, gilt bei dieser Therapie als ausgesprochen befreiendes Erlebnis. (S. 42–43)

Projektion
Ein *Abwehrmechanismus*, bei dem der Betreffende einer anderen Person ein Gefühl oder eine Eigenschaft zuschreibt, die er selbst besitzt. So „projiziert" beispielsweise jemand, der sich seine Verärgerung nicht eingestehen kann, diese mitunter auf eine andere Person und glaubt dann, daß diese verärgert sei.

Psyche, psychisch
Die Seele oder das Seelenleben; umfaßt sowohl die *unbewußten* als auch die bewußten Aspekte geistiger Funktionen.

Psychiater
Facharzt für Psychiatrie, spezialisiert auf die Diagnose, Behandlung und Prävention seelischer Störungen und Probleme. Ein Psychiater darf auch Medikamente verschreiben, die Stimmungen oder Verhaltensweisen beeinflussen (sogenannte Psychopharmaka). (S. 20–21)

Psychoanalyse
Ein von Sigmund Freud entwickeltes dynamisches psychologisches System, das die Wurzeln menschlichen Verhaltens in unbewußten Motivationen und Konflikten vermutet. Der Therapieprozeß zielt deshalb vor allem darauf ab, diese unbewußten Impulse an die Oberfläche zu bringen und zu *verarbeiten*, um dadurch eine Änderung des Verhaltens zu bewirken. (S. 24–25 und 137)

Psychodrama
Gruppentherapeutische Methode, bei der die Mitglieder der Gruppe die Beziehungen einer Person zu anderen Menschen oder auch Elemente eines inneren oder äußeren Konflikts nachspielen, um zu versuchen, diese zu verstehen und die damit verbundenen Probleme zu lösen. (S. 96–99)

Psychodynamik
Ein Begriff, der auf jede Theorie oder Behandlungsmethode angewandt wird, die sich vor allem mit der Motivation, emotionalen Prozessen und dem Wechselspiel der Kräfte der menschlichen *Psyche* befaßt. Die Psychodynamik steht im Gegensatz zu Vorgehensweisen, die sich nur auf die Behandlung von Symptomen oder Verhaltensmustern konzentrieren.

Psychologische Beratung
Beratung bei seelischen Problemen aller Art durch ausgebildete Fachkräfte wie Ärzte, Psychologen, Pädagogen oder Sozialarbeiter. (S. 28–29 und 137)

Psychose, psychotisch
Ein psychiatrischer Begriff, der die Unfähigkeit beschreibt, zwischen der subjektiven Wahrnehmung und der äußeren Realität zu unterscheiden. Oft beeinträchtigt dies die geistige Gesundheit der betroffenen Person: Sie fällt durch asoziales Verhalten auf – zum Beispiel durch Gewalttätigkeit ohne provozierenden Anlaß – und ist sich ihrer extremen Geistesstörung selbst gar nicht bewußt.

Psychosomatik
Wissenschaft von der Bedeutung seelischer Vorgänge für die Entstehung und den Verlauf körperlicher Krankheiten. Bei einer psychosomatischen Erkrankung ist der körperliche Schmerz durchaus real, auch wenn er auf einen seelischen Konflikt zurückgeht oder durch diesen verschlimmert wird.

Schuldgefühle
Das Gefühl, etwas Unrechtes getan zu

haben. Wenn dieses Gefühl die Realität widerspiegelt, verhalten wir uns auf bestimmte Weise, die durchaus unseren Wertvorstellungen entspricht oder mit unserer Selbstachtung vereinbar ist. Oft ist aber die Schuld nur eingebildet und unbewußt. So kommt es beispielsweise vor, daß jemand wegen des Todes eines geliebten Menschen Schuldgefühle entwickelt, weil er mit dieser Person Streit gehabt hatte, es aber keine Gelegenheit mehr gab, die Sache zu bereinigen.

Sekundärer Gewinn
Vorteile wie etwa Zuwendung, Liebe oder Mitgefühl, die jemand sich einhandelt, indem er beispielsweise krank ist oder sich auf eine bestimmte, auf den ersten Blick eher schädliche Art und Weise verhält.

Sexualtherapie
Eine Spielart der *Verhaltenstherapie*, die darauf abzielt, die sexuellen Probleme Erwachsener zu lösen. (S. 54–57)

Transaktionsanalyse
Therapeutische Methode mit dem Ziel, emotionale Probleme durch eine Verbesserung der Kommunikation aufzulösen. (S. 32–33 und 137)

Über-Ich
Nach der Theorie Sigmund Freuds derjenige Teil der Persönlichkeit, der für Selbstbeobachtung, Urteilskraft und Kritikfähigkeit zuständig ist. Das Über-Ich entwickelt sich aus den verinnerlichten Wertvorstellungen und Normen, die meist aus der *Identifikation* mit den Eltern oder anderen wichtigen Autoritätspersonen entstanden sind.

Übertragung
Ein Prozeß in der *Psychoanalyse* oder Psychotherapie, bei dem der Patient unbewußt Gefühle gegenüber einer wichtigen Person aus seiner Vergangenheit – meist gegenüber einem Elternteil – auf den Therapeuten überträgt. Dieser Prozeß wird bewußtgemacht und bei der Therapie eingesetzt, um Konflikte und Probleme zu *verarbeiten*.

Unbewußtes
Alle Gedanken und Gefühle, die nicht bewußt oder für das Bewußtsein abrufbar sind. Das Unbewußte besteht aus verdrängtem psychischem Material (siehe *Verdrängung*) – hauptsächlich verbotenen Impulsen oder Gedanken, die erschreckend oder inakzeptabel erscheinen. Das Unbewußte versucht jedoch, dadurch zum Ausdruck zu kommen, daß es uns in Träumen erscheint und unser Verhalten sowie unsere Beziehungen zu anderen Menschen mit beeinflußt.

Unterbewußtsein
Im Sinne Sigmund Freuds die Ebene zwischen dem *Unbewußten* und dem Bewußtsein, die jegliches *psychische* Material durchdringen muß, um das Bewußtsein einer Person zu erreichen. Das Unterbewußte wird deshalb manchmal auch als das Vorbewußte bezeichnet.

Unterdrückung
Das willkürliche Unterdrücken inakzeptabler Gedanken, Gefühle oder Impulse (im Gegensatz zur *Verdrängung*, einem *Abwehrmechanismus*, der *unbewußt* abläuft).

Verarbeitung
In der *Psychoanalyse* und Psychotherapie der Prozeß, in dessen Verlauf der Klient neue Erkenntnisse und neues *psychisches* Material immer wieder aufarbeitet und in seine bewußten Gedanken aufnimmt, um eine anhaltende Veränderung und persönliche Weiterentwicklung zu bewirken.

Verdrängung
Ein *Abwehrmechanismus*, bei dem Gedanken oder Gefühle, die aus den verschiedensten Gründen für das Bewußtsein der betreffenden Person inakzeptabel sind, ins Unbewußte abgedrängt werden. Der Betroffene weiß deshalb gar nichts von der Existenz solcher Gedanken oder Gefühle, die aber weiterhin Einfluß auf ihn nehmen und zum Beispiel zu Ersatzhandlungen führen; sie können in einer Therapie zutage gefördert werden.

Verhaltenstherapie
Der von der Lerntheorie abgeleitete Versuch, unproduktive Verhaltensweisen zu ändern, statt nach eventuell versteckten Motiven oder unbewußten Ursachen zu forschen. (S. 30–31 und 137)

Verschiebung
Bestimmte Gefühle werden auf jemand anderen oder etwas anderes projiziert und nicht auf die Person oder Sache, denen sie ursprünglich galten; die Person oder Sache, auf welche die Gefühle umgelenkt werden, wird so zu einem Symbol oder Ersatz – beispielsweise, wenn man an einem Arbeitskollegen seine Wut abreagiert, die sich eigentlich gegen den Chef richtet, dessen Verhalten einem in Rage versetzt hat.

Wahnvorstellung
Mit subjektiver Gewißheit erlebte objektiv falsche Überzeugung. Zum Beispiel Fehleinschätzung oder übertriebene Betonung bestimmter Eigenschaften der eigenen Person.

Widerstand
In der *Psychoanalyse* oder Psychotherapie der Versuch eines Klienten, die Enthüllung *unbewußter* oder *verdrängter* Gedanken durch den Therapeuten zu blockieren, weil diese allzu schmerzhaft, problematisch oder traumatisch sind, um sie bewältigen zu können.

Zwangsneurose
Leichtere Formen der Zwangsneurosen sind zum Beispiel Obsessionen wie: Zwangsgedanken oder -vorstellungen: Die anhaltende, beunruhigende Beschäftigung mit einem bestimmten, häufig völlig unsinnigen Gedanken. Zwangshandlungen: Wiederholte, gegen den bewußten Willen durchgeführte Handlungen, wie ständiges Händewaschen oder Überprüfen, ob alle Türen abgeschlossen sind (auch als Kontrollzwang bezeichnet).
Bei einer Kombination dieser beiden psychischen Störungen werden die Betroffenen von ständig sich wiederholenden Gedanken gequält, die bestimmte zwanghafte Handlungen hervorrufen; so führt etwa der – oft aus Schuldgefühlen erwachsende – ständige Gedanke, schmutzig zu sein oder von anderen beschmutzt zu werden, zu ständigem zwanghaftem Waschen.
Schwerere Zwangsneurosen gehen oft einher mit *Depressionen* und *Phobien* sowie mit Alkohol- und Medikamentenmißbrauch.

GLOSSAR DER THERAPIEN

IM FOLGENDEN finden Sie eine kurze Zusammenfassung der verschiedenen Therapien, die möglicherweise für Sie geeignet sein könnten.

Falls Sie der Meinung sind, daß Sie eventuell eine Therapie benötigen, könnten Sie sich zunächst durch entsprechende Literatur weiter informieren (Bibliotheken, Buchhandlungen). Sprechen Sie mit Ihrem Hausarzt, der Sie unter Umständen an einen Facharzt, Diplom-Psychologen oder Psychotherapeuten verweist. Wenn vom Neurologen oder Facharzt für Psychiatrie die medizinische Notwendigkeit einer Therapie festgestellt ist, übernimmt Ihre Krankenkasse die Kosten der Behandlung. Bei Ihrer Krankenkasse oder der Kassenärztlichen Vereinigung können Sie die Liste der Vertragsärzte und Psychotherapeuten einsehen. Auf der Suche nach einer bestimmten Therapie finden Sie auch im Branchenverzeichnis des Telefonbuchs unter den Eintragungen der Psychotherapeuten Hinweise auf deren Spezialgebiete.

Für eine psychologische Beratung (Familien-, Partner- und Eheberatung, Beratung für Kinder und Jugendliche, für Suchtgefährdete, Drogenabhängige usw.) können Sie sich an die Sozialdienste der Kommunen, Kirchen und Wohlfahrtsverbände wenden, die ambulante psychosoziale Versorgungseinrichtungen unterhalten; Sie finden diese Organisationen in den Service-Rubriken der Tages- und Stadtteilzeitungen und im Telefonbuch.

Selbsthilfe- und Unterstützungsgruppen, auch die anonymen Gruppen, erfahren Sie von Selbsthilfezentren. Für Notfälle gibt es den telefonischen Notruf und die Telefonseelsorge.

Familientherapie

Eine Familientherapie beruht auf der Teilnahme möglichst sämtlicher Familienmitglieder und gilt somit nicht nur derjenigen Person, die offensichtlich gerade Probleme hat. Der Grundgedanke der Familientherapie besteht darin, daß die Art und Weise, in der die einzelnen Familienmitglieder miteinander umgehen, zu dem jeweiligen problematischen Verhalten entscheidend beiträgt. Familientherapeuten stützen sich bei ihrer Arbeit auf unterschiedliche Theorien und therapeutische Ansätze.

Gestalttherapie

Die Gestalttherapie basiert auf der Vorstellung, daß jeder Mensch das Ziel hat, sich in irgendeiner Weise zu „vervollständigen", um so ein Ganzes, eine „Gestalt" zu schaffen. Werden Bedürfnisse nicht erfüllt, führt dies zu Frustrationen, weil die Ganzheitlichkeit der jeweiligen Person nicht gegeben ist. Anhand spezifischer Techniken wird versucht, die Gedanken und Gefühle des Klienten dahingehend zu beeinflussen, daß dieser lernt, die Verantwortung für sein Handeln zu übernehmen und voll und ganz in der Gegenwart zu leben.

Gruppentherapie

Die Gruppenerfahrung unterscheidet sich grundsätzlich von der Einzeltherapie, kann jedoch ebenso intensiv sein wie diese. Sie bietet jedem Teilnehmer die Chance, sich einmal aus der Perspektive anderer Menschen zu sehen, sich deren Geschichten oder Probleme anzuhören und seine eigene Geschichte zu erzählen. Häufig kommentiert der Gruppentherapeut die Interaktion zwischen den einzelnen Gruppenmitgliedern, damit diese lernen, die unbewußt in ihnen ablaufenden Prozesse besser zu verstehen.

GLOSSAR DER THERAPIEN

Hypnotherapie
Bei der Hypnotherapie versetzt der Therapeut den Klienten in einen Zustand der Trance, in dem der Klient die Änderungsvorschläge (Suggestionen) des Therapeuten aufnehmen soll. Manche Spielarten der Hypnotherapie zielen darauf ab, verdrängte Erinnerungen bewußt zu machen, doch die meisten konzentrieren sich auf die Änderung ganz konkreter unerwünschter Verhaltensweisen wie etwa auf die Raucher-Entwöhnung. Bezüglich ihrer genauen Arbeitsweise gibt es bei den Hypnotherapeuten große Unterschiede; in jedem Fall sollte vor einer Behandlung ein Vertrag abgeschlossen werden, in dem die Ziele der Therapie aufgeführt sind.

Kognitive Therapie
Die Kognitive Therapie ist ein Oberbegriff für verschiedene Therapien wie etwa die Rational-emotive Therapie, Becks Kognitive Therapie und das Neurolinguistische Programmieren (NLP). Das Leitprinzip hinter der Kognitiven Therapie besteht darin, daß die Wertvorstellungen, Überzeugungen und Wahrnehmungen des Menschen sein Verhalten beeinflussen. Der Therapeut hilft dem Klienten zu erkennen, wie diese Vorstellungen Probleme auslösen können. Bei der Behandlung erteilt der Therapeut dem Klienten direkte Instruktionen und gibt ihm auch „Hausaufgaben" auf, die der Klient zwischen den Sitzungen erledigen soll.

Partner- und Ehetherapie
Eine Partner- und Ehetherapie ist grundsätzlich für alle Paare geeignet, also keineswegs nur für Verheiratete oder für heterosexuelle Paare. Viele Menschen wenden sich dieser Therapieform zu, wenn ihre Beziehungen in einer Krise stecken, doch kann die Partnertherapie auch dazu beitragen, andere Probleme – etwa das Fehlen einer funktionierenden Kommunikation – zu klären, bevor sie die Beziehung schädigen können. Erweist sich eine Trennung als unvermeidlich, kann eine Partnertherapie dem jeweiligen Paar auch helfen, die Gründe für ein Scheitern der Beziehung zu verstehen, und auf diese Weise verhindern, daß die Trennung für beide zu einem traumatischen Erlebnis wird. Auch die Sexualtherapie ist eine Form der Partner- bzw. Ehetherapie.

Psychoanalyse
Diese von den Theorien Sigmund Freuds abgeleitete Therapie ist eine intensive, sehr tiefgehende Form der Behandlung, die gewöhnlich mehrere Jahre dauert. Vier- oder fünfmal wöchentlich treffen sich Analytiker und Klient, um gemeinsam unbewußte Konflikte aufzudecken, die der Klient vielfach schon seit seiner Kindheit verdrängt. Der Analytiker versucht, das Unbewußte des Klienten über die Interpretation von Träumen, Phantasien und Verhaltensweisen sowie mit Hilfe von Techniken wie etwa der freien Assoziation zu erforschen.

Psychoanalytische Psychotherapie
Diese unterscheidet sich von der Psychoanalyse lediglich in der Intensität der Behandlung. Die Patienten kommen nur zwei- oder dreimal wöchentlich statt vier- oder fünfmal, obgleich die Behandlung selbst ebensolang dauern kann. Wie der Analytiker arbeitet auch der Therapeut mit dem Unbewußten des Patienten, um Konflikte und verdrängte Gefühle aus der Vergangenheit aufzudecken. Er oder sie untersucht auch die Einstellung des Klienten zum Therapeuten, um diese unbewußten Gefühle besser zu verstehen.

Psychologische Beratung
Psychologische Beratung (auch Counseling) ist ein allgemeiner Begriff, der eine ganze Reihe verschiedenster therapeutischer Ansätze abdeckt, wie beispielsweise die Verhaltenstherapie und die Kognitive Therapie. Bei der psychologischen Beratung werden im allgemeinen ganz spezifische Probleme mit dem Berater besprochen, der versucht, dem Betreffenden bei der Lösung seines jeweiligen Problems behilflich zu sein.

Psychosynthese
Diese Therapieform zielt nicht nur darauf ab, das Unbewußte eines Klienten zu verstehen sowie innere Konflikte und Beziehungsprobleme zu lösen; sie will auch die geistig-seelische Weiterentwicklung des Klienten fördern und ihm helfen, sein individuelles Potential so gut es geht auszuschöpfen. Die Therapeuten setzen hierzu die verschiedensten Methoden ein, wie beispielsweise Traumarbeit oder das Führen eines Tagebuchs.

Transaktionsanalyse
Nach der Überzeugung der Vertreter der Transaktionsanalyse führt jeder Mensch sein Leben infolge von Entscheidungen, die er oder sie in der Kindheit getroffen hat, wie nach einem „Skript" – einem „Drehbuch" oder „Lebensplan". Der Fachjargon, mit dem Kommunikationsmuster (sogenannte Transaktionen) beschrieben werden (wie etwa „Ich bin o.k. – Du bist o.k.") hilft dem Klienten, die Grundthemen zu verstehen, die sich wie ein roter Faden durch sein Drehbuch ziehen. Transaktionsanalysegruppen helfen dem Betreffenden mitunter auch, das jeweilige Drehbuch, nach dem er handelt, szenisch darzustellen und im Anschluß daran zu analysieren.

Verhaltenstherapie
Diese Art von Therapie befaßt sich nicht mit dem Unbewußten oder der Vergangenheit des Klienten, sondern setzt ausschließlich bei dessen Verhalten an. Die Vertreter der Verhaltenstherapie sind davon überzeugt, daß unangemessenes, ungesundes Verhalten ebenso erlernt ist wie gesundes und deshalb mit Hilfe bestimmter Techniken auch wieder „verlernt" werden kann. Besonders wirksam ist die Verhaltenstherapie bei der Behandlung spezifischer Probleme wie Phobien oder Panikanfällen.

Kommentare und Analysen

Seite 18–19
Wäre eine Einzeltherapie das Richtige für Sie?
Lesen Sie, nachdem Sie Ihr Ergebnis ermittelt haben, die auf Sie zutreffende Analyse durch.
Überwiegend a-Antworten: Eine Einzeltherapie wäre zur Zeit für Sie wohl kaum geeignet. Überlegen Sie sich genau, warum Sie eine Therapie machen möchten. Je nach Art und Schwere Ihres Problems könnte eine andere Form der Behandlung für Sie angemessener sein. Wahrscheinlich wären Sie den Anforderungen einer Einzeltherapie momentan nicht gewachsen, und vielleicht würden Sie sich in einer Unterstützungsgruppe wohler fühlen. Falls Sie unter einem sehr spezifischen Problem wie etwa einer Suchtkrankheit leiden, sollten Sie in jedem Fall zunächst einmal dieses Problem in Angriff nehmen, bevor Sie es mit einer Einzeltherapie versuchen.
Überwiegend b-Antworten: Sie sind wahrscheinlich an einem Punkt angelangt, an dem Sie sich unbedingt ändern möchten, aber möglicherweise für eine Einzeltherapie noch nicht reif sind. Vielleicht sollten Sie es erst einmal mit irgendeiner Form von Gruppenarbeit oder einem Kurs zur persönlichen Weiterentwicklung versuchen. Überlegen Sie, welche Art von Hilfe für Sie am angemessensten wäre; lesen Sie dazu die anderen Kapitel in diesem Buch.
Überwiegend c: Sie haben vermutlich Ihre Hausaufgaben gemacht und genug über die Einzeltherapie in Erfahrung gebracht, um genau zu wissen, daß Sie eine solche machen wollen. Vielleicht haben Sie Probleme bezüglich Ihres Verhältnisses zu Ihren Mitmenschen, insbesondere bei sehr engen Beziehungen – etwa dahingehend, daß es Ihnen schwer fällt, anderen Ihre Gefühle mitzuteilen und eine wirkliche innere Nähe aufzubauen. Sie sind hochmotiviert, werden sich vermutlich für Ihre Therapie voll engagieren und haben hinsichtlich der möglichen Erfolge einer solchen Therapie durchaus realistische Erwartungen. Der Rest von Kapitel Eins sowie Kapitel Fünf werden Ihnen helfen, die Art von Therapie zu finden, die Ihnen am besten entspricht.

Seite 48–49
Wie steht es mit Ihren Beziehungen?
Überwiegend a-Antworten: Ihre Beziehungen scheinen weitestgehend in Ordnung zu sein, und Sie verfügen über die Fähigkeit, anderen Ihre Bedürfnisse mitzuteilen sowie auf deren Bedürfnisse einzugehen. Falls Sie sich jedoch in jeder Kategorie eine große Zahl von Punkten gegeben haben, verdrängen Sie womöglich gewisse Probleme, weil Sie sich nicht eingestehen wollen, daß vieles in Ihrem Leben nicht so rosig aussieht, wie Sie es gern hätten. Vielleicht wäre es nützlich, Ihren Partner oder Ihre nächsten Angehörigen zu bitten, ebenfalls diesen Fragebogen zu beantworten; falls deren Antworten sich total von den Ihren unterscheiden, könnte dies darauf hindeuten, daß es Probleme gibt, denen Sie mehr oder weniger bewußt aus dem Weg gehen.
Überwiegend b-Antworten: Ihre Beziehungen stecken vermutlich in einer tiefen Krise, und wahrscheinlich ist Ihnen dies auch bewußt. Vielleicht haben Sie das Gefühl, daß Ihre Bedürfnisse nie so recht befriedigt werden, daß Ihr Partner Sie im Stich läßt und Ihre Kinder Sie nicht genügend schätzen; infolgedessen sind Sie womöglich verärgert, verletzt oder gar deprimiert. Falls es in Ihrem Leben ein Problem gibt, das von einem einzigen Menschen auszugehen scheint, sollten Sie versuchen, dem oder der Betreffenden Hilfe in Form einer Einzeltherapie zukommen zu lassen, und außerdem in Erwägung ziehen, sich selbst irgendeiner Unterstützungsgruppe anzuschließen. Da die Probleme einer einzelnen Person außerdem häufig uneingestandene Schwierigkeiten innerhalb der gesamten Familie widerspiegeln, sollten Sie darüber hinaus vielleicht auch die Einbeziehung eines Familientherapeuten ins Auge fassen. Und falls Sie und Ihr Partner sexuelle Probleme haben, müssen Sie sich der Möglichkeit stellen, daß solche Schwierigkeiten eventuell auf Probleme in anderen Bereichen Ihrer Beziehung hindeuten könnten. Sorgen Sie also dafür, daß Sie und Ihre Lieben so bald wie möglich Hilfe bekommen.

Überwiegend c-Antworten: Wie bei den meisten Menschen geht es auch mit Ihren Beziehungen auf und ab, und zwar vermutlich je nach Ihrer momentanen Stimmungslage. Denken Sie jedoch daran, daß unter Ihrer Launenhaftigkeit und Niedergeschlagenheit – meist verbunden mit mürrischem oder introvertiertem Verhalten, mitunter aber auch mit Weinkrämpfen oder Wutausbrüchen – auch die Menschen in Ihrem näheren Umfeld zu leiden haben. Vor allem Kinder reagieren auf extreme Stimmungsschwankungen verwirrt und verunsichert. Falls also mit Ihnen etwas nicht stimmt, sollten Sie unbedingt Hilfe in Anspruch nehmen, bevor sich Ihr Zustand noch weiter verschlimmert. Machen Sie nie den Fehler, eine Krise einfach nur als vorübergehende „Phase" abzutun, da sie auf ein tiefergehendes Problem hindeuten könnte – gegen das Sie aber mit der richtigen Hilfe etwas unternehmen können.
Widersprüchliche Antworten im Vergleich zwischen den einzelnen Kategorien – beispielsweise viele **a**-Antworten unter der Rubrik „Partnerschaft und Ehe", aber **b**- und **c**-Antworten unter „Familie" – deuten darauf hin, daß Sie womöglich auf einem bestimmten Gebiet überkompensieren, sich aber gleichzeitig der Schwierigkeiten in einem anderen Bereich nicht bewußt sind oder diese absichtlich verdrängen. Wenn also beispielsweise mit Ihrem Sexualleben alles in Ordnung ist, aber Ihre Kinder ständig miteinander im Streit liegen, oder wenn Sie nicht in der Lage sind, mit Ihrem Partner ein vernünftiges Gespräch zu führen, aber mit Ihren Kindern bestens auskommen, sind Ihre Beziehungen vermutlich unausgewogen. Überlegen Sie sich, wie Sie in den problematischen Bereichen Verbesserungen erreichen könnten, und sprechen Sie mit allen Beteiligten darüber. Falls das Grundmuster Ihrer Beziehungen allzu unbefriedigend ist, sollten Sie nicht zögern, therapeutische Hilfe in Anspruch zu nehmen.

Seite 68–69
Wäre eine Gruppentherapie das Richtige?
Überwiegend a-Antworten: Im Augenblick dürfte eine Gruppentherapie für Sie wohl kaum geeignet sein. Wahrscheinlich fällt es Ihnen schwer, sich langfristig auf etwas festzulegen, und selbst in einem relativ unproblematischen Umfeld sind Sie kaum in der Lage, anderen Menschen Ihr wahres Ich zu enthüllen. Womöglich konnte Ihnen Ihre Familie nicht genügend Liebe und Aufmerksamkeit geben, und vielleicht empfinden Sie es deshalb als so schwierig oder gar demütigend, über diesen Aspekt Ihrer Persönlichkeit zu sprechen. Aus einem Gefühl der Einsamkeit heraus betrachten Sie die Gruppe eher als Mittel zur Erfüllung Ihrer sozialen Bedürfnisse denn als Möglichkeit, zu mehr Selbsterkenntnis zu gelangen und Ihre persönliche Weiterentwicklung zu fördern – eine Einstellung, welche die Chancen einer jeden Gruppe, Ihr Leben zu bereichern, deutlich verringern würde. Ziehen Sie deshalb zunächst besser eine psychologische Beratung oder eine Einzeltherapie in Betracht, bevor Sie sich einer Gruppe anschließen.
Überwiegend b-Antworten: Vielleicht sind Sie ja ganz allgemein skeptisch, was die Chancen einer Therapie anbelangt, Gruppentherapien eingeschlossen. Womöglich ist Ihnen zwar klar, daß Sie Probleme haben und Hilfe brauchen, aber Sie haben das Gefühl, daß Sie erst mehr über sich selbst erfahren und alle angebotenen Möglichkeiten ausloten möchten, bevor Sie eine Entscheidung treffen. Eine Gruppe könnte Ihnen durchaus helfen, sofern Sie sich entschließen, sich voll in die Gruppenarbeit einzubringen, und ausreichend motiviert sind, Veränderungen in Angriff zu nehmen. Erkundigen Sie sich bei einer Fachkraft – zum Beispiel einem Gruppenleiter – nach der Möglichkeit einer Mitarbeit in einer Gruppe.
Überwiegend c-Antworten: Wenn Sie möchten, können Sie sich jederzeit einer Gruppe anschließen. Wahrscheinlich haben Sie keine Schwierigkeiten damit, sich längerfristig für die Arbeit in einer Gruppe zu engagieren, und Sie sind motiviert, sich zu verändern und sich selbst besser kennenzulernen. Auch wenn Sie bereits über ein gewisses Maß an Selbsterkenntnis verfügen, haben Sie vielleicht Probleme im Umgang mit Ihren Mitmenschen, weshalb Ihnen die Gruppenerfahrung mehr nützen könnte als eine Einzeltherapie. Wahrscheinlich könnten Sie dadurch an Selbstachtung gewinnen und auch für andere eine Hilfe sein. Vielleicht sind Sie inzwischen in der Lage, Ihre Selbstzweifel zu nutzen, um Veränderungen herbeizuführen. Wenn Sie sich gründlich genug erkundigen, werden Sie eine geeignete Gruppe finden.

Seite 106–107: Sind Sie bereit?
Das Problem, mit dem Sie sich zur Zeit auseinandersetzen müssen, kann von leichten oder nur zeitweiligen Schlafstörungen bis zu langanhaltenden Depressionen reichen – doch vielleicht haben Sie ja schon beschlossen, etwas dagegen zu unternehmen. Fühlen Sie sich durch diese Entscheidung gestärkt, oder empfinden Sie einen Verlust an Selbstachtung, weil sie es womöglich für ein Zeichen von Schwäche halten, ein seelisches Problem einzugestehen? Wie Sie sich dabei fühlen, kann entscheidend für Ihre Motivation sein, die wiederum für den Verlauf einer künftigen Therapie von grundlegender Bedeutung ist. Die folgenden Kommentare könnten Ihnen helfen zu beurteilen, inwieweit Sie schon für Veränderungen bereit sind.

Überwiegend b-Antworten: Sie sind wohl grundsätzlich bereit, fremde Hilfe in Anspruch zu nehmen, haben aber nach wie vor eine Menge Vorbehalte. Vielleicht begreifen Sie zumindest teilweise, woraus Ihre Probleme erwachsen, und haben auch das Gefühl, ganz gut mit ihnen fertig zu werden; wahrscheinlich neigen Sie aber dazu, Ihre Schwierigkeiten herunterzuspielen oder bewußt zu verdrängen. Wenn Ihnen dies jedoch nicht gelingt, verspüren Sie möglicherweise den Wunsch, etwas zu unternehmen. Sie sollten herausfinden, ob Sie tatsächlich bereit sind, den nächsten Schritt zu tun: Suchen Sie das Gespräch mit einem Psychologischen Berater oder Therapeuten oder mit jemandem, der eine Therapiegruppe oder eine Gruppe für persönliche Weiterentwicklung leitet. Vielleicht müssen Sie erst einmal eine „Probesitzung" mitmachen, um sich darüber klar zu werden, ob Sie schon jetzt willens sind, an Ihrer Art der „Bewältigung" von Problemen etwas zu ändern.

Überwiegend a-Antworten: Sie sind wahrscheinlich noch nicht reif für eine Therapie. Obgleich Sie sich möglicherweise Ihrer Probleme bewußt sind, empfinden Sie bezüglich der Frage, ob Sie nun tatsächlich fremde Hilfe in Anspruch nehmen sollen oder nicht – und ob Sie gegebenenfalls über einen längeren Zeitraum eine Therapie durchhalten würden –, eher gemischte Gefühle. Wenn Sie ehrlich zu sich selbst sind, werden Sie wahrscheinlich feststellen, daß Sie auf Menschen herabschauen, die psychische Probleme haben oder Hilfe brauchen. Vielleicht hat man Ihnen in Ihrer Kindheit beigebracht, Sie dürften Ihrer Traurigkeit nicht nachgeben, sondern müßten „stark" sein und durchhalten. Solange Sie es nicht schaffen, sich und andere besser zu akzeptieren, werden Sie auch größte Hemmungen haben, Hilfe von außen zu suchen.

Überwiegend c-Antworten: Höchstwahrscheinlich haben Sie das Gefühl, so schnell wie möglich Hilfe zu brauchen. Vielleicht machen Ihre Probleme Ihnen so schwer zu schaffen, daß Sie alles tun würden, um an Ihrer Situation etwas zu ändern und gewisse Probleme zu lösen, unter denen Sie im Privat- oder Berufsleben schon seit langem zu leiden haben. Womöglich kämpfen Sie auch noch mit den Nachwirkungen eines Ereignisses, das Sie sehr mitgenommen hat – wie etwa der Verlust Ihres Arbeitsplatzes oder das Ende einer Beziehung – und das Sie nun anspornt, etwas zu unternehmen. Doch obgleich solche Wendepunkte im Leben durchaus eine gewisse Motivation darstellen können, reichen sie in der Regel nicht aus, um das für eine Weiterentwicklung der eigenen Persönlichkeit nötige Engagement längerfristig aufrechtzuerhalten. Nehmen Sie sich deshalb Zeit, um diejenige Art von Hilfe zu finden, die Ihren speziellen Bedürfnissen angemessen ist, und stürzen Sie sich nicht vorschnell auf das erstbeste Angebot.

Seite 128–129
Wirkt die Therapie?
Überwiegend a-Antworten: Sie haben durchaus etwas von Ihrer Therapie, auch wenn diese unter Umständen anders aussieht als das, was Sie erwartet hatten. Wenn Sie seit einem Jahr oder länger in Behandlung sind, dann haben Sie vielleicht schon eine Phase der Desillusionierung und Verärgerung hinter sich, die in die Erkenntnis mündete, daß es nicht einfach sein wird, sich zu verändern. Wahrscheinlich arbeiten Sie gut mit Ihrem Helfer zusammen. Falls Sie gerade erst mit der Behandlung begonnen haben, idealisieren Sie womöglich Ihren Helfer. Dies könnte im Lauf der Zeit leicht in ein Gefühl der Enttäuschung und der Ablehnung umschlagen, was aber ein völlig normaler Vorgang wäre.

Überwiegend b-Antworten: Sie neigen womöglich zu deutlichen Stimmungsschwankungen, die sich auch auf Ihre Einstellung zur Therapie und zum Therapeuten auswirken. Wenn Sie sich schon seit über einem halben Jahr behandeln lassen, nähern Sie sich wohl bereits dem Stadium, das auf die anfängliche Idealisierung des Helfers folgt. Dies kann eine Zeit der Wut und Mutlosigkeit sein, und vielleicht sind Sie sogar versucht aufzugeben – was Sie auf jeden Fall vermeiden sollten. Sprechen Sie mit Ihrem Helfer über Ihre Gefühle. Es könnte sein, daß sich Ihre Probleme als komplizierter und schmerzhafter erweisen, als Sie am Anfang vermutet haben. Falls Sie auch nach einem klärenden Gespräch mit Ihrem Therapeuten noch immer gemischte Gefühle haben, sollten Sie vielleicht eine Pause einlegen und die Behandlung erst zu einem späteren Zeitpunkt wieder aufnehmen.

Überwiegend c-Antworten: Sie leiden anscheinend unter dem Gefühl, nichts oder so gut wie nichts von Ihrer Behandlung zu haben – oder jedenfalls nicht das, was Sie erwartet hatten. Wenn Sie den Eindruck haben, daß sich die Therapie negativ auf Ihre Stimmung und Ihr Verhalten auswirkt – was nicht zu verwechseln ist mit der Angst, sich schmerzhaften Themen zu stellen –, sollten Sie dies mit Ihrem Therapeuten besprechen. Lassen Sie nicht zu, daß sich in Ihnen negative Gefühle aufstauen, und brechen Sie auf gar keinen Fall die Therapie ab, ohne Ihnen beiden Gelegenheit zu geben, über die Sache zu sprechen. Wenn Sie das Gefühl haben, daß Sie beide einfach nicht zusammenpassen, sollten Sie auch dies ansprechen. Und falls sich Ihnen der Verdacht aufdrängen sollte, daß Ihr Therapeut Ihnen in irgendeiner Weise schadet, dann sagen Sie ihm das offen, und suchen Sie sich einen besseren Helfer.

REGISTER

Fett gedruckte Seitenzahlen verweisen auf Übungen zur Selbsteinschätzung.

A
Abhängigkeit: *Siehe* Sucht
Abwehrmechanismus: 132
Ärzte: 6, 10, 20, 84, 110
Äußeres Erscheinungsbild: **13**
Agoraphobie: 132
Alkoholismus: 30, 74; „anonyme" Gruppen, 75–77
Altern: 112–113
Ambivalenz: 132
Angst: 6, **12**, **13**, **15**, 45, 132; vor Veränderungen, 108, 125
„Anonyme" Gruppen: 75–77
Arbeit: 115; Arbeitslosigkeit, 28, 83, 112
Arbeitslosigkeit: 28, 83, 112
Assagioli, Dr. Roberto: 36, 37
Atmung, tiefe: 42, 95
Auslandskurse: 91
Aversionstherapie: 30

B
Bandler, Richard: 35
Beck, Aaron: 34
Behaviorismus: 38
Berne, Dr. Eric: 32, 33
Bewegungstherapie: 98–99
Beziehungen: 47, **88**, 124–125; Familien, 51, 59, 62–65, 70; Paare, 50–53; Wie steht es mit Ihren Beziehungen? **48–49**, 138–139
Bioenergetik: 42
Bly, Robert *(Eisenhans. Ein Buch über Männer)*: 82–83
Buddhismus, und Meditation: 93

C
Chace, Marian: 98
Christentum, Einkehrtage oder Exerzitien: 93
Co-counseling: 29

D
Denken: 8–9, **14**, 34; Neurolinguistisches Programmieren (NLP); 35; Unbewußtes, 24, 135
Depressionen: 6, **12**, **13**, 110, 132
Desensibilisierung, systematische: 30
Disidentifikation: 37
Dissoziation: 45
Dramatische Therapie: 98–99
Drogen, Sucht: 74–77
Durchsetzungsfähigkeit: **89**; Selbstbehauptungs-Training **102–103**

E
Ego. *Siehe* Ich
Ehe: Therapie, psychologische Beratung, 47, 50–53, 137; Wie steht es mit Ihren Beziehungen? **48–49**, 138–139
Eifersucht: 132
Einzeltherapie: 112; Wäre eine Einzeltherapie das Richtige für Sie? **18–19**
Eisenhans. Ein Buch über Männer (R. Bly): 82–83
Ellis, Albert: 34
Emotionen. *Siehe* Gefühle
Empathie: 132
Engagement: 11, 85, 115
Entwicklung, der Persönlichkeit: 87; Funktioniert Ihr Leben? **12–15**; Kreativtherapie, 96–99; Kurse, 90; Sind Sie mit Ihrem Leben zufrieden? **88–89**
Erinnerungen: 42, 45
Es: 24, 132

F
Familie: 51, 62–65, 70; Grenzen, **59**; Therapie, 47, 58–61, 132, 136; Wie steht es mit Ihren Beziehungen? **48–49**, 138–139
Fat is a Feminist Issue (S. Orbach): 80
Fernkurse: 91
Fixierung: 132
Fontana, David *(Die geheime Sprache der Träume)*: 101
Frage- und Antwort-Spiel: 101
Frauengruppen: 80, 113
Freie Assoziation: 24
Freud, Sigmund: 10–11, 24, 132, 133, 134, 135, 137
Freunde: 23, 124–125, 126–127
Frühkindliche Sexualität: 132
Frustration: 110, 111, 118, 125

G
Ganzheitlichkeit: 40
Gefühle: 8–9, **13**, **14**; unbewußte, 24, 135; in bezug auf Veränderungen, 108–109, 124–125. *Siehe auch* Katharsis, Projektion, Sublimierung, Unbewußtes, Verdrängung, Verschiebung
Geheime Sprache der Träume, Die (D. Fontana): 101
Geneogramm: 60
Gespräche: 9, 10, 26, 126
Gesprächstherapie: 10–11, 17, 25
Gestalttherapie: 35, 40–41, 42, 132, 137
Gesundheit: 6, 8–9, 12, **89**
Glück: Sind Sie mit Ihrem Leben zufrieden? **88–89**
Good Retreat Guide, The (S. Whiteaker): 92
Grenzen, Überprüfen Sie Ihre: **59**
Grinder, John: 35
Grof, Stanislav: 42
Gruppen: „anonyme", 74–77; Gruppenfreizeiten, 93; Selbsthilfegruppen, 72, 78–85; Therapie, 39, 67, 70–73, 83, 132, 137; Unterstützungsgruppen, 72, 78–85; Wäre eine Gruppentherapie das Richtige? **68–69**, 139; Welche Gruppe eignet sich für Sie? **73**

H
Halluzination: 132
Humanistische Therapie: 38–39, 132
Hypnotherapie: 44–45, 132, 137

I
Ich: 24, 32–33, 132
Idealisierung: 132
Identifikation: 132–133
Illusion: 133
Implosionstherapie: *Siehe* Reizüberflutung
Individualtherapie. *Siehe* Einzeltherapie
Interpretation: 133

J
Jackins, Harvey: 29
Janov, Arthur: 42
Jugend: 47, 62, 64–65, 112–113

K
Katharsis, „reinigende" Kraft der Gefühle: 29, 37; Regressionstechnik, 42, 45
Kidman, Dr. Antony *(Tactics for Changing Your Life)*: 111
Kinder: 6, 62–63; Wie steht es mit Ihren Beziehungen? **48–49**, 138–139; Spieltherapie, 47, 63
Kindheitseinflüsse: 24, 42, 47
Klangtherapie: 98
Klaustrophobie: 133
Körperliche Entladung: 37
Körpersprache: 32, 41; Durchsetzungsfähigkeit, Selbstbehauptung, **102–103**
Körpertherapien: 42–43
Kognitive Therapie: 34–35, 133, 137
Kollektives Unbewußtes: 133
Kollusion: 125
Kommunikation: 32, 33, 35, 47, 53, 60, 102–103, 117, 126; Beziehungen, 48–49, 51, 58–61, 128–129
Konflikt: 24, 133
Konzentration: **14**
Kosten einer Therapie: 115
Krankheiten, körperliche: 6, **12**, 110; psychosomatische, 24, 110, 134
Kreativität: Kurse, 91; Therapie, 96–99
Kreativtherapie: 96–99
Krisen: 51, 63, 64–65

Kunsttherapie: 96
Kurse: 90–91
Kurztherapie: 85, 120–121

L
Laban, Rudolf von: 98
Langzeittherapie: 120–121
Lebensstadien: **13**, 112–113
Leere Stühle, Technik der: 41
Lerner, Harriet G.: 52
Libido: 133
Lowen, Dr. Alexander: 42

M
Männergruppen: 82–83, 113
Manie: 133
Manisch-depressives Irresein: 133
Maslow, Abraham: 36, 38
Meditation: 94–95
Modellieren: 60
Moreno, J. L.: 97
Motivation: 31, 106–107
Musiktherapie: 98
Muskeltherapie: *Siehe* Körpertherapien

N
Nachempfinden, Technik des: 37
Narzißmus: 133
Natur- oder Gebetstage: 93
Neid: 133
Neurolinguistisches Programmieren (NLP): 35
Neurose: 133–134

O
Obsession. *Siehe* Zwangsneurose
Orbach, Susie *(Fat is a Feminine Issue)*: 80
Orgon: 42
Orgontherapie. *Siehe* Reichsche Körpertherapie

P
Paranoia: 133
Partner: Beziehungen, **48**, 138–139; Therapie, psychologische Beratung, 47, 50–53, 137
Perls, Fritz: 40
Phobien: 30, 45, 134
Platzangst: *Siehe* Agoraphobie
Primär-Integrations-Therapie (PIT)]: 42, 134
Projektion: 134
Psyche: 24–25, 36, 134
Psychiater: 21, 134
Psychoanalyse: 10–11, 22, 24–25, 38, 134, 137
Psychodrama: 96–97, 134
Psychodynamische Gruppen: 72, 73; Psychodynamik, 134
Psychologie: humanistische, 38–39, 133; klinischer Psychologe, 20
Psychologische Beratung: 10, 22, 28–29, 134, 137
Psychose: 134
Psychosynthese: 36–37, 42, 137
Psychotherapie: 10–11, 21, 26–27, 137

R
Rational-emotive Therapie: 34
Regressionsmethode: 42, 45
Reich, Wilhelm: 42
Reichsche Körpertherapie: 42
Reizüberflutung: 30
Rogers, Carl: 39
Ruhestand: 112, 113

S
Schmerz: 6, 45
Schuld: 109, 134–135
Sekundärer Gewinn: 109, 135
Selbstachtung: 88, 89
Selbstbehauptung: *Siehe* Durchsetzungsfähigkeit
Selbsteinschätzung, Übungen zur: **9**, **11**; Eine Frage der Selbsteinschätzung, **99**; Funktioniert Ihr Leben? **12–15**; Sind Sie bereit? **106–107**, 140; Sind Sie durchsetzungsfähig? **102–103**; Sind Sie mit Ihrem Leben zufrieden? **88–89**; Überprüfen Sie Ihre Grenzen, **59**; Wäre eine Einzeltherapie das Richtige für Sie? **18–19**, 138; Wäre eine Gruppentherapie das Richtige? **68–69**, 139; Welche Gruppe eignet sich für Sie? **73**; Wie steht es mit Ihren Beziehungen? **48–49**, 138–139; Wirkt die Therapie? **128**, 141
Selbsterkenntnis: 36
Selbsthilfegruppen: 67, 72, 78–79, 84–85
Selbstverwirklichung: 36, 39, 40
Seminare, persönliche Weiterentwicklung: 90
Sex: Frühkindliche Sexualität, 132; Therapie, 47, 54–57, 135, 137; Wie steht es mit Ihren Beziehungen? **48**, 138–139
Sorgen: 8, 9, **13**. *Siehe auch* Angst
Sozialdienste: 23, 111
Sozialpsychiatrische Dienste. *Siehe* Sozialdienste
Spiritualität: 36, 87, 92–93, 94
Stimmtherapie: 98
Stimmungslagen: **13**
Störungen, psychische: 30, 134; Suchtverhalten, 74–75
Stress: 23, 88; Hypnotherapie, 45
Sublimierung: 24
Subpersönlichkeiten: 37
Sucht: **15**, 30, 67, 74–77
Sündenböcke: 71

T
Tactics for Changing Your Life (Dr. A. Kidman): 111
Tage der Besinnung: 92–93
Tage der Genesung: 93
Tagebuch-Workshops: 100–101
Tagebücher: 37, 100, 101
Tagträume: 14
Tanztherapie: 98–99
Therapie: Die richtige therapeutische Behandlung finden, 84–85, 110–111, 120–123; Wirkt die Therapie? **128**, 141. *Siehe auch* die einzelnen Therapie-Arten
Träume: 24–25, 41; Workshops, 100–101
Transaktionsanalyse: 32–33, 42, 135, 137
Trauer: 28, 112
Traumdeutung, Die (S. Freud): 24

U
Über-Ich: 24, 135
Unbewußtes: 24–25, 135; kollektives, 133
Unterbewußtes: 135
Unterstützungsgruppen: 67, 72, 78–79, 84–85; für Frauen, 80; für Männer, 82–83

V
Vegetotherapie. *Siehe* Reichsche Körpertherapie
Veränderung: 11, 13, 51, 87, 113; Auswirkungen auf andere, 124–125; Gefühle, 108–109; Zeit für, 51, 107
Verantwortung: 40, 41
Verarbeitung: 135
Verdrängung: 24, 135
Verhalten: 8–9, **15**, 87; Verhaltenstherapie, 30–31, 135
Verhandeln: 103
Verschiebung: 135
Vertrauen: 108–109, 118, 122

W
Wahnvorstellung: 135
Whiteaker, Stafford (*The Good Retreat Guide*): 92
Wut: 15, 109, 118, 119, 125; Gruppentherapie, 73; körperliche Entladung, 37

Z
Zeit: Rahmen, 61, 115, 120–121; für Veränderungen, 51, 106–107
Zögerlichkeit: 108
Zufriedenheit: Sind Sie mit Ihrem Leben zufrieden? **88–89**
Zuhören: 126, 127
Zwangsneurose: 135. *Siehe auch* Neurose
Zwangsvorstellung: 30, 135
Zwölf-Schritte-Methode, Gruppen: 76–77

BIBLIOGRAPHIE

Adressbuch Selbsthilfegruppen. Hrsg. v. Jörg Müller. Heyne, München 1995

Alvin, Juliette: *Musiktherapie. Ihre Geschichte und ihre moderne Anwendung in der Heilbehandlung.* Bärenreiter, Kassel 1984

Assagioli, Roberto: *Psychosynthese. Handbuch der Methoden und Techniken.* Rowohlt, Reinbek 1993

Beese, Friedrich: *Was ist Psychotherapie? Ein Leitfaden für Laien zur Information über ambulante und stationäre Psychotherapie.* Vandenhoeck & Ruprecht, Göttingen 1991

Berne, Eric: *Spiele der Erwachsenen. Psychologie der menschlichen Beziehungen.* Rowohlt, Reinbek 1994

Buskist, William, und Gerbing, David W.: *Psychology; Boundaries and Frontiers.* Scott Foresman & Company, Glenview, Illinois, 1990

Davison, Gerald C., und Neale, John M.: *Klinische Psychologie.* Psychologie Verlags Union, München – Weinheim 1996

Dowrick, Stephanie: *Nähe und Distanz. Das Selbsthilfe-Therapiebuch.* Frauenoffensive, München 1996

Edwards, Hilary: *Psychological Problems:*

Who Can Help? The British Psychological Society and Methuen, London 1987

Ehrenberg, Otto und Miriam: *The Psychotherapy Maze.* Jason Aronson Inc., Northvale, New Jersey, 1994

Fontana, David: *Die geheime Sprache der Träume.* Hugendubel, München 1997

Fontana, David: *Kursbuch Meditation. Die verschiedenen Meditationstechniken und ihre Anwendung.* Fischer, Frankfurt/M. 1996

Hodgkinson, Liz: *Personal Growth Handbook.* Judy Piatkus (Publishers) Ltd., London 1993

Houston, Gaie: *The Red Book of Gestalt.* The Rochester Foundation, London 1990

Kidman, Antony: *Tactics for Changing Your Life.* Kogan Page, London 1989

Langs, Robert: *Der beste Therapeut für mich. Ein Ratgeber für die psychoanalytische Therapie.* Rowohlt, Reinbek 1991

Lerner, Harriet G.: *Zärtliches Tempo. Wie Frauen ihre Beziehungen verändern, ohne sie zu zerstören.* Fischer, Frankfurt/Main 1995

Neville, Alice: *Who's Afraid? Coping With Fear, Anxiety and Panic Attacks.* Arrow Books Ltd., London 1991

O'Connor, Joseph, und Seymour, John: *Neurolinguistisches Programmieren: Gelungene Kombination und persönliche Entfaltung.* Verlag für Angewandte Kinesiologie, Freiburg 1996

Orbach, Susie: *Antidiät II. Eine praktische Anleitung zur Überwindung von Eßsucht.* Frauenoffensive, München 1984

Petzold, Hilarion G. (Hrsg.): *Die neuen Körpertherapien.* Junfermann, Paderborn 1991

Petzold, Hilarion G., und Orth, Ilse (Hrsg.): *Die neuen Kreativitätstherapien.* 2 Bde., Junfermann, Paderborn 1991

Rowan, John: *Subpersonalities: The People Inside Us.* Ebury Press, London 1991

Rowan, John, und Dryden, Windy (Hrsg.): *Neue Entwicklungen der Psychotherapie.* Transform, Oldenburg 1990

Rowe, Dorothy: *The Successful Self.* HarperCollins, London 1993

Welche Therapie? Thema: Psychotherapie heute. Beltz, Weinheim 1991

Whiteaker, Stafford: *The Good Retreat Guide.* Rider, London 1991

DANKSAGUNG

Illustratoren
Gail Armstrong, Maria Beddoes, Chris Draper, Roy Flooks, Mark Gaskin, Alison T. Limerick, Melanie Manchot, Romy O'Driscoll, Emma Parker, Richard Phipps, Steve Rawlings, Mark Reddy, Martyn Ridgewell, Gail Townsand

Modelldesigner
Jonathan Byles, Mark Jamieson, Jeremy Pegg, Mark Reddy, Mike Shepherd, Justin Wilson

Photographen
Simon Battensby, Jonathan Byles, Mark Gaskin, Mark Hamilton, Neil Phillips, Guy Ryecart, Jonny Thompson, Alex Wilson

Requisiten
Titus Davies, Alison T. Limerick, Scene Two, Set Pieces, Superhire

Bildquellennachweis
Die Herausgeber danken den folgenden Personen und Institutionen für die Genehmigung zur Reproduktion von Photographien:
Bruce Coleman Ltd./*Dr. Sandro Prato* **71**; Dee Conway **52**

Textnachweis
Zwölf-Schritte-Methode **76-77**: In Anlehnung an den Text der Anonymen Alkoholiker. Copyright des Originaltextes © by A.A. World Services, Inc. Abdruck mit freundlicher Genehmigung der Anonymen Alkoholiker deutscher Sprache.

Die Herausgeber haben sich bemüht, Copyright-Inhaber ausfindig zu machen. Sollte ein Copyright-Anspruch bestehen, der hier keine Berücksichtigung gefunden hat, werden wir das bei einer Neuauflage berichtigen.

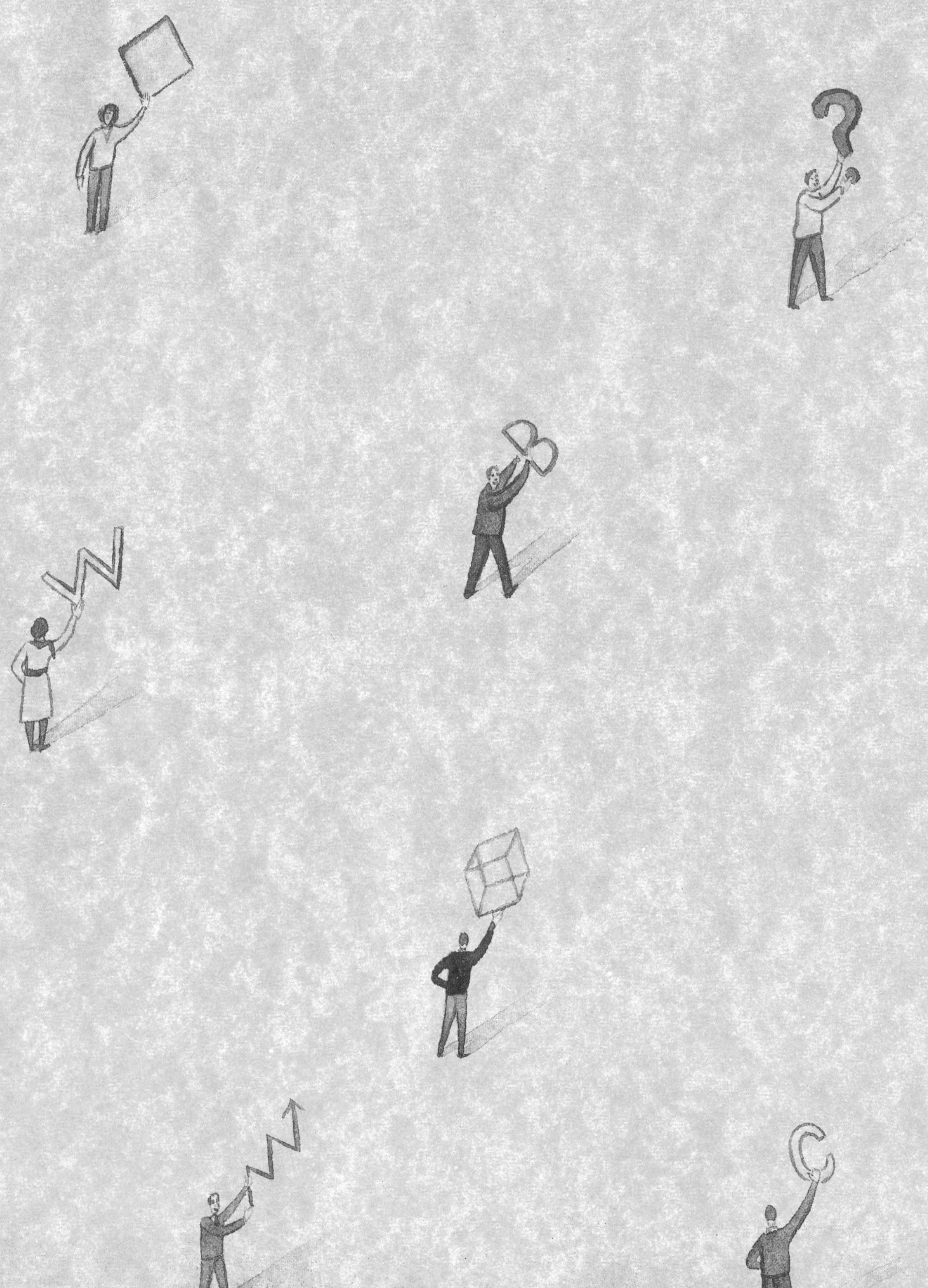